글쓰기 윤리와 자료 사용

—학문 목적 쓰기 교육—

■ 이윤진(Lee, Yunjin)

연세대 국문과에서 박사학위를 받고, 동 대학의 학부대학과 대학원에서 외국인 유학생을 대상으로 학문 목적 한국어를 가르치고 있다. 건국대, 경희대, 선문대에서 강의를 했으며, 현재 연세대 국문과 BK플러스사업단의 박사후연구원과 언어정보연구원의 전문연구원으로 있다.

'쓰기, 윤리, 학술, 문형, 교육 자료' 등의 키워드에 관심을 두고 있으며 그간 발표한 논문으로는, 「한국어 교육 자료에서의 문법 항목 표시 방안 연구」(『한국어교육』 18-3, 2007), 「유사 담화 기능의 문형 제시 연구」(『한국어교육』 20-2, 2009), 「한국어 교재의 문형 제시 양상」(『이중언어학』 39, 2009), 「학문 목적 한국어 학습자를 위한 윤리적 글쓰기 교육의 방향」(『이중언어학』 45, 2011), 「외국인 유학생을 위한 학문 목적 한국어 쓰기 교수 원리: 쓰기에서의 정직성을 중심으로」(『이중언어학』 48, 2012), 「한국어 교재 '본문'의 담화적 요소 분석」(공저)(『사회언어학』 21-1, 2013), 「외국인 유학생의 글쓰기 윤리 실천을 위한 학문 목적 쓰기 지도 방안」(『작문연구』 17, 2013), 「학술논문에 나타난 '필자 지칭 표현'의 사용 양상」(『작문연구』 20, 2014), 「학술텍스트의 정형화된 고빈도 헤지 '-ㄹ 수 있다' 구문의 표현문형 연구: 학문 목적 한국어 교육에서 학술 문형 지도를 목적으로」(『외국어로서의 한국어교육』 41, 2014), 「'선행 연구 기술'의 주요 기능에 대한 연구: 학문 목적 쓰기 지도를 목적으로」(『이중언어학』 54, 2014) 등이 있다.

글쓰기 윤리와 자료 사용: 학문 목적 쓰기 교육

ⓒ 이윤진, 2015

1판 1쇄 인쇄_2015년 02월 17일
1판 1쇄 발행_2015년 02월 27일

지은이_이윤진
펴낸이_양정섭
펴낸곳_도서출판 경진
　　등록_제2010-000004호
　　블로그_http://kyungjinmunhwa.tistory.com
　　이메일_mykorea01@naver.com

공급처_(주)글로벌콘텐츠출판그룹
　　대표_홍정표
　　편집_김현열 송은주 **디자인**_김미미 **기획·마케팅**_노경민 이용기 **경영지원**_안선영
　　주소_서울특별시 강동구 천중로 196 정일빌딩 401호
　　전화_02-488-3280 **팩스**_02-488-3281
　　홈페이지_http://www.gcbook.co.kr

값 16,000원
ISBN 978-89-5996-443-7 93710

※ 이 도서의 국립중앙도서관 출판예정도서목록(CIP)은 서지정보유통지원시스템 홈페이지(http://seoji.nl.go.kr)와 국가자료공동목록시스템(http://www.nl.go.kr/kolisnet)에서 이용하실 수 있습니다. (CIP제어번호: CIP2015004250)

학 문 목 적 쓰 기 교 육

글쓰기 윤리와 자료 사용

이윤진 지음

경진출판

글쓰기 윤리의 실천 여부는 '자료 사용(Source use)'의 문제와 직결된다. 넓은 의미의 '자료(Source)'란 글쓰기에 활용하는 모든 유형의 텍스트, 표, 그림 등을 아우르며, 글쓰기의 전반적인 과정에서 '자료 사용'의 정확성과 적절성이 담보될 때 글쓰기 윤리의 준수가 가능해진다.

최근 글쓰기 윤리에 대한 사회적 기준과 규범이 엄격해짐에 따라 우리는 표절에 더욱 민감해졌다. '표절'은 그 진위 여부를 떠나서 그것을 의심하는 사람에게도 의심받는 사람에게도 껄끄럽고 불명예스러운 일임에 분명하다. 그런데 우리의 인식 속에 있는 '표절'은 크고 작은 글쓰기 윤리 위반을 모두 포괄하기 때문에 그 개념이 지나치게 '광범위'하고 '추상적'이며 '비표준적'이라는 문제를 안고 있다. 이를테면 '선행 연구의 상당 부분을 출처 없이 베껴 온 것'이든 '출처를 명확히 남겼으나 인용의 방법이 다소 부적절한 것'이든 그 심각성의 정도에 관계없이 '표절'이라 말한다. 또한 '인식'과 '실천'의 문제를 동일시함으로써 표절의 주된 원인을 자칫 글쓰기 윤리 인식의 부재로만 간주하는 것도 문제로 지적할 수 있다.

'글쓰기 윤리는 준수해야 하는 것'이고 '언어는 학습하는 것'이다. 그렇다면 글쓰기 윤리를 준수해야 하는 '필자'인 동시에 '한국어 L2학습자'의 입장에 놓여 있는 외국인 유학생에게 있어서 글쓰기 윤리란 '지켜야 하는 것인가, 학습해야 하는 것인가'라는 물음이 본 연구의 시작점이었다. 낯선 언어로 새로운 학문 공동체의 관습에 맞는 '글쓰기의 방법'을 배우는 것, 그 학문 공동체에서의 전반적인 글쓰기 과정에서 지켜야 하는 '글쓰기 윤리 규범'을 익히는 것이 과연 별개의 문제로 다루어질 수 없을까?

본 연구에서는 외국인 유학생의 쓰기에 있어서 글쓰기 윤리 위반으로 여겨지고 처벌의 대상이 되어 왔던 현상들이, 실제로는 쓰기 학습 과정에서 자연스럽게 거쳐 가는 '발달'의 다양한 모습이라는 점에 주목하였다. 그러한 점에서 본 연구는 글쓰기 윤리의 문제에 있어서, 학습자의 입장에서는 쓰기 학습 과정에서 자연스럽게 거쳐 가는 과도기적 단계로 인정받지 못한 것에 대하여, 교수자의 입장에서는 학습자의 긍정적인 발달의 양상들을 놓침으로써 학습자의 현재 수준을 진단하고 그 다음 단계를 위한 처방이 어려웠던 것에 대한 화두를 던지고자 하였다.

본 연구를 통해, 글쓰기 윤리 인식의 불충분함이 글쓰기 윤리를 위반하는 주된 요인이기도 하지만 글쓰기 윤리 인식의 제고가 글쓰기 윤리의 실천을 전적으로 담보할 수 없다는 점, 수많은 자료 가운데 학술적 가치 유무를 가려 적절한 것을 선정하여, 자료의 내용을 자신의 글에 바르게 통합하면서 그 출처를 형식에 맞게 남길 줄 아는 '자료 사용 능력'이 학문적 쓰기 능력을 위한 근간이 됨은 물론이고 글쓰기 윤리 실천을 가능하게 한다는 측면에서 그 가치가 매우 크다는 사실을 알았다. 향후에는 '자료 사용'의 문제를 쓰기 영역에서 다루는 데에 그치지 않고 둘 이상의 언어 기능이 서로 통합되고 전환되는 장에서 나타나는 '자료 사용'의 윤리성 실현 양상을 분석하는 작업도 흥미로울 것이다.

이 책은 필자의 박사학위 논문을 깁고 고치면서 전체 구성을 새로이 한 것이다. 언어 교육에서 글쓰기 윤리를 어떻게 바라보아야 하는가에서 출발하여 그 바탕이 되는 이론과 방법론을 알아보고 글쓰기 윤리와 관련된 양상들이 글쓰기에서 어떻게 나타나는지, 이것은 학습자의 쓰기 발달과 어떤 연관성이 있는지를 중심으로 고찰하였다. 이 책이 글쓰기 윤리 교육 및 연구의 방향성을 모색하고자 하는 독자들에게 조금이나마 도움이 되기를 바라며 각 장에 반영된 '도입 질문', '토론해 보기', '추천논저'가 폭넓은 논의의 장을 위한 길잡이가 되기를 기대한다. 부족한 연구 성과를 책으로 펴내 주신 도서출판 경진 관계자분들께 깊은 감사를 드린다.

머리말_____4

제1부 언어 교육과 글쓰기 윤리_____19

제1장 논의의 배경 ·· 21

학문 목적 한국어 쓰기 교육 ······························ 21
　한국어 교육과 외국인 유학생 ························· 22
　학문 목적 한국어 쓰기에 대한 요구 증가 ············· 23
최근 학문 목적 쓰기에서 대두되는 문제들 ··············· 23
　외국인 유학생의 쓰기에서 발견되는 문제 ············· 24
　글쓰기 윤리 위반을 개인의 도덕성 부재로만 간주했을 때의 한계 ··· 25
　글쓰기 윤리 문제, 교육적인 관점에서 출발하기 ········ 26
　쓰기 학습 단계에서 나타나는 과도기적 양상 ·········· 27
　글쓰기 윤리와 자료 사용의 문제 ····················· 28

제2장 글쓰기 윤리 ······································· 32

글쓰기 윤리의 개념 ···································· 33
　글쓰기 윤리의 일반적인 의미 ······················· 34
　글쓰기 윤리의 범주 ································· 35
글쓰기 윤리, 학습 윤리, 연구 윤리의 층위 ·············· 37

연구·학습 윤리의 핵심인 글쓰기 윤리 ·············· 39
윤리 준수의 대상 ·························· 40
글쓰기 윤리 위반과 표절 ·························· 42
'표절'과 '글쓰기 윤리 위반'의 차이 ·············· 43
표절의 개념 ···························· 45
표절의 비표준성 ························· 46
표절 정도에 따른 다양한 표절 양상 ·············· 48
언어 교육에서 글쓰기 윤리에 대한 접근 ·············· 50
윤리적 접근법 ·························· 50
교육적 접근법 ·························· 51
국내 상황에 맞게 두 접근법 절충하기 ·············· 52
한국어 교육 분야에서 글쓰기 윤리 연구의 방향성과 가치 ········ 52

제3장 글쓰기 윤리 연구의 동향 ·························· 56

국내외 글쓰기 윤리 연구의 쟁점 ·················· 56
교육 현장 기반 글쓰기 윤리 연구 성과 ·············· 57
외국인 유학생의 글쓰기 윤리에 대한 국내 연구 실정 ········ 58
국외 외국인 유학생의 글쓰기 윤리에 대한 국외 연구 현황 ······ 59
글쓰기 윤리 연구의 주요 내용: 인식, 실태, 교육, 관리 ········· 60
글쓰기 윤리 연구의 주요 대상: 학습자, 교수자, 기관 ·········· 63
글쓰기 윤리 연구의 방법: 설문, 인터뷰, 쓰기 자료 분석 ········ 66
연구 쟁점별 선행 연구 종합 ···················· 68

제2부 이론적 접근과 방법론 _____73

제4장 자료 사용 능력과 글쓰기 윤리 ·················· 75
자료 사용과 글쓰기 윤리의 연관성 ·················· 76
L2학습자의 베끼기 ························· 76
출처 표시와 내용 통합 ······················ 77

국내 L2학습자의 자료 사용: 베껴 쓰기 ·············· 78

국내 L2학습자의 자료 사용: 자료 사용 능력 부족 ·············· 78

국내 L2학습자의 자료 사용: 학문 목적 쓰기 수행 능력과 직결 ······ 79

국내 L2학습자의 자료 사용: 학문 목적 쓰기 평가의 준거 요소 ······ 80

자료 사용과 자료 사용 능력의 개념 ··············· 81

'자료'의 정의 ·············· 81

'자료 사용'의 정의 ·············· 83

자료 사용 능력 ·············· 85

글쓰기 자료 사용 능력의 구성 요인 ·············· 86

자료 사용 능력: 자료 사용의 필요성 인식 ·············· 87

자료 사용 능력: 자료 출처에 대한 인식 ·············· 88

자료 사용 능력: 자료 선별 능력 ·············· 90

자료 사용 능력: 출처 표시 능력 ·············· 91

자료 사용 능력: 자료 내용의 통합 능력 ·············· 92

자료 사용 교육의 중요성 ··············· 93

자료 사용 교육 ·············· 93

국외의 자료 사용 교육 ·············· 94

국내의 자료 사용 교육 ·············· 95

글쓰기 윤리 준수와 자료 출처 표시 ·············· 95

글쓰기 윤리 준수와 적절한 내용 통합 ·············· 96

자료 사용에 대한 지속적인 연습과 훈련의 필요성 ·············· 97

제5장 학문적 글쓰기와 윤리 ··············· 101

모방과 표절 구분하기 ··············· 101

글쓰기 윤리 위반이 아닌 긍정적 모방 사례 ·············· 102

윤리, 선택 아닌 필수 ··············· 106

보고서 쓰기 ·············· 106

보고서 쓰기 과정에서 준수해야 할 윤리 ·············· 109

제6장 L2 쓰기 발달의 관점과 윤리 ··············· 113

L2학습자에 대한 윤리적 배려 ··············· 113

L2학습자의 의도하지 않은 표절 ·············· 114

의도하지 않은 글쓰기 윤리 위반의 배경 ·················· 115
L2학습자의 특수성을 고려한 글쓰기 윤리 교육의 필요성 ······· 115
L2 쓰기 발달과 글쓰기 윤리 ·································· 117
광범위한 전략의 하나로서의 표절 문제 ·················· 117
긍정적인 배움의 과정으로서의 글쓰기 윤리 위반 문제 ·········· 118
쓰기 발달의 관점에서 본 글쓰기 윤리 ·················· 119
쓰기 발달과 L2학습자의 글쓰기 윤리 ·················· 120
한국어 쓰기 발달과 글쓰기 윤리 ······················ 121

제7장 자료 사용 양상 분석의 실제 ·························· 125

연구 절차 ·· 125
사전 진단 쓰기 단계에서의 자료 사용 ·················· 128
쓰기 학습 과정에서의 자료 사용 ······················ 129
사후 점검 쓰기 단계에서의 자료 사용 ·················· 131
사전 진단 쓰기에서 자료 사용의 실제 ······················ 132
쓰기 학습 과정에서 자료 사용의 실제 ······················ 140
자료 사용에 대한 학습 이전 단계 ······················ 140
자료 사용에 대한 학습 단계 ·························· 143
사후 점검 쓰기에서 자료 사용의 실제 ······················ 147

제3부 자료 사용의 단계별 양상과 전략   159

제8장 자료 사용의 노출 단계 ···························· 161

참고한 자료의 목록 정리하기 ······························ 162
필수 서지정보 누락 ································· 162
불필요한 서지정보 포함 ····························· 163
서지정보의 단순 복사 ······························· 164
자료 내용을 빌려 쓴 사례 찾아보기 ························ 165
자료 사용 사례 구분이 적절한 것 ······················ 166

자료 사용 사례 구분이 부적절한 것 ……………………… 170

제9장 자료 사용의 내재화 단계 ……………………… 174

교육 전, 자료 사용에 대한 이해도 엿보기 …………………… 175
　자료 사용의 적절성 이해에 대한 진단: 선택형 문항 ……………… 175
　자료 사용의 적절성 이해에 대한 진단: 자료 기반 짧은 문장 쓰기 문항 …… 177
교육 중, 자료 사용 양상의 특징 포착 ……………………… 188
교육 후, 자료 사용의 내재화 결과 확인 …………………… 191
　자료 사용의 적절성 이해에 대한 점검: 선택형 문항 ……………… 192
　자료 사용의 적절성 이해에 대한 점검: 자료 기반 짧은 문장 쓰기 문항 … 194
　자료 사용의 적절성 이해에 대한 변화 ……………………… 207

제10장 자료 사용의 연습 단계 ……………………… 211

자료의 출처 표시에서 나타난 특징 ……………………… 213
　서지정보 누락 ……………………………………………… 215
　서지정보의 잘못된 기술 형식 ……………………………… 219
자료의 내용 통합에서 나타난 특징 ……………………… 224
　원문 내용과 필자 의견의 통합 …………………………… 225
　필자 의견 미반영 …………………………………………… 234

제4부 쓰기 발달과 윤리성 _____247

제11장 사전 진단과 사후 점검 쓰기의 '인식' 비교 ……… 249

자료 사용의 필요성 인식 …………………………………… 249
　사전 진단 쓰기에서의 결과 분석 ………………………… 250
　사후 점검 쓰기에서의 결과 분석 ………………………… 253
자료의 출처에 대한 인식 …………………………………… 256
　사전 진단 쓰기에서의 결과 분석 ………………………… 256
　사후 점검 쓰기에서의 결과 분석 ………………………… 258

제12장 사전 진단과 사후 점검 쓰기의 '능력' 비교 ·········· 265

자료 선별 능력 ······· 265
　사전 진단 쓰기에서의 결과 분석 ········· 266
　사후 점검 쓰기에서의 결과 분석 ········· 269
자료 출처 표시 능력 ······· 272
　사전 진단 쓰기에서의 결과 분석 ········· 273
　사후 점검 쓰기에서의 결과 분석 ········· 274
자료 내용 통합 능력 ······· 280
　사전 진단 쓰기에서의 결과 분석 ········· 281
　사후 점검 쓰기에서의 결과 분석 ········· 281

제5부 글쓰기 윤리 교육　291

제13장 학문 목적 쓰기 교육에의 함의 ··················· 293

'외국인 유학생'에게 있어서 글쓰기 윤리의 사회적 함축 ····· 293
　학습자 개인의 성공적인 유학 생활과 글쓰기 윤리 ········· 294
　학문 목적 한국어 쓰기 교육의 주요 연구 주제 ········· 295
　대학 기관 측면에서의 글쓰기 윤리 ················ 296
　국가적 차원에서의 글쓰기 윤리 ················· 298
'학문 목적 쓰기' 분야에서의 글쓰기 윤리 연구의 방향 ······ 299
　과정 중심의 쓰기 발달 연구 지향하기 ·············· 300
　넓은 의미의 자료 사용을 중심으로 한 연구 전개하기 ······· 306

제14장 자료 사용의 윤리성 연구의 후속 과제 및 전망 ····· 315

자료 사용의 인식에 대한 연구 ················· 316
자료 사용의 실태에 대한 연구 ················· 319
자료 사용의 교육에 대한 연구 ················· 323
자료 사용의 제도에 대한 연구 ················· 330

제15장 언어 교육에서의 글쓰기 윤리 문제에 남은 과제 ···· 335

글쓰기 윤리에 대한 '인식', '행위', '제도'의 불균형 문제 ····· 335
언어 교육에서 글쓰기 윤리의 적용 ······················· 339

제16장 요약 ·· 344

글쓰기 윤리의 준수 의무, 그리고 언어 학습자로서의 권리 · 344
연구 결과의 종합 ·· 346
　주요 개념과 이론적 토대 ···································· 346
　연구 방법의 설계 ··· 347
　학습 과정에서의 자료 사용 양상과 전략 ················· 347
　자료 사용 능력의 발달과 윤리성 ·························· 348
　글쓰기 윤리의 사회적 함축 및 제언 ······················ 349
연구의 주요 의의 ·· 350
　글쓰기 윤리 연구의 내용 및 방향의 구체화 ············· 351
　'자료 사용'을 근간으로 하는 글쓰기 윤리 연구 ········· 352
　글쓰기 윤리 연구 방법론의 제시 ·························· 353
　글쓰기 윤리 교수·학습의 구체화와 체계화를 위한 기초 자료 구축··· 354
연구 결과의 사회적 함축 ·· 356
　사회적 현상 이해와 윤리적 배려의 필요성 ··············· 356
　향후 학문 목적 쓰기에서 광범위하게 논의되어야 할 '윤리' 문제 ··· 357

참고문헌　361
찾아보기　376

〈표 1〉 표절 여부의 판단이 애매한 사례 ·· 44

〈표 2〉 관점에 따른 표절의 비표준성 ·· 47

〈표 3〉 다양한 판단 기준에 따른 표절의 광범위성 ···························· 49

〈표 4〉 연구 대상과 연구 방법에 따른 선행 연구의 구분 ················ 68

〈표 5〉 글쓰기 윤리 연구의 하위 영역 ·· 68

〈표 6〉 자료 사용 능력 ·· 86

〈표 7〉 자료 사용에 대한 앞선 논의의 제안(Tomas, 2011: 69~70) ····· 97

〈표 8〉 학문 목적 쓰기의 표지-긍정적 모방 장려 사례 ····················· 104

〈표 9〉 자료의 수집 및 분석 절차 ·· 128

〈표 10〉 사전 진단 쓰기에서 제시된 자료 목록 ································ 133

〈표 11〉 사전 진단 쓰기 분석 사례 ·· 138

〈표 12〉 사후 점검 쓰기에서 제시된 자료 목록 ································ 149

〈표 13〉 사후 점검 쓰기 분석 사례 ·· 153

〈표 14〉 자료 사용의 적절성에 대한 이해 진단
　　　　 -선택형 문항에서 밝힌 이유가 맞는 것 ···························· 176

〈표 15〉 자료 사용의 적절성에 대한 이해 진단
　　　　 -선택형 문항에서 밝힌 이유가 틀린 것 ···························· 177

〈표 16〉 짧은 문장 쓰기에서의 출처 제시 여부 ································ 178

〈표 17〉 출처 누락 유형에서 나타난 자료 사용 전략 ······················ 182

〈표 18〉 자료 사용 교육 이전과 이후의 변화 ·································· 193

〈표 19〉 선택형 문항에서 밝힌 이유-자료 사용 교육 이전과 이후의 변화 ··· 194

〈표 20〉 자료 사용의 적절성 이해에 대한 변화 ······························ 207

〈표 21〉 자료 사용 학습 후-원문 내용과 필자 의견의 통합 전략 및 유형 ··· 226

〈표 22〉 자료 사용 양상 및 전략 분석 결과 요약 ·························· 241

〈표 23〉 자료 사용 및 출처 제시 여부 ·· 257

〈표 24〉 자료 사용 및 출처 제시 여부 ·· 259

〈표 25〉 사용한 자료의 유형 ·· 268

〈표 26〉 사용한 자료의 유형 ……………………………………………… 270

〈표 27〉 자료 사용 능력 발달과 윤리성
－사전 진단 쓰기와 사후 점검 쓰기의 종합 비교 ……………… 288

13장 〈표 28〉 쓰기 학습 과정에서의 교수자·학습자 간 상호작용 사례 … 303

〈표 29〉 보고서 쓰기 진행 상황 점검표 및 작성 사례 ……………… 304

14장 〈표 30〉 외국인 유학생 대상의 글쓰기 수업에 반영된
글쓰기 윤리 관련 내용 ……………………………………… 326

15장 〈표 31〉 글쓰기 윤리에 대한 인식, 행위, 제도의 일치 여부에 따른 유형 … 337

〈표 32〉 외국인 유학생의 글쓰기 윤리에 대한
인식과 행위의 일치 여부에 따른 유형 …………………… 338

〈그림 1〉 글쓰기·학습·연구 윤리의 층위 ···························· 39

〈그림 2〉 '글쓰기 윤리'의 준수 대상별 구분 ···················· 41

〈그림 3〉 범주에 따른 '표절'의 비표준성 ························ 47

〈그림 4〉 학습의 시점에 따른 글쓰기 윤리 위반의 심각성 ············ 120

〈그림 5〉 사전 진단 쓰기의 사례 ······························ 137

〈그림 6〉 자료 목록 정리 양상 ································ 162

〈그림 7〉 자료 사용 사례의 구분 양상 ·························· 166

〈그림 8〉 짧은 문장 쓰기에서의 출처 제시 여부 ·················· 178

〈그림 9〉 자료 사용의 적절성에 대한 이해 진단

  −자료 기반 짧은 문장 쓰기 문항에서 나타난 자료 사용 양상 및 전략··· 179

〈그림 10〉 '자료 사용 교육' 시 활용한 자료 예시 ················· 189

〈그림 11〉 인용 여부에 대한 결정(Robert, 2011: 87) ·············· 190

〈그림 12〉 선택형 문항의 자가 점검 사례 ························ 192

〈그림 13〉 자료 사용 교육 이전과 이후의 변화 ·················· 193

〈그림 14〉 자료 사용의 적절성 이해에 대한 점검

  −자료 기반 짧은 문장 쓰기 문항 점검 사례 1 ················ 195

〈그림 15〉 자료 사용의 적절성 이해에 대한 점검

  −자료 기반 짧은 문장 쓰기 문장 점검 사례 2 ················ 195

〈그림 16〉 자료 사용의 적절성 이해에 대한 점검

  −짧은 문장 쓰기 문항의 자가 점검 결과 ·················· 196

〈그림 17〉 출처 누락 유형에서

  출처 제시 유형으로 바뀐 사례들의 양상 및 전략 ········ 198

〈그림 18〉 자료 사용의 적절성 이해에 대한 변화 ················ 207

〈그림 19〉 출처 표시와 관련된 과도기적 양상의 사례 ·············· 212

〈그림 20〉 내용 통합과 관련된 과도기적 양상의 사례 ············· 213

〈그림 21〉 자료 사용 학습 후−자료 사용의 과도기적 양상 및 전략 ······ 214

〈그림 22〉 자료 사용 학습 후−자료의 출처 표시 양상 및 전략 ········· 215

〈그림 23〉 자료 사용 학습 후-내용 통합 양상 및 전략 ····················· 224
〈그림 24〉 자료 사용 학습 후 자료의 내용 통합 양상
     -필자 의견 미반영 사례의 유형 ···························· 234
〈그림 25〉 사전 진단 설문-자료 사용에 대한 인식 및 태도 ················· 250
〈그림 26〉 사전 진단 설문-학술 DB 이용 경험 유무 ······················ 251
〈그림 27〉 사전 진단 쓰기-자료 사용 여부 ······························· 251
〈그림 28〉 자료 사용에 대한 필요성 인식 ······························· 253
〈그림 29〉 사전 진단 쓰기와
     사후 점검 쓰기의 절대유사도(원문-학생 글) 변화 ············ 255
〈그림 30〉 자료의 출처에 대한 인식 및 태도 ···························· 257
〈그림 31〉 출처 제시 여부 ·· 257
〈그림 32〉 자료의 출처에 대한 인식 ···································· 258
〈그림 33〉 자료의 출처 누락에 대한 심각성 인식 ························ 259
〈그림 34〉 자료의 출처 제시에 대한 필요성 인식 ························ 259
〈그림 35〉 선별 1순위로 꼽은 자료 유형 ································ 267
〈그림 36〉 사용한 자료의 유형 ·· 268
〈그림 37〉 학습자가 선별한 자료 유형 ·································· 270
〈그림 38〉 출처 제시의 엄격성에 대한 인식 ····························· 273
〈그림 39〉 사후 점검 쓰기에서의 출처 표시 양상 및 전략 ··············· 275
〈그림 40〉 자료 사용 능력에 대한 인식 변화 ···························· 282
〈그림 41〉 사전 진단 쓰기와 사후 점검 쓰기에서의
     자료 사용 및 출처 인식 변화 ····························· 285
〈그림 42〉 사후 점검 시 자료 사용 전략 ································ 287

|제1부| 언어 교육과 글쓰기 윤리

제1장 논의의 배경
제2장 글쓰기 윤리
제3장 글쓰기 윤리 연구의 동향

논의의 배경

✓ 학문 목적 한국어 쓰기 교육의 동향은 어떠한가?
✓ 최근 학문 목적 쓰기에서 심각한 문제로 대두되고 있는 것은 무엇인가?

학문 목적 한국어 쓰기 교육

국내 한국어 교육의 역사가 어느새 반 백 년[1]을 넘었다. 그간 한국어 교육은 실제 언어 교육 현장의 요구가 적극적으로 연구에 반영되고 그 연구의 성과가 다시 언어 교육 현장으로 적용되는 과정을 거치면서 괄목할 만한 성장을 거두어 왔다. 또 2000년대에 들어서면서부터 외국인 유학생의 급증으로 학문 목적 한국어 연구가 활발해졌다.

---

[1] 국내 대학 부설로는 최초의 한국어 교육 기관인 연세대 한국어학당이 생긴 시점(1959년)을 기준으로 보았을 때의 기간이다.

최근 국내 대학의 외국인 유학생 수는 한국의 국제적 위상과 더불어 한류 열풍, 정부의 다양한 지원 정책 등의 영향으로 급격한 증가 추세를 보이고 있다. 이와 함께 외국어로서의 한국어 교육 분야에서, 학문 목적 한국어 교육에 대한 현실적인 수요와 관심이 고조되었고 지금까지 폭넓은 논의들이 전개되어 왔다. 유학비자(D-2전체 및 D-4-1)로 국내에 체류 중인 외국인 유학생 수는 2011년 12월 기준으로 88,468명이다. 이는 9년 전(2002년, 7,288명)보다 12배 정도 늘어난 숫자이다(http://www.immigration.go.kr/HP/TIMM/imm_06/imm_2010_03.jsp 법무부출입국·외국인 정책 본부 통계자료실 참조).

(검색일: 2012년 5월 28일)

한국어 교육과 외국인 유학생

국내의 외국인 유학생은 장차 한국과 자국의 학문 교류 및 발전을 위해 중추적인 역할을 해 줄 잠재적 연구자임과 동시에 다양한 분야에서 활약을 하게 될 국제적 재원들이다. 그러므로 국내 대학에서의 건전하고 원활한 학업 수행을 바탕으로 외국인 유학생들이 진정한 인재로 양성되기 위해서는 학문 목적 한국어 교육 분야에서 기여해야 할 몫과 책임이 매우 크다.

외국인 유학생 대상의 한국어 교육의 가치를 부각시킨 논의로는 이해영(2001)이 있으며 학문 목적 한국어 교육의 전반적인 현황에 대해서는 박석준(2008), 최은규(2009) 등을 참고할 수 있다. 외국인 유학생을 대상으로 한 한국어 교육은 학문 목적 한국어 교육(Korean for Academic Purposes)으로 분류되는데 학문 목적 한국어 교육의 개념을 이해하는 데에는 유승금(2005), 최정순(2006), 박석준(2008)이 큰 도움이 된다.

학문 목적 한국어 쓰기에 대한 요구 증가

본 연구에서의 학문 목적 한국어란 대학에 진학하여 학업을 위해 요구되는 한국어로서, '공통 한국어', '교양 한국어', '전공 한국어'로 분류한 박석준(2008: 30)의 학문 목적 한국어의 개념을 받아들인 것이다. 또한 여기에서의 '한국어'는 학습자의 변인에 따라 '외국어'가 될 수도 있고 '제2언어'가 될 수도 있음을 밝혀 둔다. 본 연구의 전개에 있어서는 이 둘을 군이 구분할 필요가 없다고 판단되므로 '외국어'와 '제2언어'를 아울러 'L2'로 부르기로 하겠다.

외국인 유학생 대상의 학문 목적 한국어 교육에서는 특히 쓰기 영역에 대한 관심이 매우 높다. 그 이유는 '한국어 쓰기 능력'이 학업의 성패를 좌우할 만큼 중요함에도 불구하고 외국인 유학생이 쓰기를 가장 어렵게 느끼기(한송화, 2010: 231) 때문이다. 또한 한국어 쓰기에 대한 외국인 유학생의 요구가 매우 높은 것(김정숙, 2000; 김성숙, 2011)도 그간 학문 목적 한국어 쓰기 연구가 다각도로 이루어져 온 주된 배경이 되었다.

최근 학문 목적 쓰기에서 대두되는 문제들

2010년을 전후로 해서 학문 목적 쓰기에서 나타나는 가장 심각한 문제로 글쓰기 윤리 위반을 언급한 논의들이 눈에 띄기 시작한다.[2] 그리고 이것은 그간 표면적으로 잘 드러나지 않았던 외국

---

2) 이는 표절에 엄격해지고 있는 우리 사회의 전반적인 변화와도 관련이 있다. 그러나 충분한 대비나 준비 없이 무조건 사회의 변화에 발맞추어 가는 것은 많은 부작용을 낳게 된다. 특히 외국인 유학생이라는 특수한 상황에 대한 고려

인 유학생의 쓰기 실태와 문제점에 대해 진지한 고찰을 해 볼
수 있는 계기가 되었다.

외국인 유학생의 쓰기에서 발견되는 문제

쓰기 관련 앞선 논의에서는 외국인 유학생의 보고서 사례를
근거로 다음과 같은 문제를 지적하고 있다.

첫 번째는 '베껴 쓰기'(김지혜, 2009), '완전모사'(장은경, 2009)가
압도적으로 많이 나타나는 현상들이 곧 표절 논란으로 이어질
수 있다는 우려였다.

두 번째로는 외국인 유학생들이 글을 쓸 때 내용 통합에 대한
의식 없이 '짜깁기'나 '기계적인 인용'(이인영, 2011a)을 하는 경우
가 빈번하다는 것이었다. 그리고 세 번째 문제는, 학업 수행 능력
이 부족한 외국인 유학생이 부정적 전략을 사용하여 인터넷 과제
시장에 의존함으로써 손쉽게 쓰기 과제를 완성하는 요즘 실태(김
성숙, 2011)의 심각성에 대한 것이었다.

끝으로 글쓰기 평가에 있어서 글쓰기 윤리에 대한 문제도 언급
하고 있는데 '윤리를 준수하지 않고 작성한 보고서는 결국 윤리
적인 문제로 인해 긍정적인 평가 결과로 이어지기 어렵다'(최은
지, 2009)는 내용이 바로 그것이다.

이러한 현상은 '글쓰기 윤리'가 전제되지 않은 글이 외국인 유
학생의 쓰기 능력을 보여 주는 지표로서 과연 가치가 있는가라는

가 반드시 필요함에도 불구하고 우리의 현실은 아직 그것에 부응하지 못하고
있는 실정이다. 이에 본 연구는 '외국인 유학생이라고 해서 한국인 대학생의
표절과 무엇이 다른가?'와 같은 물음에 명쾌한 답을 찾는 데에 주력하기보다
는 '외국인 유학생은 특수한 상황에 높여 있다'는 것을 전제로 한 논의가 더
시급하다고 보았다.

의문을 갖게 한다. 그러나 외국인 유학생의 쓰기 실태의 문제점에 대한 인식이 최근 몇 년 사이에 높아지고 있는 반면 실질적인 문제 해결과 효율적인 교수·학습을 위한 논의는 아직 본격적으로 이루어지지 않고 있다.

최근 외국인 유학생 대상의 윤리적 글쓰기 교수 원리(이윤진, 2012) 모색에 대한 시도가 있기는 하였으나 학문 목적 쓰기 분야에서 '글쓰기 윤리'에 대한 종합적인 연구가 활발히 전개되었다고 보기는 어렵다.

글쓰기 윤리 위반을 개인의 도덕성 부재로만 간주했을 때의 한계

우선 외국인 유학생의 글쓰기 윤리에 대한 논의가 어떤 관점에서부터 출발해야 할 것인가에 대해 검토해 볼 필요가 있다. 이에 대한 해답은 먼저 국내의 앞선 논의에서 발견되는 한계점을 살펴보고 그것을 보완할 수 있는 방향을 모색하는 것에서 찾을 수 있다.

이를 위해 글쓰기 윤리 문제를 제기한 국내 앞선 논의들의 공통점을 살펴보면, 외국인 유학생이 작성한 글쓰기의 '결과물'을 주된 분석 자료로 삼았고 거기에서 발견되는 양상들에 초점을 두었음을 알 수 있다. 그러다 보니 글쓰기 결과물에서 글쓰기 윤리 위반으로 간주되는 현상이 매우 흔하게 보였고 그 자체가 심각한 문제로 부각될 수밖에 없었다.

즉, 외국인 유학생이 어떤 상황에서 어떠한 이유로 그러한 쓰기 결과물을 산출했는지, 그것은 정말 글쓰기 윤리 위반의 의도성을 가지고 나타난 결과인가에 대한 고려가 없었고, 결과물에서 빈번하게 드러나는 글쓰기 윤리 위반 현상이 단지 학습자 개인의 글쓰기 윤리성의 부재로 인해 나타난 것으로 간주하게 되는 한계가 있었다.[3]

글쓰기 윤리 문제, 교육적인 관점에서 출발하기

아직까지 유학생을 대상으로 하여 글쓰기 윤리에 대한 체계적인 교육과 연습이 충분히 이루어지고 있다고는 보기 어려운 현재의 쓰기 교수 상황을 감안한다면, 글쓰기 윤리의 문제를 먼저 학습자 개인의 윤리성 부재에 초점을 두고 접근하는 것은 부적절하다. 결과물에서의 글쓰기 윤리 위반으로 보이는 현상들이, 실제로는 의도적인 것이 아니라 외국인 유학생의 글쓰기 윤리에 대한 이해 부족과 글쓰기 윤리 실천 방법의 미숙함으로 인해서 나타난 것임을 간과해서는 안 되기 때문이다. 따라서 외국인 유학생 대상의 글쓰기 윤리에 대한 접근은, 학습자 개인의 윤리적 문제에 중점을 두기보다는 우선 교육적 관점에서 학습자에 대한 이해를 넓히는 것에서부터 출발해야 한다.

---

3) 그렇다고 해서 외국인 유학생의 쓰기 결과물을 분석함으로써 글쓰기 윤리 준수 실태를 알아보는 것이 무의미하다는 입장은 아니다. 참고로 본 연구를 진행하는 과정에서도 외국인 유학생이 쓴 최종 보고서(80여 편)를 몇 학기 동안 수집한 후 분석한 바 있다. 그 결과, 학습자의 글쓰기 윤리 준수 여부를 의심할 만한 공통적인 문제점이 발견되었다. 그 첫째는 동일 필자의 글 안에서도 현격한 수준 차이가 나는 곳이 있는 점, 두 번째는 자료의 인용 비율이나 인용 방식의 문제로 인해 보고서에서 글쓴이의 관점이 전혀 드러나지 않는 점이었다. 그런데 이러한 현상을 보인 사례들은 글쓰기 윤리 위반의 가능성이 농후하기는 하지만 그것을 객관적인 근거 없이 표절로 단정할 수 없다는 한계에 부딪힐 수밖에 없었다. 이에 본 연구는 글쓰기 윤리에 대한 접근은 쓰기 결과물이 아닌 쓰기 과정에 먼저 초점을 두는 것이 타당하다고 판단하였다. 만약 쓰기 학습의 모든 발달 과정과 쓰기 결과물에서 글쓰기 윤리로 보이는 현상들이 비슷하게 나타난다면 이것은 학습자의 의도성과는 무관한 것일 것이다. 따라서 윤리적 접근이 아닌 교육적 접근이 바탕이 되어야 한다. 반면, 쓰기 학습의 전반적인 과정을 분석했을 때는 보이지 않았던 글쓰기 윤리 위반 현상들이 최종 결과물에서만 확인되었다면 이것은 의도적인 표절일 가능성이 높다. 이와 같은 고려가 없이 쓰기 결과물로만 글쓰기 윤리에 대한 논의를 하는 것이 적절하지 않은 것이다. 이것이 바로 본 연구에서 쓰기 과정을 주된 분석 대상으로 삼은 까닭이다.

실제로 글쓰기 윤리에 대한 논의가 매우 활발히 전개되고 있는 국외의 연구 성과를 검토해 보더라도, 외국인 유학생의 쓰기에 있어서 글쓰기 윤리는 '지키도록 강요하고 처벌하는 것'이 아니라 '가르쳐야' 할 내용으로 다루어져야 한다는 주장(Howard, 1995; Pecorari, 2003)이 큰 지지를 얻고 있다. 즉, 최종 결과물에서 드러나는 글쓰기 윤리 위반 자체를 가지고 처벌이나 징계를 먼저 강조할 것이 아니라 그 이전에 교수자가 학습자에게 '무엇을 어떻게 가르쳐야 하는가'를 면밀히 고찰해야 보아야 한다는 것이다. 본 연구도 이러한 주장에 전적으로 동의하는 입장이며 이것을 국내 외국인 유학생 대상의 쓰기 교육에 적극적으로 수용할 필요가 있다고 보았다.

쓰기 학습 단계에서 나타나는 과도기적 양상

글쓰기 윤리의 문제를 교육적 관점[4]에서 접근할 때 가장 시급한 것은 '외국인 유학생의 글쓰기 윤리 위반 현상'을 바라보는 우리의 시각 변화이다. 부정적인 시각과 엄격한 기준을 가지고 외국인 유학생의 글쓰기 결과물을 판단해서는 안 되며 쓰기 학습의 과정까지를 모두 아울러 살펴보아야 한다.

그리고 글쓰기 윤리 위반으로 보이는 현상들이 실제로는 글쓰기 학습 과정에서 나타나는 과도기적 단계일 수 있음을 인정하는

---

4) 2010년을 전후로 국내 영어 교육에서도 글쓰기 윤리를 교육적 관점에서 적용하려는 움직임을 보이기 시작한다. 박민혜·이호(2010), 성화은(2011) 등이 대표적인 예로, 이 논의들에서는 단순히 학습자의 공시적인 쓰기 실태만으로 글쓰기 윤리 문제를 지적하지 않고 교육을 시행하기 이전과 이후의 결과를 비교함으로써 교육의 효과를 검증하고자 하였다는 데에 의의가 있다. 본 연구는 여기에서 더 나아가 쓰기 학습 과정을 추적하는 발달 연구의 방법론을 따른다는 점에서 차별화된다.

긍정적인 태도가 필요하다. 이와 관련하여 Howard(1995)가 말한 '중요한 발달 단계(an essential development)', '긍정적인 배움의 과정 (positive effect of the learning process)', Pecorari(2003)가 언급한 '광범위한 전략(widespread strategy)'이라는 표현은 '의도성'과 무관하게 L2학습자의 쓰기 학습 단계에서 나타나는 다양한 양상들을 바라보는 우리의 시야를 넓혀 주었다.

이러한 관점을 받아들인다면 지금까지 지적되어 온 국내 외국인 유학생의 쓰기에서 나타난 글쓰기 윤리의 문제를 그 실태 파악만으로 부정적인 관점으로 해석하는 데에 그치는 것은 한계가 있음을 다시 한 번 확인할 수 있다. 즉, 글쓰기 윤리의 문제를 '쓰기 학습 단계에서의 발달'이라는 관점에서 새로이 접근할 필요성이 제기되는 것이다.[5]

글쓰기 윤리와 자료 사용의 문제

글쓰기 윤리 문제는 '자료 사용(source use)'[6]과 밀접한 관련성이 있다. 학습자가 글을 쓰기 위해 '어떤 자료를 어떻게 이용하는가' 가 곧 글쓰기 윤리 준수 여부를 결정짓는 주요한 단서가 되기

---

[5] 국어 교육에서도 이와 관련된 최근의 논의가 발견된다. 국어 교육과정에서 반영된 '글쓰기 윤리' 관련 내용에 대해 살펴보고 향후의 바람직한 방향을 제안한 강민경(2011)에 따르면, 글쓰기 윤리 교육 역시 쓰기 능력과 마찬가지로 발달적 측면을 고려해야 한다고 언급하였다. 즉, 글쓰기를 윤리를 본격적으로 학습하지 않은 단계의 초·중고생에게 대학 수준의 표절 규정을 일괄적으로 적용하는 것이 바람직하지 않다는 것이다. 이것은 한국인 대학생과 동일한 글쓰기 윤리 기준과 규정을 외국인 유학생에게 적용하는 것이 과연 적절한가에 대한 문제를 인식한 본 연구의 입장과 일맥상통한다고 볼 수 있다.

[6] 여기에서 '자료'란 학습자가 자신의 글에 반영하는 모든 유형의 읽기 자료 또는 참고 자료를 의미하는 것이다. 본 연구에서 가리키는 '자료' 및 '자료 사용'의 개념에 대해서는 4장에서 구체적으로 다루기로 한다.

때문이다. 지금까지 '자료 사용(source use)'에 대한 논의가 글쓰기 윤리의 범주 안에서 주된 연구 문제로 다루어져 온 것도 이러한 까닭에서라고 볼 수 있다. 여기에서 '자료 사용'이란 짜깁기(patchwriting), 베끼기(copying), 출처 제시 여부(referencing), 내용 통합7) 문제를 모두 포괄하는 의미이다. 국내의 앞선 논의에서도 글쓰기 윤리 문제를 외국인 유학생의 '자료 사용 능력'과 연관 지어 설명한 근거를 찾을 수 있다. 먼저 외국인 학습자의 학문적 글쓰기에서 표절이 흔히 나타나는 원인을 참고 자료의 활용 능력이 떨어지기 때문으로 본 최은지(2009: 208)의 논의가 그 예이다. 또한 외국인 유학생의 경우 자료 이용의 적절성 여부에 대한 판단이 미흡하기 때문에 결국 기계적인 인용이 많이 나타난다(이인영, 2011a)는 언급도 글쓰기 윤리와 자료 사용의 문제가 반드시 함께 논의되어야 함을 잘 입증하는 또 하나의 근거라 할 수 있다.

이상의 내용을 종합해 볼 때, 이제 국내 외국인 유학생의 쓰기에 있어서 글쓰기 윤리에 대한 연구가 본격적으로 이루어져야 할 시점이 되었으며 그것은 '자료 사용'의 문제를 근간으로 시작되어야 함을 알 수 있다. 본 연구의 전개를 위해서는 그간 국외에서 지지를 받고 있는 이론적 근거들을 한국어 교육의 상황에 맞게 적용하고 본 연구의 틀로 삼을 필요가 있다. 이를 통해 '글쓰기 윤리에 대한 접근은, 학습자의 개인의 윤리적 문제로 간주하기보다는 교육적 측면에서 학습자에 대한 이해를 넓히는 것에서 출발해야 한다'는 이 글의 주장에 설득력 있는 근거를 확보할 수 있을 것이다.

---

7) '자료에서 가져온 내용'과 '필자의 글'이 명확히 구분되도록 하면서 이 둘을 얼마나 자연스럽게 통합하는가와 관련된 문제를 말한다. 이에 대해서는 2부의 4장에서 다루기로 한다.

1. 학습자의 글쓰기 능력 신장의 측면에서 볼 때, '글쓰기 윤리가 전제되지 않은 글은 글쓰기 능력을 보여 주는 지표로서 가치가 없다'는 말의 뜻을 설명해 보십시오.

2. 글쓰기 윤리 문제를 학습자 개인의 도덕성 부재로만 간주했을 때의 한계점은 무엇입니까? 특히 외국인 학습자를 대상으로 한 경우, 교육적 관점에서 어떤 점을 간과하게 됩니까?

3. 최근 학습자의 글쓰기 윤리 문제로 빈번하게 지적되는 것은 무엇입니까? 이러한 사례와 현상은 학습자의 언어권별(L1, L2), 국내외 상황, 학습자의 수준, 연령, 학위 과정에 따라 다른 접근이 필요하다고 생각합니까, 동일한 접근이 필요하다고 생각합니까? 그 까닭은 무엇입니까?

추천논저

김성수(2008), 「미국 대학의 '학문적 정직성' 정책에 대한 연구: 대학
　　　글쓰기에서 '표절' 문제를 중심으로」, 『작문연구』 제6권, 한국
　　　작문학회, 193~226쪽.
이윤진(2011), 「학문 목적 한국어 학습자를 위한 윤리적 글쓰기 교육의
　　　방향」, 『이중언어학』 제45권, 이중언어학회, 167~188쪽.
이인영(2011), 「외국인 대학생의 학술적 글쓰기에 나타난 오류 양상 연구」,
　　　『현대문학의 연구』 제44권, 한국문학연구학회, 493~526쪽.
최은지(2009), 「사회적 구성주의에 기반한 학문 목적 한국어 작문 교육
　　　연구」, 고려대학교 박사논문.
Howard, R.(1995), "Plagiarisms, authorships and the academic death
　　　penalty". *College English* 57-7, pp. 788~806.
Pecorari, D.(2003), "Good and original: Plagiarism and patchwriting in
　　　academic second-language writing". *Journal of Second Language
　　　Writing* 12, pp. 317~345.

제**2**장

글쓰기 윤리

✓ 글쓰기 윤리란 무엇인가?
✓ 글쓰기 윤리, 학습 윤리, 연구 윤리는 어떤 관계인가?
✓ 표절과 글쓰기 윤리 위반은 같은 개념인가?
✓ 언어 교육에 있어서 글쓰기 윤리에 대한 접근은 어떠해야 하는가?

　최근 '글쓰기 윤리'에 대한 우리 사회의 관심이 매우 높다. 더불어 글쓰기 윤리에 대한 기준도 점차 엄격해지고 있다. 그런데 막상 '글쓰기 윤리란 무엇인가'라는 질문에 명확하게 답하기란 쉽지 않다. 이에 본 장에서는 글쓰기 윤리에 대한 일반적인 개념을 개략적으로 검토하고 본 연구에서의 글쓰기 윤리의 개념을 정립해 보고자 한다. 그리고 본 연구 전개의 근간이 될 이론으로서 자료 사용과 글쓰기 윤리의 연관성을 고찰한 다음, 학문 목적 글쓰기에서 글쓰기 윤리가 더 가치 있게 다루어져야 하는 배경, 윤리 문제를 L2 쓰기 발달 연구의 하나로 접근하게 된 근거를 차례로 살펴보도록 하겠다.

이미 오래 전부터 글쓰기 윤리에 매우 엄격했던 서구 사회에 비해 한국의 경우는 다소 뒤늦은 감이 없지 않다. 사실 국내에서 글쓰기 윤리에 대한 사회적 논란이 있었던 것이 최근의 일만은 아니지만 그러한 행위에 대한 사람들의 기준과 시선이 확연히 달라지고 있음은 분명하다. 오래 전부터 관행처럼 암묵적으로 이루어져 오던 글쓰기 윤리 위반 행위들이 어느 순간, 혹은 점차 심각한 사회적 문제로 떠오르고 맹비난을 받게 되면서 혼란이 끊이지 않고 있다. 즉, 글쓰기 윤리에 대한 인식과 실제 쓰기 행위, 그리고 제도의 변화 속도가 각각 불일치하는 데에서 오는 과도기적 현상들은 또 다른 사회적 문제를 양산하고 있다. 그런데 이것은 어느 한쪽의 일방적인 주도나 압력, 변화만으로 잠재울 수 있는 성질의 것이 아니다. 현재의 문제를 제대로 인식하고 살피려는 시도, 그리고 앞으로의 변화를 예측하고 적극적으로 대처하려는 태도가 전제되어야 하다. 이것은 우리 사회 전반에 해당하는 문제일 뿐만 아니라 미시적으로는 언어 교육 분야에서도 적용된다. 따라서 교육과 연구의 주체인 학습자, 교수자 그리고 연구자와 교육 기관 모두가 관심을 가지지 않는다면 언어 교육에서 글쓰기 윤리의 문제도 바람직한 해결 방안을 찾기 어려울 것이다.

글쓰기 윤리의 개념

글쓰기 윤리의 개념은 매우 추상적이고 폭넓어서 그것을 규정하는 집단의 특성에 따라 다르게 받아들여지고 있다. 이에 글쓰기 윤리에 대한 앞선 논의의 검토를 토대로 본 연구에서 사용될 글쓰기 윤리의 개념에 대해 정의를 내려 보고자 한다. 먼저 글쓰기 윤리의 개념 및 층위를 전반적으로 개괄한 후 글쓰기 윤리와 표절의 관계를 알아보도록 하겠다.

글쓰기 윤리의 일반적인 의미

글쓰기 자체는 개인적인 행위이지만 그 행위의 윤리성에 대한 판단은 필자가 속한 사회 집단 혹은 구성원들이 하는 것이므로 '글쓰기 윤리'의 개념 정의는 그리 간단하지가 않다.

> 가은아(2009: 233)에서는 글쓰기 윤리의 개념을 명확하고 간명하게 정의하기가 어려움을 다음과 같이 언급하였다. "어떤 사람에게 윤리적인 판단이 다른 사람에게는 비윤리적인 판단이 될 수도 있고, 어느 사회나 문화에서는 윤리적인 일이 다른 사회나 문화에서는 그렇지 않을 수도 있다. '윤리'란 개인의 의식, 사회·문화적인 맥락 속에서 그 특성과 가치가 규정지어지기 때문이다."

우선 기존 논의에서의 글쓰기 윤리의 개념은 다음과 같다.

- 글쓰기를 하는데 있어서 지켜야 할 도덕적 덕목, 글을 쓰는 사람이 글을 쓸 때 마땅히 지켜야 할 도리 (황성근, 2008: 235)
- 필자가 글을 쓰는 과정에서 준수해야 할 윤리적인 규범 (박영민, 2009: 167)
- 쓰기를 수행하는 과정에서 필자가 지켜야 하는 기본적인 도리 또는 행위의 규범 (가은아, 2009: 233)
- 쓰기라는 일반적 표현 행위를 수행하는 개인이나 사회 구성원들이 지켜야 할 행동의 규범 체계 (이재승, 2010: 26)

이상의 글쓰기 윤리의 개념을 통해 알 수 있듯이 글쓰기 윤리에는 필자가 글을 쓰는 모든 '과정'이 전제되며, 그 과정에서 지켜야 할 기본적인 사고와 행위에 대한 '규범'이라는 의미가 내포되어 있다. 그런데 글쓰기 윤리의 개념 정의에 사용되고 있는 '당연히 지켜야 할', '도리', '사고', '규범'이라는 표현의 추상성으로 인해 글쓰기 윤리가 가리키는 바가 무엇인지 쉽게 와 닿지 않는다. 특정 구성원이 속한 사회 혹은 상황이라는 전제가 없이는 그저 추상적이고 모호한 개념에 그칠 수밖에 없기 때문일 것이다. 그러한 측면에서 '사회 구성원'이라는 특정 범주를 언급한 이재승(2010: 26)의 개념에서 수용할 부분이 있다.

이에 본 연구에서는 앞선 연구에서 언급한 내용을 종합적으로 반영하여 글쓰기 윤리를 "글쓴이가 속한 사회에서' 쓰기를 수행하는 모든 과정에서 지키도록 요구하는 행위 규범"으로 정의하고자 한다. 다만 이 개념도 본 연구의 주요 대상인 외국인 유학생이 대학에서 지키도록 요구받는 글쓰기 윤리에 대한 특수성을 제대로 이해하기에는 한계가 있다. 따라서 이에 대한 해답은 글쓰기 윤리에 대한 전반적인 조망을 통해 고찰해 보기로 한다.

글쓰기 윤리의 범주

글쓰기 윤리의 개념을 이해하기 위해서는 글쓰기 윤리의 범주에 대해서도 살펴볼 필요가 있다. 글쓰기 윤리의 범주는 비윤리적 쓰기 유형을 구체화하여 유형별로 모으는 과정을 통해서 그 성격이 명확해질 수 있다(가은아, 2009: 233). 가은아(2009)에서는 글쓰기 윤리의 범주를 네 가지로 구분하였는데 '정직하게 쓰기, 진실하게 쓰기, 사실대로 쓰기, 배려하며 쓰기'가 그것이다. 또 필자는 한 편의 글을 써 나가는 중에 글쓰기 윤리의 범주를 넘나들면서 글을 쓰기 되므로, 이 네 가지 범주가 독립적이고 배타적인 것은 아니라고 언급하였다.

글쓰기 윤리의 범주를 반영한 글쓰기 윤리 점검 문항(가은아,

2009: 244)[1]을 보면 네 가지 글쓰기 윤리의 범주가 뜻하는 바가 쉽게 와 닿는다. 이를 토대로 각 범주의 내용을 간단히 종합해 보면, '정직하게 쓰기'란 자료의 사용에 있어서 자신의 것과 타인의 것을 구분하고 적절한 형식에 맞게 표시하는 것이라 할 수 있다.[2] 또 '진실하게 쓰기'란 자신의 생각과 글이 같은가에 대한 문제이다. '사실대로 쓰기'란 객관적인 데이터를 바탕으로 해야 하는 글에서 그것이 잘 반영되었는가와 관련된 문제이다. '배려하며 쓰기'란 자신의 글이 타인에게 미칠 영향을 고려하여 타인을 비방하거나 상처주지 않는 글쓰기를 하는 것을 말한다. 이 가운데 본 연구에서 중점을 두어 살피고자 하는 것은 '정직하게 쓰기'이다.

또한 이혜영(2010)에서는 글쓰기 윤리의 구성 요인을 '정직성, 진실성, 인간존중'의 세 가지로 보았는데 '정직성'은 '정직하게 쓰기'(가은아, 2009)와 일치하며 '인간존중'도 '배려하며 쓰기'(가은아, 2009)와 일맥상통한다. 가은아(2009)와 이혜영(2010)의 공통점은 글쓰기 윤리의 주된 구성 요인으로 '정직성'을 꼽고 있다는 것이다. 여기에서 정직성이란 적절한 형식으로 인용하기와 출처를 밝히기, 베끼기와 짜깁기를 하지 않는 행위를 말한다. 즉, 글쓴이가 다른 글에서 가져온 자료와 자신의 의견의 구분을 명확히 하고 그것을 적절한 형식으로 인용하며 출처를 제대로 밝히는 것이 정직한 쓰기[3]이다.

---

1) 포스너(2009), 박영민(2009) 등의 선행 연구를 통해 추출해 낸 글쓰기 윤리 점검 문항임을 밝히고 있다.
2) 다음의 점검 항목을 제시하고 있다. '올바른 인용 방법을 사용하였는가?, 인터넷 등에서 짜깁기를 하지 않았는가?, 참고 자료의 출처를 정확히 기록하였는가?, 전에 썼던 글을 다시 사용하지는 않았는가?, 인용한 글과 자신의 글을 명확히 구분하여 썼는가?, 다른 사람의 글이나 아이디어를 무단으로 가져오지는 않았는가?' 등이다. 즉, '정직하게 쓰기'란 자료의 올바른 사용에 대한 문제임을 알 수 있다.

이인재(2008)에서도 '정직성'이라는 용어를 사용하고 있다. 그는 글쓰기 윤리에 어긋나는 것의 전형을 표절이라 하면서 표절을 피하는 것은 곧 '정직하고' 바르게 글을 쓰는 것이라고 언급하였다. 본 연구에서 주목하고자 하는 것도 바로 이 부분이다. 이상의 '글쓰기 윤리'를 다룬 논의들에서 '정직성'과 '윤리'라는 용어를 유사한 의미로 혼용해 온 경우가 눈에 띄는데 이것은 결국 '정직성'이 글쓰기 윤리의 가장 대표적인 구성 요인이기 때문이다. 본 연구에서 의미하는 '글쓰기 윤리'도 더 구체적으로는 '정직성'을 가리키는 것임을 밝혀 둔다.

글쓰기 윤리, 학습 윤리, 연구 윤리의 층위

글쓰기 윤리를 좀 더 거시적으로 이해하고 그 개념을 정립하기 위해서는 '글쓰기 윤리'와 자주 혼용되어 쓰이는 '연구 윤리', '학습 윤리'에 대한 종합적인 검토가 이루어져야 한다.

일반적으로 '윤리'라고 하면 개인의 도덕성이나 가치에 대한 문제로만 여겨지기가 쉽다. 그러나 개인에게 내면화된 '윤리'가 실현되어 어떤 결과물로 나타났을 때 그것은 다시 구성원이 속한 사회 차원에서 어떤 기준에 의해 평가받고 해석됨으로써 결국 그 개인의 '윤리'의 문제가 거론된다. 이를테면 연구자에게는 연구 윤리가, 학습자에게는 학습 윤리가 강조되는 것도 바로 연구와 학습이라는 과정과 성과가 결국 개인이 가지고 있는 '윤리'의 정도를 여실히

---

3) 쓰기 구성 요인 가운데 다른 요인들에 대해서는 논외로 하기로 한다. 다만 과학적 글쓰기 등에서 데이터를 조작하지 않는 행위를 정직성(honesty/integrity)으로 보기도 한다(황은성 외, 2007: 32). 그러나 본 연구에서 이것은 '사실대로 쓰기'에 해당하는 것으로 본다.

보여 주는 것으로 간주되는 것이다. 따라서 글쓰기 윤리와 연구 윤리, 학습 윤리는 불가분의 관계에 놓여 있다고 볼 수 있다.

> 이혜영(2010: 12)에서는 쓰기는 반드시 글쓰기 윤리와 결부되어야 한다면서 다음과 같이 언급하였다. "'윤리'는 가치의 문제로 여겨지고, 글쓰기에서의 윤리 인식도 필자와 관련된 것으로만 국한되어 교육적 차원과 다소 거리가 있는 것으로 생각하기 쉽다. 그러나 쓰기의 결과물은 개인적 기록의 성격을 넘어 사회 구성원들의 생각과 판단에 영향을 미치고 구성원 간 의사소통의 통로로서 기능한다는 사회적 성격을 감안해 볼 때 쓰기는 반드시 글쓰기 윤리와 결부되어야 한다."

여기에서 특히 눈여겨 볼 점은 모든 학문 분야와 계열을 막론하고 그것의 연구와 학습의 결과물은 '글쓰기'로 나타나기 때문에 글쓰기 윤리가 학습, 연구 윤리의 가장 핵심이 된다는 것이다. 최근 쓰기에 있어서 윤리 문제를 어떤 관점에서 바라보고 해석해야 할 것인가에 다양한 논의가 진행되고 있는 것도 바로 이러한 이유라고 볼 수 있다. 실제로 최근 몇 년 사이에 '연구 윤리', '학습 윤리'에 대한 논의를 시작으로 '글쓰기 윤리'에 관심이 고조되고 있는데 이것은 그만큼 한국 사회가 전반적으로 '연구·학습·쓰기'에 있어서 '윤리'의 문제를 매우 중요하게 인식하게 되었음을 입증하는 것이다.[4]

---

4) 이것은 달리 말하면 연구·학습·글쓰기에 있어서 비윤리적인 현상이나 행위가 얼마나 심각한가에 대한 문제의식을 갖게 된 것이라 할 수 있다. 이미 미국을 비롯한 선진국에서 연구·학습·글쓰기 윤리에 대해 매우 엄격한 것에 비하면 한국은 상대적으로 이에 민감하지 않은 편이었다. 미국 대학의 학문적 정직성 정책에 대해서는 김성수(2008)를 참고할 수 있다. 그러나 이제 연구 윤리의 문제는 개인의 문제만이 아니라 사회적 차원에서 관심을 가져야 하는 문제이다. 최근 연구 윤리에 대한 정부 차원의 연구가 적극적으로 이루어지는 것도

연구·학습 윤리의 핵심인 글쓰기 윤리

 '연구·학습·글쓰기 윤리'의 층위를 간단히 구분해 보면 〈그림
1〉과 같다. '연구 윤리'는 학문 전 분야와 영역을 망라하는 가장
포괄적인 개념에 해당하는 것이고 '학습 윤리'는 전문 연구자보
다는 대상을 학습자로 좁힌 것으로서 우리가 학습의 과정에서
실천해야 할 윤리라 할 수 있다. 또 '글쓰기 윤리'는 앞서 정의한
바와 같이 "글쓴이가 속한 사회에서 쓰기를 수행하는 모든 과정
에서 지키도록 요구하는 행위 규범"이다. 쉽게 말하면 쓰기에서
의 실천 윤리를 말한다.

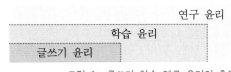

<그림 1> 글쓰기·학습·연구 윤리의 층위

 '글쓰기 윤리'[5]는 가장 하위의 개념으로 보이기도 하지만 연

바로 이러한 까닭에서라 할 수 있다. 그 대표적인 예로, 한국연구재단 지정
연구윤리정보센터(http://www.cre.or.kr/)에서 연구 윤리 관련 최근의 논의 및
유용한 정보를 풍부하게 제공하고 있는 것을 들 수 있다.

5) 연구 윤리에 초점을 두어 논의한 안동근(2009)에 따르면, 특히 디지털시대를
맞이하여 많은 정보들이 인터넷을 통하여 유통되면서 윤리의식을 결핍한 연구
자들이 인터넷 정보를 그대로 퍼와 사용하면서 정보의 출처를 정확히 밝히지
않는 사례가 발생하고 있다고 언급하면서 이러한 행위는 과학자들뿐만 아니라
초등학생부터 일반 성인에 이르기까지 다양한 계층의 사람들이 저지르고 있어
글쓰기윤리교육의 필요성을 더욱 더 실감하게 한다고 하였다. 또 윤리는 연구
자 자신, 연구대상, 연구 동료들, 연구 공동체, 그리고 연구자가 몸담고 있는
사회와의 약속을 지키는 것이고 연구자는 공적 지식을 창출해야 하는 책무를
지니고 있다고 강조하였다. 그러기 위해서는 연구자로서 자신의 양심을 지키
려는 용기가 필요하다고 하였다.

구·학습 윤리의 핵심이라 할 수 있다. 이러한 이유로 기존의 논의 들에서도 '연구·학습·글쓰기 윤리' 각각의 개념을 명확히 구분하려 하기보다는 서로 겹쳐지는 부분을 강조하고 있으며 용어 사용에 있어서도 다소 혼재된 양상을 보인다. 가령, '학습 윤리'에 대한 소개를 하는 논의를 살펴보면 실제로는 중점적으로 다루는 내용이 '글쓰기 윤리'인 경우도 있고 '학습 윤리'의 개념 설명에서 '연구 윤리'를 함께 다루기도 한다.6) 가령, 황성근(2008: 234)에 서는 '대학생의 학습 윤리는 학업수행과정에서 나타나고 있는 윤리적인 문제의 전반을 포함하고 있지만 학습 윤리에서 핵심적으로 거론되는 것은 다름 아닌 글쓰기'라고 하면서 글쓰기 윤리의 중요성을 강조하고 있다. 이러한 점을 감안하면 '글쓰기 윤리'가 거시적 관점에서는 '연구·학습 윤리'의 범주 안에서 상당히 중요한 비중을 차지하는 만큼 '연구·학습 윤리'의 개념과 결코 떼어놓고 생각할 수 없음을 확인할 수 있다.

윤리 준수의 대상

다음으로 〈그림 2〉는 위에서 살펴본 글쓰기 윤리를 비롯하여

---

6) '학습 윤리', '연구 윤리'라는 범주 안에서 '글쓰기 윤리'를 중점적으로 혹은 부분적으로 반영하고 있는 예로는 신중섭 외(2007), 유한구 외(2007), 황은성 외(2007), 한동대(2009), 가톨릭대(2010) 등이 있다. 이 가운데 '대학생을 위한 학습윤리 가이드북'(한동대, 2009) 또는 '학습윤리 가이드라인'(가톨릭대, 2010)을 주목할 만하다. 두 가이드북에서는 학습 윤리에 어긋나는 행위로 글쓰기 윤리와 관련된 표절을 비중 있게 다루고 있으며 그 밖에 과제물의 제출과 관련하여 구매 및 양도에 대한 내용도 반영되어 있다. 또한 학습 윤리를 준수하기 위해 올바른 출처 표시와 인용에 대한 내용이 포함되어 있다. 이러한 내용을 참고해 볼 때 대학생에게 있어서 글쓰기 윤리는 학습 윤리 및 연구 윤리와 굳이 구분하기보다는 상당 부분이 겹치는 것으로 보아도 무방한 것으로 보인다.

연구·학습 윤리를 그것을 준수해야 할 '대상'으로 구분하여 나타낸 것이다. 〈그림 2〉에서 볼 수 있듯이 '학습자'에게는 '학습 윤리'가, '연구자'에게는 '연구 윤리'가 요구되며[7] 글쓰기의 관점에서 본다면, 학습자와 연구자는 모두 '필자(writer)'로서의 입장에 서게 되므로 '글쓰기 윤리'를 준수해야 할 의무가 있다.[8] 또한 글쓰기 윤리의 준수 대상은 매개 언어에 따라 자신의 모어로 글을 쓰는 'L1 writer(L1필자)'와 모어가 아닌 언어로 글을 쓰는 'L2 writer(L2필자)'로 세분화된다.

<그림 2> '글쓰기 윤리'의 준수 대상별 구분

---

7) 편의상 이 글에서는 학습자를 '초·중·고생, 대학생'으로 구분하였고, 연구자는 '전문연구원·교수'로 구분하였지만 더 세분화될 수 있을 것이다. 또한 대학생과 대학원생은 학습자인 동시에 연구자라는 중간 단계에 있다고 판단되어 점선으로 표시하였다.

8) 정병기(2008)에서는, 연구 윤리는 연구과정 전체에 해당되는 규범이지만 연구과정은 그 결과물인 글쓰기로 제출되기 때문에 '연구 윤리의 핵심은 곧 글쓰기 윤리'라고 하였다. 이처럼 연구·학습·글쓰기 윤리는 서로 불가분의 관계에 있고 겹쳐지는 부분이 많아 그 경계를 명확하게 구분하기는 어려운 측면이 있다. 단, 이 글의 초점은 모든 학습과 연구의 결과의 표현인 '글쓰기'에 있음을 밝혀 둔다.

L2필자는 L1필자에 비해 상대적으로 많은 부분에서 어려움을 겪게 됨을 짐작할 수 있는데 이것은 글쓰기 윤리의 준수에 있어서도 예외가 아니다.9) 특히 선행 연구의 이해 및 효율적이고 적절한 활용이 전제되어야 하는 학문적 글쓰기의 경우 L2가 매개 언어라는 점은 '글쓰기 윤리'를 준수하지 못하게 되는 주된 원인이 될 수 있다.10) 이러한 이유로 국외에서는 매우 일찍부터 L1화자와 L2화자를 세분화한 논의가 적극적으로 이루어져 왔다.11)

글쓰기 윤리 위반과 표절

글쓰기 윤리를 언급할 때 **빼놓을 수 없는** 것이 바로 '표절' 문제이다. 'Plagiarism'은 'kidnapper(유괴범)'을 뜻하는 라틴어인 'plagiarus'에서 온 말인데, 다른 연구자의 업적을 훔쳐오거나 그것을 자신의 것처럼 하는 것을 비유하는 말이다(Walker, 1998: 89). 그런데 지금까지 글쓰기 윤리에 대한 논의를 할 때 '표절'에 무게 중심을 두는 일이 많았다. 글쓰기 윤리 위반이 곧 '표절'이라는 인식이 전제되어 있기 때문이다.

---

9) 가령, 외국인 유학생은 글을 쓰기 위하여 한국어라는 언어에 내포된 혹은 그것과 관련된 학업에 관련된 관습과 문화에 친숙해져야 한다. 학문 목적 한국어 학습자의 경우를 생각해 보면, 대학에서 한국어로 학문적 글쓰기를 할 때 부딪히는 다양한 상황 및 문화에 적응해야 하는 것이 여기에 해당한다.

10) 국외의 학문 목적 영어 교육 분야에서는 외국인 유학생의 경우 일반 대학생보다 표절이 훨씬 더 쉽게 일어난다는 사실(Walker, 1998: 90~93)이 여러 차례 입증된 바 있다. 이에 대한 구체적인 내용은 후술하기로 한다.

11) 뿐만 아니라 L1화자와 L2화자의 차이점에 대해서도 관심을 가져 왔는데 Marshall & Garry(2005), Yeo(2007), Walker(2010) 등이 그 예이다.

'표절(剽竊)'의 사전적 정의는 '시나 글, 노래 따위를 지을 때에 남의 작품의 일부를 몰래 따다 쓰는 것'(표준국어대사전)으로, 글쓰기 이외의 창작 활동에서의 모방 행위까지도 아우르는 개념이라 볼 수 있다. 참고로, '표절'은 '저작권'과도 관계가 깊다. 저작권은 '문학, 예술, 학술에 속하는 창작물에 대하여 저작자나 그 권리 승계인이 행사하는 배타적·독점적 권리'라는 의미(표준국어대사전)이다. 표절은 흔히 저작권 침해와 혼동되는 경우가 많지만, 큰 차이점이 있다. 즉, 표절은 주로 학술이나 예술의 영역에서 활동하는 사람이 갖춰야 할 기본적인 윤리와 관련되는 반면에 저작권 침해는 다른 사람의 재산권을 침해한 법률적 문제(위키백과)라는 점이다. 다만, 이에 대한 내용은 이 글의 주된 논의 대상이 아니므로 구체적으로 다루지 않는다.

'표절'과 '글쓰기 윤리 위반'의 차이

　글쓰기 윤리와 표절이 때로는 동일한 범주로, 때로는 상이한 범주로 받아들여지면서 혼란이 생기게 된다. 그러나 앞서 글쓰기 윤리의 개념에서도 살펴보았듯이 실제로는 글쓰기 윤리가 표절보다 좀 더 포괄적인 범주라 볼 수 있다. 아래 〈표 1〉에서 제시한 사례12)를 보면 글쓰기 윤리를 위반한 것과 표절이 반드시 동일한 의미가 아닐 수 있음을 알 수 있다.

---

12) Howard(2002: 48)를 참고한 것이며 사례는 본 연구에서 바꾸어 옮겼음을 밝힌다. 그는 '따옴표를 빠뜨리는 행위'와 '리포트를 구매하는 행위'를 비교하여 언급하였다.

<표 1> 표절 여부의 판단이 애매한 사례

사 례	글쓰기 윤리 위반	표절
한국어 능력 부족이나 여러 이유 등으로, 검색한 자료를 짜 깁기하여 마치 자신의 글처럼 완성하여 기말 보고서로 제출	✓	✓
보고서를 작성하는 과정에서, '한국어'로 참고 자료를 읽을 시간과 여력이 되지 않았음에도 불구하고 좀 더 보고서의 모양새를 갖추기 위하여 읽지 않은 자료를 참고 문헌의 목록에 포함시킨 경우	✓	?

  또한 글쓰기 윤리와 표절의 이해를 위해 분명히 해야 할 점은 논의의 성격에 따라 이 둘은 엄연히 다른 관점의 접근을 요구한다는 것이다. 우선 '글쓰기 윤리'는 긍정적인 측면이, '표절'은 부정적인 측면이 부각된다는 점에서 큰 차이가 있다. 이를테면 전자는 '지켜야 하는 것'이고 후자는 '하지 말아야 하는 행위'이므로 연구의 방향에 따라 초점을 두어야 할 것이 다르다.

  '표절'과 '글쓰기 윤리' 중에서 무엇을 더 부각시키는가는 특히 교육적 관점에서 주의를 기울여야 할 부분이다. 교육적 관점에서의 표절 관련 논의를 살펴보면, 표절이 갖는 부정적 측면에 대한 문제와 우려에 대한 언급이 많다. Sikes(2009: 14)에서는 'Plagiarism'을 사전에서 정의할 때 'unacceptable, unauthorized, theft, crime' 등과 같이 모두 부정적인 표현이 사용되고 있음에 주목하였고 Howard(2002: 48)에서도 우리가 '표절'이라는 용어 사용에 좀 신중해야 하며 많은 고민과 반성이 필요함을 강조하였다. 가령, 한국어 학습자의 쓰기에 있어서 자주 나타나는 오류가 나타난다고 해서 교수자는 오류 자체를 가르칠 내용으로 삼거나 지나치게 강조하지는 않는다. 다만, 전범이 되는 유형 및 사례들을 노출시키고 그 과정에서 오류가 나타났을 때 적절한 피드백을 부여하게 된다. '글쓰기 윤리'와 '표절'에 대한 교육적 접근도 이와 유사하다. 쓰기의 경험이 불충분하고 익숙하지 않은 단계에 있는 한국어 학습자에게는 글쓰기 윤리에 대한 강조와 반복이 우선되어야 한다. 자칫 표절만을 강조하다 보면 도리어 쓰기에 대한 자신감과 동기를 잃게 되는 등 부작용이 더 클 수도 있다.

우선 본 연구에서 부각시키고자 하는 것은 '표절'이 아니라 '글쓰기 윤리'임을 밝혀 둔다. 다만 이 두 개념은 동전의 양면처럼 불가분의 관계에 있는 것이기에 글쓰기 윤리에 대한 이해를 위해 '표절'의 개념에 대한 검토는 필수적이다.

표절의 개념

일반적으로 표절은 다른 자료에서 가져온 내용이나 아이디어 등을 자신의 것처럼 보이게 하는 일을 말한다. 그러나 표절의 개념과 기준도 글쓰기 윤리와 마찬가지로 특정 사회와 집단이라는 조건이 전제되지 않는 한 명확하게 규정하기 어렵다. 비슷한 사례를 두고도 표절 여부에 대한 판단이 엇갈리는 것도 바로 이러한 이유에서이다. 또한 L1학습자와 동일한 관점에서 L2학습자에게 표절 기준을 적용하는 것이 과연 바람직한가에 대한 고찰도 이루어질 필요가 있다.[13)]

이와 같이 표절의 개념이 불명확하고 혼동을 가져올 수밖에 없는 이유는 '비표준성', '광범위성'이라는 표절의 대표적인 특징에서 그 단서를 찾을 수 있다. 특히 국외에서 'Plagiarism'은 한국어의 '표절'보다 더 폭넓은 의미로 쓰이고 있기 때문에 국외의 개념과 이론을

---

13) 왜냐하면 표절의 개념이 명확하지 않고 그 기준도 정립되지 않은 상태에서 표절의 기준을 공정하게 적용한다는 것도 가능하지 않기 때문이다. 이에 학문 목적 한국어 학습자의 쓰기 학습 수준과 발달 단계를 고려한 기준이 마련되어야 한다고 본다.

받아들일 때는 이를 반드시 감안해야 한다. 또한 표절에 대한 개념이나 관점의 불일치는 학습자가 겪는 혼란으로 이어지고, 이는 곧 글쓰기 학습이 실패하는 주요 원인이 될 수 있다.14) 따라서 표절의 특징을 살펴보면서 표절에 대한 이해를 넓히고자 한다.

표절의 비표준성

표절의 첫 번째 특징은 '비표준성'이다. 표절에 대한 관점은 그것을 판단하는 주체에 따라 상이하다. 가령, 학습자가 가지고 있는 표절에 대한 인식 혹은 개념이나 관점은 교수자와 기관의 그것과 차이가 있을 수밖에 없다. 더 좁혀 들어가면 학습자에 따라서도 각기 표절에 대한 다양한 관점과 기준을 가지고 있을 가능성이 높다.

이와 관련하여 East(2010)는 'Judging plagiarism: problem of morality and convention'라는 제목의 논의에서 과연 표절의 개념에 대한 기준을 일반화할 수 있을까에 대한 문제를 제기한 바 있다. 그러면서 표절이 학문적 부정직성, 또는 위반 행위로 간주되지만 표절에 대한 관점 및 입장은 개인마다 특정 집단마다 동일하지 않기 때문에 단순하게 일반화하기 어려운 부분이 있다고 하였다. 그리고 "표절에 대한 표준적인 이해는 없다(Clearly, there is not universal understanding about what plagiarism means)"(East, 2010: 80~81)고 견해를 밝혔다.

Flint, Clegg & Ranald(2006: 150)에서 제시한 〈그림 3〉도 우리가 가진 '표절(Plagirism)'에 대한 개념의 차이를 잘 보여 준다. '표절(Plagirism)'이 '부정행위(Cheating)'와 동의어처럼 쓰이는가 하면(A), 전혀 차별화된 의미가 되기도 하고(B), 공통분모가 있기는 하지

---

14) Marshall & Garry(2005) 참조.

만 서로 다른 의미를 내포하는 경우도 있을 수 있고(C), 때로는 '표절'이 '부정행위'의 부분집합이 되기도 한다. 즉, 표절에 대한 관점이 그만큼 비표준적이라는 것이다.

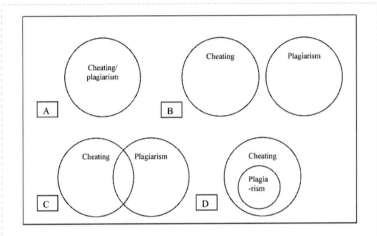

Figure 1. Different ways of conceptualizing the relationship between cheating and plagiarism (inspired by diagram in Carroll, 2002)

<그림 3> 범주에 따른 '표절'의 비표준성

다음의 〈표 2〉는 표절의 비표준성을 보여 주는 몇 가지 사례이다.

<표 2> 관점에 따른 표절의 비표준성

표절이라고 판정하는 구체적인 기준이나 관점은 개인, 집단, 입장에 따라 차이가 있다. 그러므로 '표절'이라는 동일한 용어를 사용한다 할지라도 그 속에 내포된 의미는 제각각일 수 있다.	예1 특정 집단(문화권, 계열, 연구 분야 및 기관 등)마다 표절 기준의 엄격성에는 차이가 있다.
	예2 교육적 측면에서 보면 학생과 교수자가 가지고 있는 표절에 대한 관점이 동일하지 않을 수 있다.
	예3 어떤 교수자는 표절에 매우 민감한 반면 어떤 교수자는 그렇지 않을 수 있다.
	예4 개인의 표절에 대한 인식도 시기와 상황에 따라 고정적이지 않고 변할 수 있다.15)

표절 정도에 따른 다양한 표절 양상

표절의 두 번째 특징으로 '광범위성'을 들 수 있다. 실제로 표절의 범위는 매우 넓고 다양한 유형으로 나타남에도 불구하고 우리는 그 모든 것을 '표절'이라는 한 단어로 말함으로써 그 정도성의 차이를 드러내지 못하는 한계에 부딪힌다. 가령, '인용할 때 따옴표 하나를 실수로 빠뜨린 것'과 '글 전체를 다른 자료에서 옮겨 와서 쓴 후 출처를 남기지 않는 행위'를 '표절'이라는 동일한 한 단어로 나타냄으로써 그 두 행위를 같은 수준으로 취급할 수는 없는 것이다.

이와 같은 표절의 광범위성을 감안한다면 좀 더 세밀하게 표절의 범위 및 유형을 구분해 봄으로써 표절에 대한 이해를 도울 수 있을 것이다. 실제로 연구자 및 교수자가 학습자의 광범위한 표절 현상을 면밀히 파악하고 분석하는 일은 각각의 상황에 맞는 판정 및 대처를 가능하게 하기 때문이다. 다음 〈표 3〉는 다양한 판단 기준에 따른 표절의 광범위성을 보여 주는 예이다.

---

15) 대학생의 표절에 대한 인식 및 개념을 조사한 Power(2009)에 따르면, 대학에서의 학문에 아직 익숙하지 않은 1, 2학년에 비해 졸업에 가까운 학년이 될수록 점차 사회화의 과정을 거치면서 학문적 부정직성에 대한 부정적 측면을 이해해 간다고 하였다. 여기에서 우리는 '저학년이 고학년에 비해 표절에 민감하지 않더라도 시간을 좀 더 두고 기다려 주어야 한다'는 것과 '저학년이 대학 사회를 이해하고 적응해가는 매우 중요한 시기인 만큼 표절에 대한 교육을 더 강화할 필요가 있다'는 두 가지 사실을 생각해 볼 수 있다.

<표 3> 다양한 판단 기준에 따른 표절의 광범위성

판단 기준	구분
대상(주체)	학생(초·중등생), **학생·연구자(대학생**, 대학원생), 전문 연구자(연구원, 교수 등)
메타언어/ 노출상황	제1언어, **제2언어**
범위	**부분, 전체**
심각성	**심각하지 않음, 다소 심각**, 심각, 매우 심각
이유	**충분한 교육의 부재, 인식 부족, 연습 부족**, 한국어 능력 불충분, 게으름, 문화 차이
유형	**참고 문헌 누락 및 불충분, 잘못된 인용 방법, 짜깁기, 베끼기**, 리포트 구매, 타인의 리포트 제출, 대필 등
의도	의도성(계획성), **비의도성(우연성)**
시점	**학습 초기, 학습 과정, 학습 후기**
이해관계 유무	있음(법적 처벌 및 규정 필요), **없음(교육적 관점의 반영 및 대안 마련)**

위의 〈표 3〉에서처럼 어떤 판단 기준으로 보느냐에 따라 표절의 개념은 동일하지 않다. 이에 본 연구에서 표절의 모든 개념 및 대상을 포괄하여 다루는 것은 한계가 있으며 논의의 초점을 잃을 우려가 있다. 본 연구에서 중점을 두어 살피고자 하는 것은 〈표 3〉에서 진하게 표시된 부분이며 다음과 같이 정리해 볼 수 있다.

학문 사회에 진입한 외국인 대학생이 한국어로 학문적 쓰기를 학습하는 단계에서 의도하지 않게 나타나는, 글쓰기 윤리 위반으로 보이는 다양한 현상들은 처벌의 대상으로서가 아니라 교육의 대상으로 다루어져야 하는 것이다. 또한 이러한 양상들은 쓰기 학습의 시점에 따라 끊임없이 발달해 나가는 것이므로 결과 중심적으로 접근하는 것은 바람직하지 않으며 긍정적인 관점에서 바라볼 필요가 있다.

언어 교육에서 글쓰기 윤리에 대한 접근

지금까지 언어 교육에서 글쓰기 윤리의 문제는 무엇에 더 초점을 두는가에 따라 크게 '윤리적 접근법(Ethical Approach)'과 '교육적 접근법(Educative Approach/Pedagogical Approach)'으로 구분된다. 윤리적 접근법에서는 글쓰기 윤리에 대한 학습자들의 인식이 실제 글쓰기 실태나 경험에 상당한 영향을 끼친다고 보고 이에 글쓰기 윤리 인식 제고를 강조한다. 그리고 교육적 접근법에서는 실제 쓰기 교육에서의 내용과 방법 등에 더 중점을 둔다. 본 연구는 학문 목적 한국어 쓰기 교육에 있어서 교육적 접근법이 강조되어야 한다는 입장이다.

윤리적 접근법

'윤리적 접근법(Ethical Approach)'을 취하는 연구에서는 쓰기에서의 부정직한 행위들에 대해 학습자들은 어떻게 인식하고 있는지, 그리고 학습자들은 이러한 행위에 어떻게 관여하는가를 측정하는 데에 중점을 둔다(Linneman, 2010: 4). 또한 윤리적 접근법에서는 표절에 대한 개념과 유형들, 비표준적인 인식이 쓰기 행위에 미치는 영향, 정직성이 준수되지 않는 쓰기 실태 등을 두루 관찰하고자 시도한다. 이에 따른 해결 방안으로, 표절의 개념, 유형 등을 바르게 알리고 글쓰기 윤리에 대한 인식 제고가 중요함을 부각시킨다.

흥미로운 것은 학습자들이 글쓰기 윤리에 대한 인식이 높고 그것을 실천하려는 의지가 강하게 보였음에도 실제 글쓰기 윤리를 준수하지 못하는 경우16)가 많다는 사실이다. 다시 말하면 학습자들이 가지고 있는 글쓰기 윤리 인식 및 준수 의지와 실제 쓰기에서 나타나는 결과에는 괴리가 있는데 이것을 윤리적 문제로만 접근하는 것은 한계가 있다. 가령, 학습자에게 설문 형식으로 글쓰기 윤리 인식 유무를 알아보는 것과 실제 그들의 쓰기 결과물을 토대로 글쓰기 윤리 인식 정도를 가늠해 보는 데에는 큰 차이가 있다. 이것은 물론 글쓰기 윤리 인식이 강조되어 교육이 철저히 이루어져야 하지만 이것만으로 실제 글쓰기 윤리가 준수되기는 어렵다는 것을 시사하는 것이다. 이러한 한계를 보완할 수 있는 이론이 바로 교육적 접근법이다.

교육적 접근법

'교육적 접근법(Educative Approach)'은 글쓰기 윤리의 실천을 위해 가르쳐야 할 내용과 방법에 초점을 둔 것이다. 윤리적 접근법에서는 쓰기에서의 글쓰기 윤리를 준수하지 못하는 것이 학습자의 인식 부족임을 부각시켰다면, 교육적 접근법에서는 글쓰기 윤리를 실천하기 위해 학습자가 알아야 할 지식과 이론, 방법이 무엇인가에 관심을 갖는다(Linneman, 2010: 4). 또 글쓰기 윤리 위반에 대한 책임을 학습자에게만 떠넘기는 것은 무책임한 것이며 교수자가 이에 대하여 체계적으로 알려 주지 않고 관리하지 않았기 때문(Howard, 2002)으로 본다. 즉, "Don't Police Plagiarism: Just TEACH"(Howard, 2002)라는 글의 제목에서도 나타나듯이 글쓰기 윤리 위반 현상은 '처벌'의 대상으로서 부각시킬 것이 아니라, 교수자는 글쓰기 윤리 실천을 위해 '가르쳐야 할' 내용과 과정, 방법이 무엇인가에 더 초점을 두어야 한다는 것이 교육적 접근법의 주장이다.

---

16) 가령, Pecorari의 연구에 참여한 학습자들은 학문적 정직성에 대해 매우 관심이 높았음에도 불구하고 실제 쓰기에서 짜깁기 등이 많이 나타났다(Linneman, 2010: 5).

국내 상황에 맞게 두 접근법 절충하기

윤리적 접근법과 교육적 접근법은 어디에 중점을 두고 학습자의 쓰기를 바라보았는가가 다를 뿐 두 접근법에서 지향하는 바는 다르지 않다. 그러나 글쓰기 윤리의 문제가 아직 중요한 쟁점으로 떠오르지 않은 학문 목적 한국어 교육의 현실을 감안할 때, 윤리적 접근법과 교육적 접근법 가운데 교육적 접근법이 더욱 강조되어야 한다고 본다. 그렇다고 해서 윤리적 접근법을 배제하자는 의미는 아니다. 실제로는 윤리적 접근법과 교육적 접근법의 이론과 방법론이 절충되었을 때 쓰기 교육의 효과가 배가될 수 있기 때문이다.

다만, 윤리적 접근법을 지나치게 강조하다 보면 정작 학습자에게 체계적인 교육의 기회를 제공하지 않은 채 학습자의 도덕성에만 무게중심을 두게 될 가능성이 있으므로 반드시 유의해야 한다는 것이 본 연구의 입장이다. 글쓰기 윤리에 대한 초기 연구의 시점에 있는 국내 사정을 감안하면 더더욱 그러하다.

한국어 교육 분야에서 글쓰기 윤리 연구의 방향성과 가치

앞서 밝힌 바와 같이 국외의 제2언어 쓰기 교육 분야에서는 글쓰기 윤리에 대한 논의는 본격화된 반면 한국어 교육에서는 이에 대한 문제제기도 충분히 되어 있지 않은 상태이다. 이에 한국어 교육 분야에서 글쓰기 윤리에 대한 본격적인 연구가 시작되는 현 시점에서 가장 시급한 것은 '문제에 대한 인식'과 '교수 원리의 거시적인 조망', 그리고 '구체적인 교육 내용이나 순서', '구체적인 교수 방안 모색' 등에 대한 심도 있는 논의가 될 것이다.

이를 위해 본 연구는 글쓰기 윤리 연구의 시작점인 동시에 향후 더욱 본격적인 논의를 위한 유용한 기초 자료 구축이라는 측면에서 의의가 있다. 쓰기 학습 발달 과정에서 나타나는 다양한 양상 및 특징을 포착한 본 연구의 결과는, 학습자에 대한 이해를 넓힘으로써 향후 교육적 접근에서 글쓰기 윤리에 대한 연구가 더욱 본격화, 구체화되는 데에 기여할 것으로 본다.

1. 자신의 전공 및 학문 분야에서 준수해야 할 글쓰기 윤리는 무엇입니까? 타 전공 분야와의 차별점은 무엇이라고 생각합니까?

2. 글쓰기 윤리, 학습 윤리, 연구 윤리는 같은 개념이라고 생각합니까? 다른 개념이라고 생각합니까? 구체적인 사례를 들어 자신의 생각을 정리해 보십시오.

3. 자신은 표절에 대해 관대한 편입니까? 엄격한 편입니까? 이와 관련하여 자신이 생각하는 '표절'의 개념과 판정 기준이 다른 사람(동료, 교수자)과 일치하지 않는다고 느낀 적이 있습니까? 어떤 사례인지, 그 까닭은 무엇이지 말해 보십시오.

4. 글쓰기가 서툰 학습자(저학년, 외국인 유학생 등)일수록, 글쓰기 윤리 인식이 높고 그것을 실천하려는 의지가 강함에도 불구하고 실제로는 글쓰기 윤리를 준수하지 못하는 경향이 종종 있습니다. 그 까닭은 무엇이며 교육적인 관점에서의 예방 및 해결책은 무엇이라고 생각합니까?

추천논저

이재승(2010), 「글쓰기 윤리 교육의 내용 체계화 방안」, 『한국초등교육』 제20권 2호, 서울교대 초등교육연구소, 25~45쪽.

황성근(2008), 「대학생의 글쓰기윤리와 표절 문제」, 『사고와표현』 제1권 1호, 한국사고와표현학회, 231~265쪽.

Howard, R.(2002), "Don't police plagiarism: just teach!", *Education Digest* 67-5, pp. 46~49.

제**3**장

글쓰기 윤리 연구의 동향

✓ 국내외 글쓰기 윤리 연구의 쟁점은 무엇인가?
✓ 글쓰기 윤리 연구의 주된 내용은 무엇인가?
✓ 글쓰기 윤리 연구에서는 무엇을 연구 대상으로 삼는가?
✓ 글쓰기 윤리 연구의 방법으로 대표적인 것은 무엇인가?

국내외 글쓰기 윤리 연구의 쟁점

국내에서 글쓰기 윤리[1]에 대한 연구가 눈에 띄게 활발해진 것은 2000년대에 들어서이며 주로 L1학습자에 초점이 맞춰져 왔다. 불과 몇 년 사이에 초등생(이재승, 2010)[2]을 비롯하여 중·고생(가은

---

1) 연구 윤리 혹은 학습 윤리를 다룬 논의들 가운데 글쓰기 윤리에 대한 내용을 전반적, 부분적으로 다룬 것도 포함한 것이다.

2) 초·중등생을 대상으로 한 연구는 이 글과 직접적인 관련이 없으므로 구체적으로 논의하지는 않도록 한다. 다만, 어렸을 때부터 그 연령대에 맞게 학습 윤리에 대한 의식을 고취시키고 모든 교과에서 윤리의 문제를 함께 고려하여 교수·학습하는 것은 매우 바람직한 현상이라 판단된다. 초·중등생을 대상으로 한 글쓰기 윤리에 대한 논의로는 이재승(2010)이 있는데 저작권 교육에 대한 내용

아, 2009; 강민경, 2011), 대학생(이인재, 2008; 정병기, 2008; 황성근, 2008; 최선경, 2009b), 대학원생(이효녕 외, 2009)에 이르기까지 그 연구 대상의 폭이 매우 넓어졌다. 이 가운데 학문 사회에 첫 발을 내딛은 입장에 서 있는 대학생의 글쓰기 윤리에 대한 중요성이 특히 강조되고 있다. 더 나아가 최근에는 글쓰기 교수자[3]를 대상으로 한 글쓰기 윤리 인식의 조사(가은아, 2010)도 시도된 바 있다.

교육 현장 기반 글쓰기 윤리 연구 성과

최근 국내의 글쓰기 윤리 논의에서 주목할 만한 것은 쓰기 교육 현장에서의 실제적인 적용을 위해 개발된 성과들이다. 정부 혹은 대학 기관 차원의 지원을 받아 글쓰기 윤리 인식의 정착과 실천을 위해 개발된 것으로 신중섭 외(2007), 유한구 외(2007), 황은성 외(2007)를 비롯하여 한동대(2009), 가톨릭대(2010) 등을 손꼽을 수 있다. 이 가운데 대학생 대상의 학습 윤리 지침서인 한동대(2009)와 가톨릭대(2010)의 공통점을 살펴보면, '학습 윤리'의 개념 및 중요성에 대한 설명을 비롯하여 표절 예방을 위해 출처 제시와 인용의 방법 소개가 주된 내용으로 구성된 점을 확인할 수 있다. 즉, '학습 윤리 가이드북' 또는 '학습 윤리 가이드라인'이라는 이름으로 개발되었으나 실제 그 중심 내용은 글쓰기 윤리와 관련된 내용이라는 사실이다.

을 다루고 있다.

3) 국어 교사를 대상으로 한 논의였다. 이미 국외에서는 학습자뿐만 아니라 교수자, 교육 기관의 담당자들의 글쓰기 윤리 인식에 대해서도 논의가 활발하게 전개되고 있다.

초·중등 학생들의 연구 윤리 의식을 증진시키는 데에 활용 가치가 높은 유한구 외(2007)는 실질적인 연구 윤리 교육 프로그램 개발이라는 측면에서 주목할 만하다. 또 초·중등 학생들의 '연구 윤리 의식'을 '지적 정직성'이라 표현하며 강조하였다. 한편, 여기에서 개발된 내용은 별도의 시간에 운영되어야 하는 제3의 교과서로 인식되지 않고 학교 교육과정 및 교과서 내에서 소화 가능한 형태로 쓰이는 것이 바람직하다고 밝히고 있다. 특히 전체 내용이 초등학생, 중학생, 고등학생의 수준에 맞게 별도로 구분되어 있어 실질적이고, 각 단원마다 지도 목표, 관련 교과 및 활용 방안, 교수–학습 과정, 유의사항, 활동지 등이 구체적으로 포함되어 있어 교사가 별도의 부자료 개발을 하지 않고도 바로 활용할 수 있도록 구성된 것이 특징이다.

이와 같은 성과물은 향후 외국인 유학생 대상의 윤리적 글쓰기 교재 및 가이드라인의 개발을 위해 참고할 수 있는 부분이 적지 않다. 직·간접적으로 적용하거나 응용할 수 있는 부분도 있으나 외국인 유학생에게 적절하지 않는 부분을 찾아내어 내용을 차별화하는 데에도 유용하기 때문이다.

외국인 유학생의 글쓰기 윤리에 대한 국내 연구 실정

국내 외국인 유학생 대상의 쓰기 교육 분야에서 글쓰기 윤리에 대한 논의가 시작된 것은 2000년대 후반부터로 볼 수 있다. 그 예로 외국인 유학생의 글쓰기 윤리에 대해 언급하거나 문제를 제기한 최은지(2009), 김지혜(2009), 장은경(2009)을 비롯하여 김성숙(2011), 이인영(2011a)을 찾을 수 있다. 참고로 영어 교육(박민혜·이호, 2010; 성화은, 2011) 분야에서도 국외의 이론을 국내의 상황에 맞게 적극적으로 도입하려는 움직임이 나타나기 시작하였다.

최근에는 외국인 유학생 대상의 글쓰기 윤리 교수 원리가 구체적으로 모색되어야 함을 주장한 이윤진(2011a), 이윤진(2012)이 있었다. 그러나 아직은 '외국인 학부생'을 중심으로 이제 논의가 시작된 단계라 볼 수 있으며 '외국인 대학원생'이나 '외국인 연구자'를 대상으로 삼은 연구는 눈에 띄지 않는다. 이와 같이 국내에서 외국인 유학생의 글쓰기 윤리에 대한 연구는 아직 본격화되지 않은 시점이며 그 필요성 인식도 크게 부각되지 않았다. 그러다 보니 국내 대학의 외국인 유학생을 대상으로 한 글쓰기 윤리 교수·학습에 대한 필요성은 점차 증대되고 있음에도 불구하고 이와 관련된 기초 이론과 자료는 매우 미흡한 상황에 놓여 있다.

국외 외국인 유학생의 글쓰기 윤리에 대한 국외 연구 현황

국외의 경우는 언어 교육에 있어서 글쓰기 윤리 연구의 역사가 결코 짧지 않다. L1학습자 대상의 논의는 1970년대를 기점으로 꾸준히 진행되어 왔고 1990년대에서 2000년대에 접어들면서 더욱 급증하였다. 한편, L2 쓰기 교육에서 글쓰기 윤리에 대한 연구가 본격화된 것은 1990년대 후반부터로 보이며 2000년대에 급격히 늘어났다.[4] 지금까지 국외에서 이루어진 L2 글쓰기 윤리 연구의 쟁점을 전반적으로 검토해 본 결과, '연구 내용', '연구 대상', '연구 방법'이라는 세 가지 기준을 토대로 그간의 흐름을 파악할 수 있었다.

---

4) 학술 DB에서 'international students, oversea students, foreign students, ESL/EFL students, L2 students, L2 writer' 등으로 검색한 결과를 함께 살펴본 것이다. 본 연구에서는 '외국어 학습자', '제2언어 학습자'를 모두 아우르는 용어로서 'L2학습자'를 사용하기로 한다.

글쓰기 윤리 연구의 주요 내용: 인식, 실태, 교육, 관리

먼저 글쓰기 윤리 연구에서 무엇을 '연구 내용'으로 삼았는가를 기준으로 살펴보면 다음의 네 가지로 요약된다.

그 첫 번째는, 글쓰기 윤리 위반의 심각성에 대한 문제제기로부터 출발하여 우리가 표절5)을 어떻게 이해하고 어떤 인식과 관점을 가지고 있는지, 그것이 시사하는 바는 무엇인지에 대한 내용이 중심을 이루는 것이다. 가령, L2학습자가 표절에 대해 어떻게 이해하고 어떤 태도를 취하느냐는 스스로의 행동에 직·간접적인 영향을 미치므로 간과할 수 없는 부분이다. 특정 시점의 인식뿐만 아니라 학습자의 인식이 어떻게 변화해 가는가에 주목하여 통시적인 발달의 모습에도 관심을 가졌다. 그 예로 중국어권 학습자의 표절에 대한 인식 변화를 연구한 Gu & Brooks(2008) 등을 들 수 있다. 또 학습자의 인식뿐만 아니라 교수자, 기관의 글쓰기 윤리에 대한 인식 및 관점에 대해서도 구체적인 연구가 진행되고 있다. 그 이유는, 글쓰기 윤리의 문제가 많은 혼동을 가져오게 되는 까닭을 학습자, 교수자, 기관이 각각 가지고 있는 글쓰기 윤리의 개념이 불일치하는 데에 있다고 보기 때문이다. 이러한 문제의 해결 방안은 특정 기관이나 교육 현장에서 적용하는 글쓰기 윤리6)의 개념이 표준화되는 것이라 주장하고 있다.

글쓰기 윤리 연구의 두 번째 쟁점은 글쓰기 윤리의 준수 실태

---

5) 표절의 개념, 그리고 글쓰기 윤리와의 연관성에 대해서는 앞서 2장에서 다루었다. 여기에서 '표절'이란 영어의 'plagiarism'을 한국어로 옮긴 말로, 실제 우리가 떠올리는 '표절'보다 훨씬 광범위하고 비표준적인 의미임을 밝혀 둔다.

6) 국외 논의에서는 '글쓰기 윤리'에 비해 '표절(Plagiarism)'이라는 용어가 더 포괄적인 의미로 사용되는 경향이 있다. 이와 관련하여 글쓰기 윤리와 표절의 개념에 대해서는 2장에서 다룬 바 있다.

에 대한 것이다. 특정 집단에 속한 학습자를 대상으로 그들이 글쓰기 윤리를 얼마나 준수하고 있는지, 글쓰기 윤리 위반의 유형과 사례에는 어떤 유형들이 있는지, 그 원인은 무엇인지 고찰하는 것이다. 글쓰기 윤리 준수 실태에 대한 논의는 언어권이나 학년, 계열 등과 같은 학습자의 변인에 따른 연구도 활발히 진행되고 있다. 가령, Hayes & Introna(2005)는 영국에 있는 대학원생 L2 학습자의 표절 인식에 대한 문화 차이를, 그룹 인터뷰, 면대면 인터뷰, 사적인 대화 등을 통해 알아보고 이것이 교육적으로 시사하는 바가 무엇인지를 고찰한 바 있다. 이뿐만 아니라 L1학습자와 L2학습자의 글쓰기 윤리 준수 실태를 비교하면서 그 차이를 규명하는 것도 최근의 주요 연구 내용이 되고 있다.[7] 또한 글쓰기 윤리의 준수 실태는 사회의 변화와도 밀접한 관계에 있는데 그 예로, 인터넷의 급격한 발달과 보급으로 인한 글쓰기 윤리 위반 실태에 대한 연구가 급증하고 있는 것을 들 수 있다.

　　최근 논의에서는 '인터넷 표절'이라는 표현 이외에도 '사이버 표절', '온라인 표절'이라는 표현이 쓰이고 있다. 과거에는 표절을 하는 데에도 손수 자료를 찾고 쓰는 데에 많은 품이 들었던 반면, 요즘은 마음만 먹으면 방대한 자료를 단 몇 분만에도 구할 수 있다는 점에서 인터넷 표절이 매우 심각하다는 점을 지적하고 있다. 이에 대해서는 Park(2003) 등을 참조할 수 있다.

---

7) L1학습자와 L2학습자의 차이와 관련하여 본 연구에서 살펴볼 내용은 6장에서 정리하도록 하겠다.

세 번째로는, 글쓰기 윤리의 문제를 교육적 관점에서 바라보고 구체적인 방안을 제시할 필요성을 주장하거나 방안 모색을 시도한 연구들을 꼽을 수 있다. 그 중심에는 글쓰기 윤리 위반을 부정적인 시각에서만 보는 것이 아니라 글쓰기 학습의 과정에서 자연스럽게 나타날 수 있는 현상으로 인정해야 한다는 이론적 기반이 자리하고 있다. 이를 바탕으로 글쓰기 윤리의 구체적인 내용을 글쓰기 교육과정에 효율적으로 반영해야 한다는 점, 특히 L2학습자에게는 글쓰기 윤리 실천을 위한 반복적인 연습이 중요함을 강조하고 있다. 이를테면, 자료의 사용에 있어서 기술적인 방법의 문제로서 인용, 출처 밝히는 방법, 참고문헌 작성 방법 등이 그것이다. 또한 학습자의 글쓰기 윤리 실천을 위해서는 교수자의 태도 및 역할에 대해서도 폭넓은 논의가 필요하다는 사실과 더불어 무엇보다도 학습자의 글쓰기 과정에 있어서 교수자의 체계적인 관리가 절실하다는 것도 주요 논점의 하나가 되고 있다.

마지막으로, 최근의 글쓰기 윤리 관련 논의에서 또 하나의 축을 이루고 있는 연구의 내용은 글쓰기 윤리 위반에 대한 기관의 '관리', 즉 '제도 및 규정'에 관한 쟁점이다. 학습자의 글쓰기 윤리의 준수 혹은 위반은 결국 기관에서 어떤 규정을 토대로 어떤 태도로 어떻게 관리하느냐와 직결되는 문제이다. 이에 각 기관이나 집단에서 마련한 글쓰기 윤리 규정과 정책의 일관성, 공정성, 적절성이 실제로 학습자로 하여금 표절을 예방하고 글쓰기 윤리를 준수하는 데에 막대한 영향을 미친다는 점을 강조하고 있다. 또한 표절 검색 프로그램의 개발과 그 사용 및 교육적 효용성에 대한 논의도 글쓰기 윤리에 대한 '관리'의 쟁점으로 볼 수 있으며 대표적인 논의로는 Abasi(2008), Batane(2010) 등이 있다. 이와 같이 제도적 관점에서의 글쓰기 윤리에 대한 '관리 및 규정'을 주요 쟁점으로 삼은 논의에서는, 표절 검색 프로그램의 기능 향상만을 강조하기보다는 이러한 시스템의 개발이 학습자로 하여금 표절에 대해 스스로 의식하고 주의를 기울이도록 하는 데에 있다고 언급하고 있다.[8] 또한 표절 검색 프로그램의 효과가 있기는 하지만 그것이 표절을 예방하는 데에 근본적인 해결책은 아니라는 점을 강조한다.

이상으로 살펴본 바와 같이 글쓰기 윤리 연구의 쟁점을 '연구 내용'에 따라 정리해 보면, '글쓰기 윤리 인식', '글쓰기 윤리 준수 혹은 위반 실태', '교육적 관점에서의 해석과 원리 적용 및 방안 모색', '제도적 관점에서의 관리 및 규정'의 네 가지이다. 이 가운데 본 연구에서 특히 관심을 두는 것은 글쓰기 윤리에 대한 교육적 관점에서의 해석과 원리 적용이다.

글쓰기 윤리 연구의 주요 대상: 학습자, 교수자, 기관

다음으로 글쓰기 윤리 연구에서 다루어 온 '연구 대상'을 기준으로 지금까지의 흐름을 살펴보도록 하겠다. 주요 연구 대상의 큰 축이 되고 있는 것으로 '학습자', '교수자', '기관'을 꼽을 수 있다. 더 나아가 '학습자'를 주된 대상으로 삼은 연구는 다시 대학생, 대학원생, 연구자를 대상으로 하는가 혹은 L1학습자나 L2학습자를 대상으로 하는가에 따라 다시 세분화된다.

이 가운데 본 연구와 직접적인 관계가 있는 대학생 L2학습자를 대상으로 한 논의를 중심으로 검토하고 대학원생에 대한 논의도 아울러 살펴보겠다. 먼저 대학 1, 2학년 학생 31명을 대상으로 표절에 대한 이해도를 조사한 Power(2009)에서는 학부 저학년일

---

8) Batane(2010)은 표절 검색 프로그램 사용은 표절인지 아닌지, 그리고 표절이 어디에 있는지를 알아내는 증거 탐색용으로 효과가 있을 뿐, 그것을 예방하고 멈추는 기능이 있는 것은 아니라고 하였다.

수록 글쓰기와 표절에 익숙하지 않아 표절을 많이 하게 되는 학년임을 강조하였다. 대학 1학년을 중심으로 연구한 또 다른 논의로 Linneman(2010)이 있다. 그는 신입생 30명을 대상으로 짜깁기(patchwriting) 등에 대한 표절 경험 및 인식을 조사하였다. 그리고 L2학습자들이 L1학습자에 비해 표절을 자주 범하게 되는 것은 사실이지만 이것은 잘못된 행위라는 인식 없이 무의식적으로 나타나는 경우가 많다고 하면서 이를 예방하기 위해서는 지속적인 연습이 중요하다고 결론지었다.

대학원생을 대상으로 한 논의로는 Hsu(2003)을 비롯하여 Hayes & Introna(2005), Abasi(2008) 등이 있다. Hsu(2003)에서는 글쓰기 수업을 수강하는 ESL 대학원생을 대상으로 표절 교육의 전후에 글쓰기를 실시하여 그 결과를 비교하는 방법을 사용하였고 인터뷰와 설문도 함께 병행하였다. 그는 외국인 유학생의 표절에 대한 개념과 표절에 대한 태도를 밝히고 그 원인을 분석하였고 표절 교육에 대한 중요성을 강조하였다. 그리고 Hayes & Introna(2005)에서는 표절 현상은 복잡하고 다양한 문화적 요인과 관련이 있다고 하면서 이러한 까닭에 교수자는 L2학습자의 표절을 대할 때 학습자들의 윤리적 태도(an ethical manner)에 있어서의 문화적 차이를 더욱 고려해야 한다고 하였다. 그러면서 그 근거로 다음의 화학 전공 중국인 대학원생의 말을 인용하였다.

> "많은 과학자들은 영어에 그리 능숙하지 못하다. 외국어 저널에 그들의 논문을 게재하기 위하여 그들은 논문을 중국어에서 영어로 번역해야 한다. 종종 외국 논문에서 표현(some words)을 빌려온다. 이것이 일종의 표절인지 모르겠다."
>
> (Hayes & Introna, 2005: 227)

한편 L2학습자의 글쓰기 윤리 실천을 위해 학술정보에 대한 교육의 중요성을 강조한 논의도 발견된다. Mundava & Chaudhuri (2007)에서는 문화 간 표절 논점(Cross-cultural plagiarism issues)과 언어 장애 또는 장벽(language barriers)에 관심을 가지고 외국인 유학생에 초점을 둔, 특화된 워크숍 개발에 관하여 논의하였다. 그는 자신의 모국에서는 한 번도 학술지를 접하지 않은 L2학습자가 많기 때문에 L2 환경에서 학술정보에 대해 가장 쉽고 간단한 접근 방법을 알려주는 것(Reference service)이 표절을 예방하는 하나의 방법이라고 강조하였다.

> Reference service는 '학술정보 이용 교육', '학술자료 이용 교육', 혹은 '도서관 이용 교육'로 불리며 현재 국내 대학에서도 점차 관심을 가지고 시행하고 있는 프로그램이다. 도서관 자체 교육 프로그램으로 개발되기도 하고 글쓰기 교육의 일환으로 시행되기도 한다. 그런데 아직은 외국인 유학생들만을 대상으로 한 차별화된 프로그램이 체계화되어 있는 단계는 아니다. 다만 점차 이에 대한 필요성 인식과 요구가 커지고 있는 것은 사실인데 '외국인 유학생을 위한 도서관 이용자교육 프로그램에 관한 연구'(김태자·민지은·이상호, 2008)와 같은 논의가 그것을 입증하고 있다.

또 Mundava & Chaudhuri(2007)에서는 본격적으로 보고서를 쓰기 전에 학습자가 자신의 모국어로, 언어 표현이 덜 복잡한 학술적 글을 먼저 접할 기회를 제공할 것을 제안하였다.

이와 같이 L2학습자에 대한 관심은 L2학습자 대상의 교육 정책에 대한 관심으로도 이어지고 있다. 가령, Bretag(2005)에서는 호주에 있는 10개 대학의 관계자 15명[9]을 대상으로, L2학습자에

---

9) 교수자, 보조교사(support staff), 학과장 등을 대상으로 하였다고 밝히고 있다.

대한 표절 정책에 대한 의견을 인터뷰 형식으로 알아보았다. 그 결과, L2학습자가 L1학습자보다 더 많은 표절을 한다고 하면서 이들을 위한 바람직한 표절 정책 수립을 위해서는 기관과 학습자의 두 요소가 모두 고려되어야 함을 주장하였다.

글쓰기 윤리 연구의 방법: 설문, 인터뷰, 쓰기 자료 분석

이상으로 '연구 내용'과 '연구 대상'을 기준으로 한 글쓰기 윤리 연구의 쟁점을 전반적으로 살펴보았다. 다음은 앞선 연구에서 대표적으로 취하고 있는 '연구 방법'을 개략적으로 검토해 보도록 하겠다.10)

글쓰기 윤리 연구에서 가장 대표적으로 쓰이는 방법은 '설문 조사', '쓰기 자료 분석', '인터뷰(개별, 그룹)'를 꼽을 수 있다. 각각의 연구 방법은 연구의 목적에 따라 각각 달리 선택되며 두 가지 이상의 방법이 함께 사용되기도 한다.11) 가령 글쓰기 윤리 인식을 조사할 때 설문 문항을 통해 글쓰기 윤리에 대해 얼마나 이해하고 있는가를 직접 묻는 방법도 있지만, 학습자의 쓰기 자료를 분석함으로써 글쓰기 윤리 인식을 간접적으로 알아보는 방법도 있다. 그러나 전자와 후자의 결과는 실제로 일치하기 어렵다. 그 이유는 학습자 스스로가 글쓰기 윤리를 안다고 생각하더라도 실제로는 제대로 모르는 경우가 많을 뿐만 아니라 실제 쓰기에서는 더더욱 글쓰기 윤리를 지키지 못하는 일이 빈번하기 때문이다.

---

10) 앞서 연구 대상을 기준으로 한 선행 연구를 소개할 때 논의의 효율성을 고려하여 '연구 방법'을 함께 언급한 것도 있으므로 중복되는 내용은 소략하기로 하겠다.
11) 각 방법의 장점을 보완하기 위해 세 가지 방법을 모두 활용한 대표적인 논의로 Hsu(2003)을 들 수 있다.

이에 본 연구에서는 쓰기 자료를 중점적으로 분석할 것이며 설문 방식을 부가적으로 활용하고자 한다.

다음으로 글쓰기 윤리 관련 선행 연구들은 양적 연구[12]와 질적 연구가 모두 가능한데 본 연구는 질적 연구의 방법을 따르고자 한다. 글쓰기 윤리에 대한 앞선 연구는 양적 연구 방법론도 많이 택하였으나 소수의 학습자를 대상으로 그들의 쓰기 과정을 처음부터 끝까지 관찰하여 분석한 질적 연구도 주목받고 있다. 이를테면 Abasi(2008)는 질적 연구 방법을 택한 대표적인 연구인데 그는 L2 대학원생 7명이 쓴 보고서를 주된 분석 대상으로 삼았다. 그리고 Abasi, Akbari & Graves(2006)에서도 질적 연구 방법론을 바탕으로 10명 이하의 학습자를 대상으로 심층 인터뷰 방법을 활용하였다.

특히 질적 연구는 어떤 도구를 활용하여 단순히 학문 목적 학습자의 글쓰기 윤리 인식에 대한 현상만을 파악하는 것이 아니라 그것을 해석하는 데에 유용하고, 더 나아가 학습자의 쓰기 단계별로 나타나는 실제 사례를 통해 낱낱의 과정과 양상들을 발견할 수 있다는 측면에서 효용성이 높다. 본 연구에서 탐구하려는 외국인 유학생의 자료 사용에 대한 양상도, 그 발달의 과정을 추적하는 것이 유의미하므로 질적 연구 방법론을 따르는 것이 더 적절하다고 보았다. 이에 대해서는 2부의 4장에서 논의하기로 하겠다.

---

12) 양적 연구 방법론을 택한 논의로 Hayes & Introna(2005) 등이 있는데 100여 명 이상을 대상으로 설문을 실시하였다.

연구 쟁점별 선행 연구 종합

글쓰기 윤리에 대한 앞선 논의의 일부를 '연구 방법'과 '연구 대상'을 기준으로 구분하여 나타내 보면 〈표 4〉과 같다.[13]

〈표 4〉 연구 대상과 연구 방법에 따른 선행 연구의 구분

연구대상 \ 연구방법	설문	인터뷰	쓰기자료	선행 연구
학습자	○			Burney(2010), Linneman(2010), Marshall & Garry(2005), Yeo(2007)
		○		Power(2009), Gullifer/Tyson(2010)
	○	○		Hayes & Introna(2005)
	○		○	Abasi, Akbari & Graves(2006)
	○	○	○	McGregor & Williamsom(2005), Hsu(2003)
교수자	○			Flint, Clegg & Macdonald(2006), Bretag(2005)
기관	○			Bretag(2005)

다음의 〈표 5〉는 지금까지의 글쓰기 윤리 연구의 쟁점을 '연구 내용', '연구 대상', '연구 방법'을 기준으로 연구의 하위 영역을 종합적으로 정리한 것이다.

〈표 5〉 글쓰기 윤리 연구의 하위 영역

분류 기준	하위 영역
연구 내용	글쓰기 윤리 인식, 글쓰기 윤리 준수 혹은 위반 실태, 교수·학습 원리 및 적용, 관리 및 규정
연구 대상	학습자, 교수자, 기관
연구 방법	설문 조사, 인터뷰 및 토론, 쓰기 자료 분석

---

13) 표에 두 번 이상 표시한 논의는 두 가지 이상의 연구 대상을 삼은 것을 뜻한다.

본 연구는 국내 대학의 외국인 유학생에 초점을 둘 것이며 선행 연구에서 대표적으로 취하고 있는 연구 방법 중에서, 쓰기 자료를 중점적으로 분석하고 설문 방식을 절충하고자 한다. 또한 본 연구에서 분석 자료로 삼는 쓰기 자료는, 한정된 참고 자료를 바탕으로 통제된 공간인 교실에서 작성한 것이다. 수업 시간 이외에 학습자가 자유롭게 작성하여 제출한 쓰기 자료만으로는 글쓰기 윤리의 준수가 얼마나 잘 이루어졌는가를 가늠하는 데에 한계가 있음을 고려하였기 때문이다. 구체적인 분석 절차와 자료의 수집에 대해서는 2부의 7장에서 소개하도록 하겠다.

1. 최근 국내 대학(원)에서 개발한 연구·학습 윤리 지침서를 조사해
   보고 각각의 특징을 살펴보십시오.

2. 초중고생 대상의 연구·학습 윤리 자료를 찾아보고 그것이 대학생
   대상의 자료와 어떤 측면에서 차별화되어 있는지 그 특징을 분석해
   보십시오.

3. 글쓰기 윤리 연구의 주된 대상이라 할 수 있는 '학습자, 교수자,
   기관' 중에서 국내 연구에서는 '학습자'를 대상으로 한 연구에 비해
   '교수자'와 '기관'에 대한 성과가 미흡한 편입니다. 그 까닭은 무엇
   이며 향후 어떤 연구가 이루어져야 한다고 생각합니까?

4. 만약 '글쓰기 윤리'에 관한 짧은 보고서를 작성해야 한다면 연구
   대상과 방법, 내용을 어떻게 설계하고 싶습니까?

추천논저

가톨릭대(2010), 『대학생 학습윤리 가이드북』, 가톨릭대학교 교양교육원.
박영민(2009), 「중학생의 쓰기 윤리 인식 분석」, 『작문연구』 제8권, 한국
　　작문학회, 165~196쪽.
유한구 외(2007), 『초·중등 연구 윤리 교육 프로그램 개발』, 한국학술진
　　흥재단.
한동대(2009), 『한동인을 위한 학습윤리 가이드북』, 한동대학교 교육개
　　발센터.
최선경(2009b), 「대학생 글쓰기윤리 의식 고취를 위한 실천적 교육방안」,
　　『수사학』 제10호, 한국수사학회, 299~321쪽.
Mohanna, K.(2008), "Supporting learners who are studying or training
　　using a second language: preventing problems and maximising
　　potential", *Annals of the Academy of Medicine Singapore* 37-12,
　　pp. 1034~1037.

|제2부| 이론적 접근과 방법론

제4장   자료 사용 능력과 글쓰기 윤리

제5장   학문적 글쓰기와 윤리

제6장   L2 쓰기 발달의 관점과 윤리

제7장   자료 사용 양상 분석의 실제

자료 사용 능력과 글쓰기 윤리

✓ 자료 사용과 글쓰기 윤리는 어떠한 연관성이 있는가?
✓ 자료 사용과 자료 사용 능력의 개념은 무엇인가?
✓ 학문 목적 쓰기 교육에서 자료 사용 교육의 가치는 무엇인가?

글쓰기 윤리 문제는 자료 사용(source use)[1]의 부적절함에서 비롯되는 일이 많다. 즉, 학습자가 글을 쓰기 위해 '어떤 자료를 어떻게 이용하는가'는 곧 글쓰기 윤리의 준수와 직결된다. 지금까지 국내외의 앞선 연구들에서 학습자의 짜깁기(patchwriting), 베끼기(copying)와 같은 자료 사용의 문제를 글쓰기 윤리의 범주 안에서 다루어 온 것도 이러한 까닭에서이다.[2] 학습자가 자신이 다른

---

1) 여기에서 자료란 학습자가 자신의 글에 반영하는 모든 유형의 읽기 자료를 의미하는 것이다.
2) Li(2013) 등이 그 예이다. 국외 연구는 이미 연구 대상이 언어권, 전공 및 계열, 학위과정 등에 따라 세분화되어 있는 추세인데, Li(2013)에서는 과학 글쓰기에서의 자료 기반 표절(Text-Based Plagiarism)의 문제를 중점적으로 다루었다.

글에서 가져온 내용에 대한 출처를 밝히지 않거나 혹은 형식을 적절히 갖추지 못하는 것 등이 결과적으로는 글쓰기 윤리를 위반하는 주된 원인이 되고 있는 것이다.

이에 본 장에서는 글쓰기 윤리와 자료 사용에 대해 지금까지 제기된 문제들을 앞선 연구를 통해 먼저 확인한 후, 자료 사용의 개념과 자료 사용 능력에 대한 정의를 내리고자 한다. 그리고 자료 사용 교육의 가치에 대해서도 아울러 살피도록 하겠다.

자료 사용과 글쓰기 윤리의 연관성

자료 사용의 문제를 글쓰기 윤리와 연관 지어 언급한 논의의 흐름을 먼저 검토해 보도록 하겠다.

L2학습자의 베끼기

첫 번째로, L2학습자의 베끼기 문제를 언급한 Spack(1997), Currie(1998), Flowerdew & Li(2007) 등을 들 수 있다. Spack(1997)은 미국에 있는 일본 유학생을 대상으로 텍스트 분석과 인터뷰를 통한 사례 연구를 한 결과, L2학습자들은 학문 목적 쓰기에서 인용 부호 없이 광범위하게 구절을 베끼며, 광범위한 구절을 충분한 해석 없이 베낀다는 사실을 밝혔다. 그리고 Currie(1998)에서는 L2학습자는 자료를 활용한 쓰기를 해야 하는 상황에서 학문적 생존에 대한 위협을 느낀다고 언급한 바 있다. 그런데 학습자가 베끼기를 하는 범위가 늘어날수록 과제에서 더 좋은 점수를 받았다고 하였다. 과학을 전공하는 중국인 박사과정생이 제출한 글을 분석한 Flowerdew & Li(2007)에서도 L2학습자들이 구 단위에서

부터 다수의 문장에 이르기까지 원문을 광범위하게 베끼는 현상
이 있음을 발견하였다.

출처 표시와 내용 통합

두 번째는 자료의 '출처 표시'와 '내용 통합'에 대한 문제를 꼽
을 수 있다. Pecorari(2003)에서는 영국 3개 대학의 유학생 17명이
쓴 문학 석사 논문과 박사 학위논문을 분석한 결과, 그 중 대다수
(16명)가 원문에 대한 출처를 적절하게 밝히지 못했다고 하면서
독자로 하여금 글 속의 아이디어가 누구의 것인지 혼란스럽게
한다고 하였다.[3] 한편, Borg(2000)에서는 영국 대학의 문학 석사
1년차인 L1학습자와 L2학습자의 에세이(3,000자)를 분석하였는
데 L2학습자는 L1학습자보다 인용이 상대적으로 적게 나타났다
고 하였다.[4] 또한 인용에 있어서는 L2학습자는 L1학습자와 달리
긴 인용(40개 이상의 단어)이 많게 나타났다고 하면서 L2학습자들
은 자신의 글에 자료를 통합하는 것에 대한 이해와 태도와 관련
해서 문제점이 더 많다고 지적하였다.

이상으로 살핀 자료 사용에 있어서 글쓰기 윤리 문제에 대한
국외의 앞선 연구를 정리해 보면, L2학습자는 광범위한 베끼기를
하면서 출처를 남기지 않는 일이 많고 원문의 내용을 적절한 내
용 통합의 고려 없이 길게 가져온다는 것을 알 수 있다. 이와 같

---

3) 여기에서도 베끼기의 문제를 지적하고 있는데 전체(17명) 가운데 대부분(16
   명)은 출처나 인용에 대한 정보 없이 원문과 50% 일치하는 단어를 베끼거나
   발췌하여 자신의 글에 옮겼다. 그리고 13명의 글쓴이들이 원문과 70%가 일치
   하는 구절을 사용하였다고 하였다.
4) 여기에서의 인용이란 적절한 인용 표시를 하여 원문을 가져왔는가를 의미하는
   것이다.

은 사실은 국내의 학문 목적 한국어 학습자의 쓰기 연구에서 밝혀진 바와도 크게 다르지 않다. 이를 확인하기 위해 다음은 국내 한국어 L2학습자의 자료 사용의 문제에 대한 논의를 검토해 보도록 하겠다.

국내 L2학습자의 자료 사용: 베껴 쓰기

L2학습자의 자료 사용 문제에 대한 논의의 첫 번째로, '베껴 쓰기' 문제를 제기한 김지혜(2009)와 장은경(2009)이 있다. 김지혜(2009)에서는 외국인 유학생의 쓰기에서 발견되는 대표적인 문제점 중 하나는 참고 서적이나 교재 등의 내용을 그대로 베껴 쓰는 것이라고 밝혔다.[5] 장은경(2009: 47)에서도 참고 자료를 기반으로 한 외국인 유학생의 보고서 분석 결과, 완전 모사가 압도적으로 많이 사용됨을 밝힌 바 있는데 이것은 모두 잘못된 자료 사용으로 인한 결과임을 알 수 있다.

국내 L2학습자의 자료 사용: 자료 사용 능력 부족

두 번째로는 글쓰기 윤리와 자료 사용 능력에 대한 논의(최은지, 2009; 이인영, 2011a; 이인영, 2011b)를 살펴볼 수 있다. 외국인 학습자의 자료 활용 양상을 분석한 최은지(2009: 208)에서는 외국인 학습자의 학문적 글쓰기에서 표절이 흔히 나타나는 원인을 참고 자료의 활용 능력이 떨어지기 때문으로 보았다. 참고 자료에서 가져온 내용을 자신의 글에 적절히 통합하지 못하고 관련성

---

5) 그러면서 외부 자료를 자신의 글에 그대로 옮겨 쓰는 것이 아니라 학습자가 외부 자료의 내용을 충분히 이해하고 그것을 자신만의 언어로 바꾸어 기술하는 것의 중요성을 강조하였다.

없는 내용을 길게 서술하는 것 등을 그 예로 들었다. 이인영(2011b)에서도 학술적 글쓰기에서 자료 사용 능력의 중요성을 강조한 바 있다. 또한 이인영(2011a)에서는 외국인 대학생들의 경우 '자료 선별 능력'과 '자료 활용 능력'이 불충분함을 지적하였다. 그는 외국인 대학생의 학술적 글쓰기에 나타난 양상을 오류라는 관점에서 분석한 결과, 자료 이용의 적절성 여부에 대한 판단이 부족하고 기계적인 인용이 많은 것이 심각한 문제임을 밝혔다. 그는 각기 다른 인터넷 자료를 거의 그대로 옮겨 와 짜깁기한 사례 등을 제시하면서 외국인 유학생의 보고서는 전반적으로 글의 구성이 매끄럽지 않거나 특정 부분에서 표현 오류가 두드러지는 점이 있음을 문제제기 하였다. 그리고 하나의 글 안에서 단락별 오류의 정도가 지나치게 다른 현상을 그 예로 제시하였다.[6]

국내 L2학습자의 자료 사용: 학문 목적 쓰기 수행 능력과 직결

세 번째로, 눈여겨보아야 할 것은 참고 자료 사용 능력과 학문 목적 쓰기 수행 능력이 밀접한 관련이 있음을 보여 준 논의이다. 최은지(2009: 179~180)에 따르면 학문 목적 한국어 학습자가 쓴 보고서를 평가 수준별로 비교한 결과, '상'의 평가를 받은 보고서에서는 다양하고 많은 자료를 효과적으로 자신의 글 속에 연계시키며 활용하고 있는 것으로 나타난 반면, '하'의 평가를 받은 보고서들은 활용된 자료의 수도 많지 않고, 자료의 유형도 다양하지 않았다. 또 자료를 필자 나름대로 포함하거나, 본 글과 연계시키려는 노력이 보이지 않았고, 외부의 자료를 인용했다는 표시가

---

6) 또한 이 같은 표절 행위가 학문 연구의 독자성과 권위에 손상을 가져오고 궁극적으로 학문공동체의 발전에 치명적인 저해 요소가 된다는 것에 대해서도 우려를 나타냈다.

전혀 없이 그대로 자료를 사용하는 표절의 양상을 보였다고 한다. 뿐만 아니라 전반적으로 외국인 유학생들은 보고서를 작성하는 데 있어서 외부 자료의 이용 정도가 매우 낮음을 지적하였으며 자료를 이용할 때에도 자료와 자신의 보고서 내용을 통합하려는 시도를 하지 않거나, 시도를 하더라도 연관성이 부족하거나 자료의 해석을 잘못하는 등의 적절치 못한 활용 양상을 보이고 있음을 밝혔다.

국내 L2학습자의 자료 사용: 학문 목적 쓰기 평가의 준거 요소

네 번째로, 자료 사용 능력은 학문 목적 쓰기의 평가에서도 매우 중요한 준거 요소라는 점이 확인되었다. 물론 이것은 자료 사용 능력과 학문 목적 쓰기 능력의 연관성을 보여 주는 또 하나의 근거가 된다. 학문 목적 기초 한국어 쓰기 능력 평가 준거에 대한 기존의 질적 연구 성과를 최신의 양적 연구 방법론으로 확인한 김성숙(2011)에서는 한국어 쓰기 지식의 4개 요인(구조의 적절성, 양식의 정확성 및 격식성, 내용의 창의성)의 서열 구조를 밝힌 후 '실용적 채점 기준표'를 제시하였다.

제시된 평가 기준 항목 가운데 자료 활용 능력과 관련된 것을 살펴보면, 100점 만점으로 구성된 채점표에서 23%(23점)를 차지하고 있음을 알 수 있다.[7] 그 하나는 '내용의 창의성'의 하위 문항에 포함된 '배경지식'(13점)이고 다른 하나는 '정확성'의 하위 문

---

7) 김성숙(2011)에서는 타당한 평가 준거 문항을 개발하기 위해 통계적 방법을 활용하였는데 평가 문항의 난이도 분석을 통해 외국인 유학생에게 인용표기 등의 학술 담론 양식의 고유한 쓰기 지식이 부족함을 밝혔다. 반면 어법이나 어휘, 문체의 정확성과 관련된 일반적 쓰기 지식은 일반 목적 한국어 교육에서 충분히 숙달된 능력으로 유학생이 쉽게 점수를 얻을 수 있는 영역임을 확인하였다.

항인 '인용표기'(10점)이다. 이것은 학문 목적 한국어 쓰기 능력 수준에 대한 타당한 평가 준거로서 자료 사용 능력이 얼마나 중요한가를 입증하는 결과라 할 수 있다. 즉, 자료 사용 능력과 학문 목적 쓰기 능력의 상관이 이렇게 높게 나타난 것은, 학문 목적 글쓰기 능력의 향상을 위해서는 자료 사용 능력 신장이 필수적이기 때문으로 해석할 수 있다.

이상으로 검토한 국내외 앞선 논의를 종합하면, 적절한 자료를 선별하고 그것을 제대로 사용하는 능력은 학문 목적 쓰기 능력과 매우 밀접한 관계가 있음이 명백하다. 또한 이러한 자료 사용 능력은 글쓰기 윤리의 준수에 직접적인 영향을 미친다.

자료 사용과 자료 사용 능력의 개념

앞서 학문 목적 쓰기에 있어서 '자료 사용'의 가치를 확인하고 자료 사용은 글쓰기 윤리와 불가분의 관계에 있음을 밝혔다. 다음으로 '자료 사용'에 대한 개념을 본 연구의 목적에 맞게 좀 더 구체적으로 정의해 보고자 한다. 먼저 앞선 연구에서 쓰이고 있는 '자료(Source)'와 '자료 사용(Source use)'의 용어부터 함께 검토해 보도록 하겠다.

'자료'의 정의

다음 예에서 알 수 있듯이 'Source use(자료 사용)'[8] 이외에도

---

8) '자료 사용'이 주된 용어로 사용된 대표적인 논저로 Qin(2008)의 'Challenges in source use for Chinese graduate students in the United States'가 있다.

'Writing from sources(자료 기반 글쓰기)', 'Textual appropriation and citing behaviors(텍스트 활용과 인용 행위)', 'Source text borrowing/Text borrowing/textual borrowing(텍스트 자료 가져오기)', 'Text-based writing/Source-based writing(자료 기반 글쓰기)'를 비롯하여 'Borrowing others's words(다른 사람의 말을 빌려오기)', 'Writing with others's words(다른 사람의 말을 가져와서 쓰기)', 'Langue re-use(말의 재사용)', 'Transform source texts(자료의 변형)' 등이 쓰이고 있다. 용어의 의미에 다소의 차이는 있겠으나 여기에서 공통적으로 가리키고 있는 것은 글쓴이가 자신의 글에 반영하는 참고텍스트,[9] 읽기 자료, 혹은 원문이라는 점이다. 본 연구에서는 이를 모두 아울러 '자료'라 부르기로 하겠다.

'텍스트 자료 빌려오기'에 대한 최근의 대표적인 박사논문으로 다음을 들 수 있다.
· Keck, C.(2007), "University student textual borrowing strategies", Northern Arizona University, Ph. D.
· Suh, S. J.(2008), "Plagiarism, textual borrowing, or something else?: An L2 student's writing-from-sources tasks", University of Maryland, College Park, Ph. D.

---

9) 학문 목적 한국어 쓰기에서 참고텍스트라는 용어를 사용한 논의로 장은경 (2009: 2)이 있으며 참고텍스트를 다음과 같이 정의하였다. "참고텍스트란 학습자가 새로운 텍스트를 산출하는 데 도움을 주는 다양한 유형의 텍스트를 말한다. 학습자들은 참고 텍스트를 읽으면서 무엇을 써야할 것인지 내용을 선정하고, 얼개를 계획한다. 또 권위 있는 참고 텍스트를 자신의 글에 언급함으로써 글의 신뢰도를 높이려고 노력한다. 학습자들은 참고텍스트 모방하기부터 시작해 점차 아이디어를 통합, 확대해 나가고 결과물을 산출한다. 유학생들이 학업을 성공적으로 수행하는 데는 참고텍스트에서 주어진 쓰기 주제에 맞고, 자신의 논리를 펼치는 데 중요한 내용을 선정하여 그것을 통합, 재구성해 자신의 글에 녹여 내는 능력이 핵심적인 능력 중 하나가 된다고 할 수 있다."

· Tomas, Z.(2011), "Textual borrowing across academic assignments: Examining undergraduate second language writers' implementation of writing instruction", The University of Utah, Ph. D.

그리고 '자료'10)를 '학습자가 자신의 글에 참고하는 모든 유형의 읽기 자료'로 폭넓게 정의하고자 한다. 특히 '자료'의 개념 안에 '모든 유형의'라는 전제를 포함한 이유는, 자료의 공신력 여부에 대한 판단을 제대로 하지 않고 자신의 글에 반영하는 외국인 유학생의 글쓰기 경향을 감안하는 것이 타당하다고 보기 때문이다. 즉, '자료'11)를 일반적으로 우리가 떠올리는 되는 학술자료의 범주로만 생각하는 것은 실제 외국인 유학생의 자료 사용의 양상을 제대로 살펴보는 데에 한계가 있다.

'자료 사용'의 정의

두 번째로는 '자료 사용(Source use)'에 대한 조작적 개념 정의가 필요하다. 위에서 제시한 '자료'와 관련된 표현들에서도 알 수 있듯이 '자료 사용'은 원문의 내용을 자신의 글에 정당하게 가져오는 행위를 말한다. 그리고 '자료 사용'은 '인용'12)보다 더욱 포괄적

10) '자료'를 광의의 개념과 협의의 개념으로 구분하는 것도 가능한 것이다. 즉, 이 글에서 정의하는 참고텍스트는 모든 유형의 텍스트를 아우르는 것이라면, 협의의 개념은 우리가 흔히 알고 있는 학술 텍스트를 지칭하는 가리키는 것이 된다. 한 가지 주목해야 할 점은 L2학습자가 사용하는 '자료'는 반드시 학술자료에만 국한되어 있지 않다. 지금까지 학문 목적 쓰기에서 '참고텍스트' 혹은 '자료' 라고 하면 학술지, 학위논문, 서적, 신문 기사, 칼럼 등 글말로 된 학술자료들을 가리켜 왔지만 본 연구에서는 '자료'의 광의의 개념을 받아들이고자 한다.

11) 본 연구에서 '자료'라는 용어를 주로 사용하되 문맥상 필요한 경우 '참고 자료'라는 용어도 함께 사용하기로 하겠다.

12) 학술적 글쓰기에 있어서 다음과 같은 인용의 정의를 주목할 필요가 있다.

인 개념으로 받아들일 필요가 있다. 그 이유는 쓰기의 모든 과정에 있어서 학술적 가치가 있는 자료를 찾아 선별하고 자신의 글에 바르게 옮긴 후 출처를 형식에 맞게 남기는 모든 행위를 함께 말하고자 할 때 '인용'보다 '자료 사용'이라는 더 넓은 개념이 적절하기 때문이다. 또 학술적인 글쓰기에서 '자료 사용'이 갖는 의의는 '넓게는 앞선 연구나 관련 정보와의 소통을 통해 지식의 확장을 꾀하는 일이며, 좁게는 해당 글의 학문적 성격과 요건을 강화하는 일'(이인영, 2011a: 515)로서 매우 크다는 점에서도 '자료 사용'의 개념이 인용과 구분되어 새로이 정립될 필요가 있다.

학습자가 자신이 활용한 자료에 대해 정직성을 지키고자 하는 의도에서 모든 것에 인용의 흔적을 남겼다고 해서 그것이 이상적인 글이 되는 것이 아니다. 이인재(2010: 281)에 따르면, 출처를 명시하더라도 정당한 범위 안에서 공정한 관행에 합치되게 인용하지 않는 경우에도 표절이라고 하였다. 왜냐하면 인용으로만 채워진 글은 '정당한 범위' 내에서 자료를 가져와야 한다는 양적 주종관계를 위반한 것이 되기 때문이다. 이에 대해서는 저작권법에서 인용에 대해 언급된 부분을 참고할 수 있다. 인용은 저작권법에서도 매우 민감하면서도 중요한 문제에 해당한다. 저작권법 제28조에는 공표된 저작물의 인용 규정을 다음과 같이 두고 있다. 이 가운데

- 학술논문에서 인용이란 자기의 이론 전개에 다른 연구자의 이론 및 문헌을 끌어들여 자기의 논리를 정당화하는 것이다. 이는 다른 사람의 논문이나 저서 가운데 문장 일부를 그대로 또는 그 내용을 다르게 표현하여 자신의 논문 속에 삽입하여 자신의 논리를 뒷받침하는 것이라 할 수 있다(곽동철, 2007: 111).
- 학술적 글쓰기에서 인용(citation)은 마력(魔力)과도 같은 역할을 한다. 인용은 인용자가 원하는 대로 논리적 토대를 형성할 수 있으며 관중(독자)의 흥미를 집중시키고 설득력 있는 결과를 만들어 내는 데 마술과도 같은 힘을 작용하게 되기 때문이다. 이전의 글(문헌)들을 인용함으로써 인용되는 기존의 글과 자신의 글을 자연스럽게 구별시키고, 인용자 자신을 은근히 부각시키면서 글의 논증성과 독창성을 강조하게 된다(이수상, 1999: 157).

두 번째 요건에 있는 '양적·질적 주종 관계'라는 개념은 '글쓰기 윤리'에서도 매우 유용한 개념이다.

① 보도·비평·교육·연구 등을 위한 인용일 것
② 정당한 범위 내일 것(인용저작물과 피인용저작물이 양적·질적으로 주종관계가 성립하며 분명하게 구별될 것)
③ 공정한 관행에 합치될 것(저작물 이용의 목적과 방법이 건전한 사회통념에 비추어 판단할 때 공정한 관행에 합치되며, 출처 표시를 해야 할 것)

자료 사용 능력

다음으로 학문적 글쓰기에서 반드시 전제되어야 하는 '자료 사용 능력'이 가리키는 바가 무엇인지 구체적으로 정리할 필요가 있다. 본 연구에서 의미하는 자료 사용 능력이란 '수많은 자료 가운데 자신의 글에 가장 적합한 자료를 찾아 적절하게 반영할 수 있는 능력'이다. 이것은 학문 목적 한국어 쓰기 능력이 일반 목적 한국어 쓰기 능력과 크게 구분되는 점이다.

이러한 차이점은 학문 목적 쓰기 능력에 대한 김성숙(2011: 23)의 정의에서도 명확히 드러난다. '학문 목적 한국어 쓰기 능력 역시 일반 목적 중급 한국어 수준 이상의 문식성이 어느 정도 자동화된 상태에서 다양한 참고 자료를 과제 맥락에 맞게 조직해 가며 창의적인 의미를 생성하는 포괄적이고 구성적인 개념'이라 정의하였다. 즉, '다양한 참고 자료를 과제 맥락에 맞게 조직해 가며'라는 문구에는, 학문 목적 한국어 쓰기 능력에는 이미 자료 사용 능력이 전제되어 있는 것이다. 또 자료 사용 능력은 자료 사용에 대한 전반적인 인식 및 능력을 포괄하는 넓은 개념이다. 가령, 윤리적으로 글을 쓰는 것이 어떤 것인가에 대한 인식도 자료 사용 능력을 이루는 중요한 요인이라는 점이다.

글쓰기 자료 사용 능력의 구성 요인

〈표 6〉은 자료 사용 능력을 요인에 따라 세분화하여 본 연구에서 제시한 자료 사용 능력의 구성 요인을 정리한 것이다.

<표 6> 자료 사용 능력

구 분	설 명
자료 사용의 필요성 인식	필요한 자료를 적극적으로 활용할 필요성에 대한 인식
자료 출처에 대한 인식	자료의 내용만을 가져오는 것이 아니라 그것의 출처를 인식하는 것
자료 선별 능력	여러 자료 가운데 학술적 가치가 있는 것과 그렇지 않은 것을 구분하는 것[13]
자료 출처 표시 능력	자료의 출처를 적절한 형식에 맞게 표시하는 것
자료 내용 통합 능력	자료에서 가져온 내용을 자신의 의견과 구분하면서 자연스럽게 연결하는 것

'인식'과 '능력'은 그 경계가 불투명하여 명확히 구분되지 않기도 한다. 간단히 보면 어떤 것에 대해 내재화된 배경지식이나 이해도 등이 '인식'에 포함된다면, '능력'은 그것이 실현되었을 때의 나타나는 것이라 할 수 있다. 그러나 우리는 '인식'을 토대로 '능력'을 예측하기도 하고 '능력'을 평가함으로써 '인식'의 정도를 가늠하기도 하기 때문에 두 개념이 혼재되어 쓰이기도 한다. 어찌 보면 우리가 언어 능력을 언어에 대한 지식으로 보느냐와 언어를

---

13) 학술적인 글에 사용 가능할 만한 가치가 있는 것인가에 대한 고려 여부의 문제이다. 실제로는 다양한 방법(학술 DB 등)으로 자료를 검색하고 수집하는 능력도 포괄하는 개념이다. 다만 본 연구의 자료 분석에서는 자료 수집 및 검색 능력까지는 구체적으로 다루지 않았다.

수행하는 능력으로 보느냐에 따라 그 개념이 달라지는 것과 유사해 보이기도 한다. 이 글에서는 거시적으로 '인식'을 '능력'의 범주에 포괄하여 보는 입장에서, '자료 사용 능력'의 범주 안에 '인식'과 '능력'을 구분하였음을 밝혀 둔다.

자료 사용 능력: 자료 사용의 필요성 인식

학술적 글쓰기에 있어서 자료 사용에 대한 필요성 인식은 필수적이다. 전반적으로 외국인 유학생들은 보고서를 작성하는 데 있어서 외부 자료의 이용 정도가 매우 낮은 것으로 지적되고 있다(최은지, 2009). 물론 참고 자료를 전혀 반영하지 않고 글쓴이의 생각만으로 완성한 글은 글쓰기 윤리 위반이라는 오명을 쓸 가능성이 전혀 없다. 그러나 이것이 학문적 쓰기(Academic writing)로서 '잘 쓴 글'의 범주 안에 들 수는 없을 것이다. '학습이나 연구 과정에서 얻은 학문적 성과를 알리기 위해 해당 분야의 지식과 언어를 사용하여 일정한 형식의 글로 표현하는 것'(정희모 외, 2008: 254)이라는 학술적 글쓰기의 기본 전제에서 벗어난 것이기 때문이다.

또 학문 활동에서 창의성이란 무에서 유를 창조하는 방식으로 발현되는 것이 아니라 새로우면서도 중요한 학문적 성취는 모두 선행 연구를 잘 이해하고 활용함으로써 이루어지는데(정희모 외, 2008: 279) 앞선 연구에 대한 검토나 활용이 없는 글은 엄밀히 말해 학문 활동에서의 창의성을 갖추었다고 보기 어렵다.

즉, 학문 목적 쓰기를 수행하는 외국인 유학생들이 양질의 자료를 적극적으로 검색하여 그것을 자신의 글에 반영하려는 인식 및 의지가 있느냐에 따라 그들이 쓰기 산출물의 결과는 달라질 수밖에 없다. 학습자가 얼마나 적극적으로 자신에게 필요한 자료를 찾아 어떤 부분을 어떻게 반영하여 자신의 글에 반영하고자 하는가가 곧 학문적 쓰기 능력을 좌우하는 것이다. 이에 자료 사용 능력의 첫 번째로 '자료 사용의 필요성 인식'이 포함되어야 한다.

자료 사용 능력: 자료 출처에 대한 인식

외국인 유학생은 자료 사용에 있어서 베끼기와 짜깁기가 매우 흔히 일어나고 있다(김지혜, 2009; 장은경, 2009). 특히 외국인 유학생들이 참고 자료는 적극적으로 사용하면서도 그것의 출처를 전혀 의식하지 않는 일은 본 연구의 분석에서도 확인되었다. 이러한 현상이 곧 베끼기, 짜깁기와 같은 글쓰기 윤리의 위반으로 이어지는 것이다. 다음은 글쓰기 윤리 위반 경험에 대한 외국인 유학생의 말을 옮긴 것이다.

> "…… 대학교에 들어간 후에 여러 에세이, 보고서를 쓰면서 많은 외국인 유학생이 잘못된 글쓰기윤리 의식을 갖고 있다는 사실을 알게 되었다. 선배나 친구가 쓴 글을 가져와서 조금 고치고 내는 행위 등이 그러하다. 심지어 인터넷에 있는 자료를 그대로 복사하고 제출하는 학생도 적지 않다. 이뿐만 아니라 자기가 스스로 글을 쓰는 학생 중에서도 제대로 쓰는 학생이 드물다……."

> "…… 논문의 일부분을 그대로 복사해 와가지고 내 보고서에다가 그대로 붙였는데 출처를 밝히지도 않고 자기 글처럼 썼고 내 버렸다. 출처를 밝히면 내가 쓰는 내용은 없어 보일 것 같아서 밝히지 않았다……."

'출처'를 밝히는 일은 글쓰기 윤리의 준수와 직결되는 문제인 만큼(김성수, 2008; 최선경, 2009b) 학습자가 자신이 사용한 자료의 출처를 인식하는가 여부는 매우 중요하다. 특히 미국 대학의 학문적 정직성에 대한 논의인 김성수(2008: 210)에 따르면 "표절을 피하는 방법에 대한 미국 대학의 정의와 규정에서 공통적으로 언급되고 있는 제1원칙은 바로 '출처를 정확하게 밝히라'는 것"이라고 한다.[14] 그럼에도 불구하고 학생들은 많은 경우 표절을 하려는 의도는 없었지만 인용의 방법을 정확하게 알지 못하거나, 본의 아니게 부정확한 인용이나 인용 부호의 누락으로 표절을 범하는 경우가 많다고 하였다.

또한 남형두(2009: 182)에서도 "본래 표절 개념은 출처 표시를 하지 않음으로써 성립한다"고 하면서 출처 표시의 중요성을 강조하였다. 그 이유는 출처 표시를 누락한다는 것 자체만으로 "자기 것인 양"하는 표절의 핵심적 요건을 충족하기 때문이라고 하였다. 이와 같은 논의를 참고해 볼 때 표절 문제 가운데 가장 심각한 것이 바로 출처 표시의 문제임을 알 수 있다. 그런데 출처 누락은 출처 표시에 대한 인식의 부재로부터 발생하므로 사용한 자료의 출처를 밝혀야 한다는 사실 자체를 의식하는 것은 매우 중요한 일이다.[15] 이것이 바로 '자료 출처에 대한 인식'이며 이것은 자료

---

14) 하나의 예로, 미국 케임브리지 대학에서 제시한 다음과 같은 표절 유형을 살펴보면 출처 제시 여부가 표절에 미치는 영향이 얼마나 큰지를 알 수 있다 (http://www.sps.cam.ac.uk/gradstudies/postgrad_plagiarism.html).
- 인터넷 사이트에서 다른 사람의 에세이나 리포트를 사는 행위
- 출처를 밝히지 않고 인터넷에서 자료를 내려 받아서 자신의 글에 포함시키는 경우
- 출처를 밝히지 않고 다른 사람의 출판된 글을 요약하거나 다른 말로 바꾸어 말하는 경우
- 다른 학생이 쓴 것을 제출하거나 다른 학생의 도움을 받아서 쓴 것을 제출하는 경우
- 다른 학생의 글의 일부를 차용하는 경우

15) '출처 표시에 대한 인식'을 하는 것과 '출처 표시를 제대로 할 줄 아는 것'은 같은 층위에서 다루어질 수도 있을 것이다. 그러나 본 연구에서는 출처에 대한

사용 능력에서 매우 기본적으로 전제되어야 할 부분이다.

자료 사용 능력: 자료 선별 능력

학문적 글쓰기에서 자신의 글의 가치는 결국 어떤 자료를 이용했는가에 따라 좌우된다. 아무리 자료의 활용에 대한 인식이 높고, 그것의 출처를 밝히고자 하는 의식을 한다고 하여도 학습자가 자료를 선별할 때 그것의 공신력 여부를 판단하지 않는다면 그 글은 어떤 가치를 인정받을 수 있을까? 실제 외국인 유학생이 보고서를 쓰기 위하여 접근하는 자료는 학술 DB보다는 인터넷 포털 사이트의 출처 불명의 글인 경우가 많다.[16]

이인영(2011a)은 외국인 유학생의 쓰기에서 자료 이용의 적절성 여부에 대한 판단의 문제가 심각하며 이것은 표절 행위와 더불어 주목해야 할 문제라고 하였다. 또 이와 관련하여 다음과 같은 몇 가지 유형들을 제시하였다.

- 학술적인 글에 사용 가능한 것인지 아닌지 여부에 대한 고려 없이 자료를 활용

'인식'과 출처 표시의 '행위'에서 나타나는 차이를 더 부각시키고자, 또 인식의 변화와 행위의 변화가 동일하지 않다는 입장에서 이 둘을 구분하여 살펴보았다.

16) 출처 불명의 자료 사용이 많은 것은, 외국인 유학생이 가치 있는 자료를 찾아야 한다는 필요성을 인식하지 못하거나 자료 검색 방법을 잘 알지 못하기 때문에 나타나는 일이다. 실제로 학문적 글쓰기에서 가장 어려운 점으로 자료 찾기를 꼽은 학습자가 적지 않았다. 결국 이것은 결국 자료 사용의 문제라 할 수 있다. 다음은 글쓰기 수업을 수강하는 학습자를 대상으로 시행한 학기말 설문 조사 결과의 일부를 그대로 옮긴 것이다.
- "자료 찾기가 가장 어렵고 힘든다고 느꼈다."(S12)
- "자료 찾기나 자료 읽기 그리고 자기 글로 표현 정리하는 것이 어려웠다."(S11)
- "학술자료의 활용이 제일 어려웠습니다."(S2)

- 필요한 정도를 넘어서 특이하거나 생소한 사례를 큰 의미 없이 나열
- 비슷한 용도나 기능을 가진 사례를 중복 기술
- 불필요한 인용이나 주석 처리
- 자료 이용의 의의를 이해하지 못한 채 기계적이고 단순하게 자료를 이용

자료 사용 능력: 출처 표시 능력

자료 사용 능력에서 반드시 요구되는 것은 출처 표시 능력이다. 이것은 출처 제시의 중요성을 강조하는 것만으로 충분하지 않다. 출처 표시에 대한 인식이 있다고 해도 그것을 제대로 표시하지 않는 것이 곧 글쓰기 윤리 위반이 될 수 있기 때문이다. 최선경(2009a)에서는 출처 표시를 제대로 잘 하는 것이 글쓰기 윤리와 어떤 관계가 있는가를 다음과 같이 언급하였다.

> 인용한 문헌의 서지정보를 올바르게 기록하는 것과 인용 부분이 명확하게 드러나게 표시하는 일은 글의 정직성 확보를 위해 꼭 필요한 부분이다. 다른 사람의 글을 가져온 경우에 어디서부터 어디까지를 가져온 것인지 명확하게 드러내고 정확하게 출처를 제시하는 일은 정직한 글쓰기의 기본이다. 만일 이것이 철저하게 지켜지지 않는다면 그 글은 표절로 간주되기 쉽다. 잘 알지 못해서, 혹은 실수로 출처를 제시하지 않거나 인용표시를 하지 않은 경우라 해도 애초에 표절의 의도가 없었음을 증명할 수 있는 방법이 없는 경우가 대부분이기 때문에 결과적으로는 표절로 판정된다.
>
> (최선경, 2009a: 320~321)

실제 외국인 유학생의 쓰기에서는 의도하지 않았으나 글쓰기

윤리를 위반한 것으로 간주되는 사례가 흔히 나타난다. 그러나 쓰기 학습의 어떤 시점에서 어떤 사례가 나타나며, 그것은 어떤 함의를 갖는가에 대해서는 아직 분석된 바가 없다. 이에 본 연구에서는 쓰기 학습의 과정에서 나타나는 사례들을 종적 연구 방법을 통해 분석하였고 이를 통해 글쓰기 윤리 위반 사례로 보이는 현상들을 어떤 관점에서 바라보아야 할 것인가에 대해 고찰하였다. 이에 대해서는 13장에서 다루게 될 것이다.

자료 사용 능력: 자료 내용의 통합 능력

내용 통합 능력도 자료 사용 능력에 포함되어야 한다. 여기에서의 내용 통합이란 참고 자료에서 가져온 내용을 학습자가 자신의 글에 자연스럽게 연결하는 것, 그리고 자신의 의견과 참고 자료의 내용을 명확히 구분하면서도 적절히 반영할 수 있는 능력을 아울러 말하는 것이다. 실제 쓰기가 미숙한 학습자보다는 능숙한 학습자가 내용 통합 능력이 우수한 것은 당연한 일이다.

또한 참고 자료의 내용을 그대로 옮겨 오기만 하는 학습자보다 내용을 가져오면서 자신의 의견을 덧붙일 줄 아는 학습자가 더 쓰기 능력이 뛰어나다. 흥미로운 것은 이러한 내용 통합 과정에서 크고 작은 다양한 현상들이 나타나는데 내용 통합에 대한 적극적이고 활발한 시도를 하면 할수록 내용 통합의 전형에서 벗어나 글쓰기 윤리를 위반할 가능성은 높아진다는 점이다. 외국인 유학생이 자료를 이용할 때에도 자료와 자신의 보고서 내용을 통합하려는 시도를 하지 않거나(최은지, 2009) 기계적인 인용(이인영, 2011a)이 많다는 지적도 결국은 내용 통합 능력과 관련된 문제이다. 그런데 자료 이용 시의 내용 통합 능력의 불충분함을 단순히 글쓰기 윤리의 위반으로만 보기에는 여러 가지 한계점이 있다.

이에 본 연구에서는 쓰기 학습 과정에서 나타나는 내용 통합 능력의 발달 양상을 종적으로 분석함으로써 각 현상의 특징을 고찰하고자 하였다. 이에 대해서는 8~12장에서 다루게 될 것이다.

자료 사용 교육의 중요성

앞서 국내 외국인 유학생들이 글쓰기 윤리를 준수하지 못하게 되는 주된 원인은 '자료 사용'의 문제에 있음을 확인하였다. 또 글쓰기 윤리에 대한 교육적 접근법에서는 글쓰기 윤리 준수를 위해 가르쳐야 할 내용과 방법에 주목하고 있음을 밝혔다. 그런데 글쓰기 윤리 교육에서 특히 강조되고 있는 것이 바로 '자료 사용 교육'이다.

자료 사용 교육

'자료 사용 교육'이란 '자료를 수집하고 검색하는 일에서부터 학술적 가치를 지닌 자료를 선정하는 일, 자료에서 필요한 부분을 자신의 글에 가져오되 필자 의견과 원문의 내용을 명확히 구분하는 일, 출처를 바르게 남기는 일, 참고문헌의 목록을 작성하는 일' 등을 포괄하는 것이다. 즉, 자료 사용 교육은 단순히 어떤 글에서 특정 부분을 옮겨 오는 기술만을 가르치는 것이 아니라 그러한 행위를 하기 위해 사전과 사후에 이루어져야 할 모든 작업을 체계적으로 가르치는 일이라 할 수 있다. 많은 연구자들은 이러한 자료 사용 교육이 글쓰기 윤리 준수를 위해 반드시 필요하다는 점에 주목하고 있다. 이와 관련된 앞선 논의를 정리하면 다음과 같다.

국외의 자료 사용 교육

먼저 국외 영어 교육 분야의 외국인 유학생을 위한 학술적 보고서 쓰기 교재나 온라인 사이트를 통해 자료 사용에 대한 내용을 적극적으로 반영하고 있는 예를 찾아볼 수 있다. Harris(2011)의 'Using sources effectively'라는 제목의 교재에서는 효율적인 자료 사용의 중요성(The importance of Using sources Effectively), 자료의 선택(Finding, Choosing, and Evaluating Sources), 자료 사용을 위한 준비(Preparing Your Sources), 효율적인 인용(Quoting Effectively), 표절 예방(Avoiding Plagiarism) 등을 포함하고 있다.

또한 Stephen(2011)에서는 글쓰기 과정(The writing process)을 다루고 있는 단원에서 'Acknowledging sources(자료의 출처를 밝히기)'를 반영하고 있다.[17] 이들은 자료 사용에 대한 지식과 방법을 아는 것이 좋은 글을 쓰기 위한 지름길인 동시에 글쓰기 윤리의 준수 가능성을 높일 수 있음을 잘 보여 주는 사례이다.

---

17) 이 교재의 특징은 형식적이고 이론적인 내용보다는 실제로 영어 L2학습자가 학술적 글쓰기를 배우는 과정에서 활용할 수 있는 내용을 중심으로 구성했다는 점이다. 구체적인 예로, '출처 표기는 제대로 했지만 저자의 이름을 밝힐 때 오타가 생긴 것', '아무런 언급 없이 웹 사이트에서 가져온 글을 짜깁기 한 것' 등 여러 가지 상황을 제시하면서 이것이 표절(plagiarism)에 해당하는가에 대한 판단을 직접 해 보도록 하는 연습 문제가 매우 흥미롭고 실용적이라 판단된다. 해당 단원에 반영된 내용을 모두 제시해 보면 다음과 같다.
What is plagiarism?(표절이란?)/Acknowledging sources(자료의 출처를 밝히기)/Degrees of plagiarism(표절의 정도/범위)/Avoiding plagiarism by summarising and paraphrasing(요약과 환언을 통한 표절 예방)/Avoiding plagiarism by developing good study habits(바람직한 학습 습관을 통한 표절 예방)

국내의 자료 사용 교육

국내의 경우는 '인용'과 원문의 출처를 명확하게 표시하는 방법의 중요성이 특히 강조되고 있다. 그 예로 최선경(2009a: 320~321)에서는 정직한 글쓰기, 윤리적 글쓰기에 대한 요구가 점점 강해지고 있는 이즈음 표절을 예방하는 정직한 글쓰기를 위해서라도 올바른 인용방식에 대한 교육이 철저하게 이루어져야 한다고 하였다. 이것은 인용의 방법을 잘 숙지한 다음 사용한 자료의 출처를 정확하게 제시해 주기만 해도 대부분 표절의 위험으로부터 벗어날 수 있다(김성수, 2008: 210)는 논의와도 일맥상통하는 것이다. 또 대학생을 위해 개발된 학습 윤리 가이드북(가톨릭대, 2010; 한동대, 2009)을 살펴보면, '올바른 출처표시와 인용'이라는 단원이 포함되어 있다. 이 역시도 출처 표시와 인용을 중심으로 한 자료 사용 교육이 글쓰기 윤리의 준수와 밀접한 관련이 있음을 입증하는 것이다.

글쓰기 윤리 준수와 자료 출처 표시

글쓰기 윤리 준수를 위한 자료 사용과 관련하여 출처 표시와 인용을 언급한 또 다른 논의로 이인영(2011a), 이인영(2011b)이 있다. 먼저 이인영(2011a: 519)에서는 정확한 인용 방법에 대한 글쓰기의 윤리성에 대한 교육이 이루어져야 한다고 주장한다. 그리고 이인영(2011b: 281)에서는 바람직한 학술자료 이용 교육은 올바른 서지정보 제공법과 더불어 학술적 성격과 목적에 맞는 자료 이용법 교육이 병행되어야 함을 강조하였다.

즉, 자료 사용에 있어서 왜 무엇을 어떻게 활용할 것인가에 대한 인식을 유도하는 것이 중요하다는 것이다. 이것은 자료 사용에 대한 신중한 고려나 판단 없이 자료의 일부분을 기계적으로 자신의 글에 옮김으로써 내용 통합이 적절히 이루어지지 못하는 현상과도 직결되는 문제라 판단된다.

글쓰기 윤리 준수와 적절한 내용 통합

자료 사용 시의 내용 통합에 대한 문제점의 언급은 최은지 (2009: 208)에서도 발견된다. 그는 표절 문제 방지를 위해서는 자료를 활용하고, 자신의 담화와 통합시키는 적절한 방식에 대한 교육이 필요함을 강조하였다. 이러한 능력은 일회적인 교육만으로 갖추어지는 것이 아니기 때문에 체계적이고 지속적인 훈련이 뒷받침되어야 한다. 학부의 외국인 유학생 대상의 쓰기 교육 현장에서 충분한 시간과 기회가 마련되고 있는가에 대해서도 반성이 필요하다.

이윤진(2011a: 180)에서는 학문 목적 한국어 학습자들이 글쓰기의 과정에서 부딪히는 다양한 상황들에 주목하였다. 어떤 것이 '윤리적 글쓰기'를 준수하는 것인지를 의식하고 있는지, 이에 대해 구체적으로 학습할 기회가 있는가에 대한 의문을 제기했다. 또 학문 목적 한국어 쓰기 교재를 분석한 결과, 글쓰기 윤리에 대한 내용이 아직 목록화, 체계화되어 있지 않은 점을 지적하였다. 그리고 외국인 유학생 대상의 쓰기 강의 계획서를 검토한 결과, 글쓰기 윤리에 대한 내용을 중점적으로 다루는 것이 아직은 보편화되어 있지 않음을 확인하였다. 이러한 사실을 반영해 볼 때 현재의 학문 목적 한국어 쓰기 교육의 상황에서 무엇보다 시급한 것은, 글쓰기 윤리 준수의 기반이 되는 자료 사용에 대한 방법, 내용, 그리고 연습 기회를 교재와 수업에 반영하도록 하는 것일 것이라 본다.

자료 사용에 대한 지속적인 연습과 훈련의 필요성

실제로 글쓰기 윤리에 대해 논의한 국외의 많은 연구자들은 자료 사용에 대한 지속적인 연습과 훈련을 강조해 왔다.[18] 아무리 글쓰기 윤리에 대한 인식이 높다고 해도 결국 자료 사용에 대한 방법에 익숙하지 않음으로 해서 글쓰기 윤리를 위반하는 일이 발생하고 있기 때문이다. 그런데 자료 사용에 대한 학습의 과정에서 연습, 훈련을 할 때 L2학습자로부터 산출된 실제 사례가 있다면 매우 유용하다.

〈표 7〉[19]에서 볼 수 있듯이 자료 사용에 대한 교육 원리를 제시한 앞선 논의에서도 사례 제시에 대해 특히 강조하고 있음을 확인할 수 있다.

<표 7> 자료 사용에 대한 앞선 논의의 제안(Tomas, 2011: 69~70)

교육적 관점에서의 제안	L2 쓰기 연구자
L2 글쓴이들이 표절을 피할 수 있도록 원문 가져오기의 유형에 대한 사례를 제시한다.	Corbeil(2000), Johns/Mayes(1990), Keck(2006), Ouellette(2004), Whitaker(1993)
L2 글쓴이들이 자신의 생각과 텍스트 빌려오기 유형을 통합해서 쓸 수 있는 실례를 제공한다.	Barks/Watts(2001), Tomas(2011), Whitaker(1993)
L2 글쓴이들의 독자성, 지식, 징계를 받는 이들에 관여하고, 이러한 개념들이 원문 가져오기 사례에 어떤 영향을 끼치는지 알린다.	Chandrasoma et al.(2004), Pennycook(1996)
L2 글쓴이들의 개인적이고 교육적 배경	Currie(1998), Deckert(1993)

18) 가령, Anyanwu(2004)에서는 표절은 의도된 것도 있지만 결국은 연습 부족, 이해 부족으로 인한 것이 많으므로 인용의 방법을 철저히 가르치고 반복적인 연습해야 함을 강조하였다.

19) Tomas(2011: 69~70)에서 제시된 표에서, 자료 사용 교육에서 사례의 중요성을 언급한 내용을 발췌하여 옮긴 것이다.

에 대한 탐구에 대해 관여하고, 이것이 원문 가져오기 사례를 보는 관점에 어떤 영향을 끼치는가에 대해 관여한다.	
인용, 특히 패러프레이징의 기능에 대해 토론한다.	Dong(1996), Keck(2006), Yamada(2003)
자료를 이용해서 써야 하는 과제의 난이도를 서서히 높인다.	Pecorari(2008)
L2 글쓴이들이 효과적으로 자료를 활용할 수 있도록 글쓰기 전략을 가르친다.	Connor/Kramer(1995), Howard(1995)
자료를 사용하는 글쓰기를 할 수 있도록 다양한 기회와 충분한 시간을 제공한다.	Campbell(1990)
(전달하는 동사와 인용을 나타내는 구)의 중요성에 대해 강의한다.	Campbell(1990), Moore(1997), Shi(2004)
L2 글쓴이들이 텍스트 빌려오기를 연습하는 데 있어서 중요한 평가와 피드백을 제공한다.	Hyland(2001), Pecorari(2008), Whitaker(1993)

학문 목적 한국어 쓰기 교육에서는 쓰기 준수를 위한 체계적이고 구체적인 자료 사용 교육이 이루어져야 한다. 이를 위해서는 외국인 유학생의 쓰기 학습에서 어떤 양상이 나타나는지를 관찰하고 분석할 필요가 있다. 학습의 시작 시점과 학습의 과정, 그리고 후반부로 갈수록 어떤 발달의 과정을 거치는지, 또한 그것은 글쓰기 윤리의 관점에서 어떻게 해석해야 하는 것이지를 고찰해야 할 것이다.

1. 글을 쓸 때 원문을 '광범위하게 베끼는' 현상이 L1학습자에 비해 L2학습자에게 더 빈번하게 일어나는 까닭은 무엇이라고 생각합니까? 만약 원문을 베낀 범위가 늘어날수록 긍정적인 평가를 받았다면, 그 책임은 누구에게 있다고 생각합니까?

2. 자료의 내용을 글에 반영함에 있어서 L2학습자는 L1학습자보다 '상대적으로 길게 인용을 하는' 것으로 밝혀진 바 있습니다. 그 까닭은 무엇이며 이것은 글쓰기 윤리의 문제와 어떤 연관성이 있다고 생각합니까?

3. 글쓰기 윤리에 대해 '인식'하는 것과 실제 글쓰기에서 글쓰기 윤리를 '준수'하는 것은 어떤 차이가 있습니까? 이것이 글쓰기 윤리 연구에 시사하는 바는 무엇입니까?

4. 4장의 내용을 토대로 자신이 생각하는 '자료', '자료 사용', '자료 사용 능력'의 정의를 새롭게 내려 보십시오. 특히 디지털 시대의 글쓰기에 있어서 자료의 범위를 어떻게 설정하는 것이 좋을지 의견을 말해 보십시오.

추천논저

김성숙(2011), 「학문 목적 기초 한국어 쓰기 능력 평가 척도 개발과 타당
　　성 검증」, 연세대학교 박사논문.
이인재(2010), 「연구진실성과 연구윤리 연구진실성과 연구윤리」, 『윤리
　　교육연구』 21집, 한국윤리교육학회, 269~290쪽.
Borg, E.(2000), "Citation practices in academic writing". In P. Thompson(Ed.),
　　Patterns and perspectives: Insights for EAP writing practice, pp. 14~25.
Sutherland-Smith, W.(2005), "The tangled web: Internet plagiarism and
　　international students' academic writing", *Journal of Asian Pacific
　　Communication* 15-1, pp. 15~29.

제5장

학문적 글쓰기와 윤리

✓ 학문 목적 쓰기에서 '모방'과 '표절'은 어떤 관점에서 보아야 하는가?
✓ 학문 목적 쓰기에서 글쓰기 윤리가 강조되어야 하는 까닭은 무엇인가?

모방과 표절 구분하기

표절은 모방에서 비롯된 결과이지만 언어 교육에서 긍정적인 관점에서 바라보는 모방과는 다른 것이다. 학술적 글쓰기에서의 긍정적인 모방은 하면 할수록 쓰기 능력이 신장되지만 표절은 그렇지 않다는 것이 큰 차이점이다.

상호텍스트성의 관점에서 표절텍스트를 살펴본 안정오(2007: 140)에서는 표절은 상호텍스트적 성격을 지니지만 학문윤리와 학문작성의 보편적 측면에서 비정상적인 행위로서 다른 차원에서 다루는 것이 필요하다고 주장하면서 다음과 같이 언급하였다. "표절, 짜깁기, 혼성모방 등은 상호 텍스트성에 속하는 것들이다. 그것들이 상호텍스트성의 특성인 반복, 변환, 변형을 거치기 때문이다. 하지만 상호텍스트는 중간조정 단계를 거쳐서 만들어지는 현상으로 그 후텍스트가 선텍스트를 매우 잘 밝혀주고 대변해 주는 특성이 있는 반면에 표절은 선텍스트를 은폐하려는 특징을 가지고 있다. 다시 정리해서 언급하자면, 표절이라는 것은 상호텍스트성의 특징인 반복과 변환 과정을 밟기는 하지만 그것이 공적인 반복이 아니라 은폐된 반복이라는 점에서 상호텍스트성 안에 산입되기에는 무리가 있다고 본다. 그래서 향후에 풀어야 할 과제는 상호텍스트성의 특징 중 반복의 문제를 보다 깊이 연구해서 표절텍스트를 학문적으로 정확히 규정하는 것일 것이다."

	인용부호 (원텍스트 표시)	중간조정 (변형)	반복	선텍스트 (공개된) 흔적	독자 인지도
상호텍스트성	×	○	○	○	○
표절	×	○	○	×	×

글쓰기 윤리 위반이 아닌 긍정적 모방 사례

'표절'과 학문 목적 쓰기에서 권장하는 '모방'은 반드시 구분되어야 한다. 이를테면 학문 목적 학습자에게 낯선 학술 용어나 담화 맥락에 대한 이해력을 높이고 논증적 구성 원리 등에 대한 분석력을 증대시키는, 학술적 글쓰기 전반에 관한 전범을 제공하고 그것을 따라하는 창조적 모방(이인영, 2011a: 518)을 유도하는 것은 매우 중요한 일이다.

학문 목적 한국어 쓰기를 배우는 단계에서 교수자가 한국어의 학술 담화 표지에 관련된 내용과 표현을 학습자에게 알려주고 연습하도록 하며 실제 자신의 글에 적극적으로 반영할 것을 권장하는[1] 것도 바로 창조적 모방을 위한 과정이라 할 수 있다. 이러한 긍정적인 모방 행위가 글쓰기 윤리를 위반한 것으로 간주되어서는 안 된다.

학문적 글쓰기에서 강조되어야 할 모방 가운데 하나로 담화 표지의 사용을 꼽을 수 있다. 담화 표지에 관련한 최근의 연구 가운데 실제 수업에 응용할 수 있는 유용한 자료를 담고 있는 것으로 이정민·강현화(2009), 박지순(2006), 박나리(2009)를 비롯하여 조은영(2012), 이주희(2012) 등이 있다.

먼저, 이정민·강현화(2009: 347~348)에서는 KAP학습자가 보고서를 보다 잘 쓰기 위해서는 일반 글쓰기 능력 향상에 중점을 둘 것이 아니라 모방 전략을 사용해야 한다고 주장하였다. 특히 '잘 쓴 글'이란 보고서를 문장 하나하나를 정확하게 쓰는 것도 중요하지만 학술적 글쓰기에서는 원어민이 흔히 사용하는 표현으로 원어민들처럼 쓴 글을 포함하여야 한다는, 이른바 '담화 표지 사용'의 필요성에 대한 이정민·강현화(2009: 370)의 주장은 매우 타당한 것이라 여겨진다.

다음으로 실제 글쓰기에 적용할 수 있도록 정리한 담화 표지의 대표적인 사례를 몇 가지 살펴보도록 하겠다. 먼저 아래의 예는 학술 담화에서 연구의 목적을 드러내는 구문들로 박나리(2009: 181)[2]에서 가져온 것이다.

---

1) 학문 목적 쓰기를 위해서는 해당 언어권의 담화 공동체가 요구하는 특정한 형식적, 수사적 양식에 익숙해져야 한다. 즉, 외국인 유학생의 경우 한국어의 학술적 텍스트가 갖는 특성을 이해하고 표현할 수 있어야 한다. 이에 관한 언급으로는 김정숙(2000), 김인규(2003), 박나리·조선경(2003), 이해영(2001), 박지순(2006) 등을 참고할 수 있다.

2) 박나리(2009)에서는 학술논문을 학술논문답게 만들어 주는 텍스트성(textuality)이 텍스트 안에서 구체적으로 어떠한 언어현상으로 나타나는지 살펴보았다. 특히, 여기에서 제시한 상호텍스트성 운영원리에 관련된 사례와 유형들은 학문적 글쓰기에서 실질적으로 활용될 수 있는 부분이 많다.

- 본 연구(본고, 이 글, 이 연구, 이 논문)에서는, -고자 한다, -기로 한다, -겠다, -ㄴ다.
- 본고의 목적은 -이다, -하는 데 있다, - 는 일이다.
- 본고는 -는 데에 목적이 있다, -을/를 목적으로 한다.

다음의 〈표 8〉은 결론의 주요 표지로 박지순(2006: 127)에서 제시한 것이다. 이들은 모두 학문 목적 쓰기에서 긍정적 모방이 필요한 좋은 사례라 할 수 있다.

〈표 8〉 학문 목적 쓰기의 표지-긍정적 모방 장려 사례

'요약' 표지	이제까지 지금까지	~을/를 살펴보았다. ~에 관하여 살펴보았다. ~을/를 ~로 파악하였다. ~을/를 볼 수 있었다. ~을/를 모색해 보았다.
	이 글은 본 연구에서는	~에 대해 고찰해 보았다. ~을/를 검토하였다.
	이상은 ~을/를 목표로 했을 때의 분석이다.	
	본고의 논의를 종합하면 다음과 같다. 첫째, 둘째, 셋째, 넷째, 다섯째,	
'연구의 의의' 표지	㉠ ~은/는 ~으로 의의가 있는 것이다. ㉡ ~는 시점에서 ~은/는 뜻깊은 일이라 하겠다. ㉢ 이번 논의를 통하여 ~는 계기가 될 수 있길 바란다. ㉣ 이러한 ~은/는 ~라는 의문을 해결하는 데 중요한 기여를 하게 될 것이다.	
'한계점' 표지	㉠ ~다기보다는 ~는 데에 그쳤다. ㉡ ~기에 ~면이 없지 않을 것이다. ㉢ 이는 ~에 대한 하나의 증거가 될 뿐이다.	
'후속과제' 표지	필요성	㉠ ~기 위해 ~이/가 필요하다.
	당위	㉡ 앞으로 ~의 연구가 이루어져야 할 것이다. ㉢ ~에 대한 접근은 ~의 측면에서 이루어져야 할 것이다.
	기대나 전망	㉣ 앞으로 ~을 때 ~이/가 확립될 수 있을 것이다. ㉤ ~은/는 ~을 것으로 기대를 모으고 있다. ㉥ 다만, ~이/가 ~을 때 ~으로 발전할 수 있을 것이다.

또한 조은영(2012: 97~100)에서는 '학위논문에서 나타나는 정형화된 표현'이라는 용어를 써서 국문 초록에 초점을 두었고, 이주희(2012: 123~129)에서는 결론을 중점적으로 분석하여 각각의 표지 목록을 제시하였다. 이들은 학위논문 쓰기의 전범이 되는 것으로 학문 목적 쓰기에서 긍정적인 모방이 필요한 좋은 사례들이다.

한편 담화 표지뿐만 아니라 학술적 쓰기에서 나타나는 고유의 표현 및 단어 등을 모방하거나 응용하는 것도 매우 중요한 일이다. 가령, 필자가 논문의 목적을 명시적으로 밝히는 담화에 있어서 다음의 동사들이 거의 관행적으로 쓰이고 있다(박나리, 2009: 183). 이와 같은 예들은 목록화하여 그것을 모방하면 할수록 글쓰기 능력 신장에 도움이 되는 것이다.

> 살펴보다, 고찰하다, 논의하다, 규명하다, 밝히다, 제시하다, 모색하다, 제안하다

이상으로 학문 목적 쓰기에 있어서 표절과 모방은 다른 관점에서 접근해야 함을 확인하였다. 특히 L2학습자의 경우 학술적 글쓰기의 학습 단계에서 담화 표지 등의 모방은 매우 중요한 전략으로 강조되어야 할 것이다.3) 또 이러한 긍정적 모방 행위는 글쓰기 윤리를 준수하는 것과도 무관하지 않다. 가령 학습자가 담화 표지를 효율적으로 사용하는 전략이 좋아질수록 '사용한 자료에 대한 흔적을 남기지 않는 행위'는 점점 감소할 것이기 때문이다.

---

3) 본 연구에서는 L2학습자가 자료의 일부를 가져오면서 사용한 담화 표지의 유형화도 함께 시도하였다. 그 결과, 학습 단계의 초반보다 후반으로 갈수록 긍정적 모방의 빈도 및 전략이 늘어남을 확인할 수 있었다.

윤리, 선택 아닌 필수

2000년대 들어서면서 급증한 국내 대학의 외국인 유학생 수는 학문 목적 한국어에 대한 논의가 양적 팽창과 질적 성장을 거두게 된 주요 요인이 되었다. 그 가운데 외국인 유학생이 학업을 함에 있어서 쓰기를 가장 어렵게 생각하며(한송화, 2010: 231) 쓰기 능력에 대한 요구가 매우 높다는 사실(김성숙, 2011: 18)은 이미 상식적인 일이 되었다고 해도 과언이 아니다.4) 외국인 유학생은 공책 필기하기, 보고서 쓰기, 시험 답안 쓰기와 쓰기 능력을 요구받는다.

보고서 쓰기

외국인 유학생이 요구받는 쓰기 가운데 '보고서 쓰기'는 특히 더 중점적으로 가르쳐야 할 언어 기술에 해당한다는 점에 이견이 없어 보인다.5) 보고서란 일반적으로 '학술적 보고서' 또는 '리포

---

4) 이것은 일반 목적 한국어와 학문 목적 한국어가 차별화되어야 하는 이유이기도 한다. 강현자(2009: 1~2)에서도 외국인 유학생의 쓰기에 대한 요구를 강조하면서 "일반 목적 한국어 학습자들이 '한국 생활'에 필요한 의사소통 기능이 중시되는 것과 달리 학문을 목적으로 하는 한국어 학습자의 경우, 대학에서의 학업 수행에 필요한 글쓰기 능력의 향상을 절실히 필요로 한다"고 하였다.

5) 한송화(2010: 231)에서는 외국인 유학생이 강의 듣기 및 전공 서적 읽기와 같은 수용적 기능에 비해 발표와 토론, 보고서 작성과 같은 생산적 기능에 어려움을 겪고 있음을 밝힌 바 있다. 배윤경·우진아·정지은·강승혜(2011)에서도 설문 조사를 통해 외국인 유학생들이 한국어 쓰기를 가장 어려워하고 있음을 밝혔다. 그 중에서도 학업 수행에 있어 가장 어려운 것은 논문 작성(49%), 보고서 작성(29.4%)이라고 하였다. 김성숙(2010: 18)에서도 외국인 유학생이 표현 영역의 언어 기술 사용을 어려워한다고 하면서, 실제로 발표에 대한 부담을 느끼는 것도 발표문 쓰기 기능과 관련된 문제라고 언급하였다. 그러면서 외국인 유학생에게 가장 중점적으로 가르쳐야 하는 언어 기능으로 발표문 작성과

트', '학술논문'이라 불리는 글쓰기의 유형을 모두 지칭하는 의미로, 자신의 견해가 드러나지 않는 단순한 과제 형식의 글과는 구분되는 것이다. 참고로, 글쓰기 교재에 제시된 '보고서'의 개념은 다음과 같다.

- 보고서란 대학이나 대학원에서 강의와 관련하여 학생들이 교수에게 제출하는 다양한 종류의 과제를 말한다. (이정희 외, 2007b: 70)
- 보고서(report)는 보통 실제 교과과정에서 학생에게 주어지는 쓰기 과제를 말한다. 대부분의 보고서는 발표와 함께 학기말 평가에 주어지는 중요한 과제이다. (허용, 2007: 58)
- 대학에서 학생들이 작성하는 보고서는 공부의 결과를 충실하게 정리하여 제출하는 문서로 정의할 수 있다. 일반적으로 보고서는 조사 및 연구의 대상과 목적, 기간, 방법, 결과 및 평가 등을 구성 요소로 작성된다. (정희모 외, 2008: 265)

보고서 쓰기를 통해 학습자들은 참고 자료에서 이해한 내용을 분석하여 자신의 글에 적절하게 통합시키고 필자로서의 관점을 드러내는 경험을 한다. 비록 학술지의 소논문이나 학위논문처럼 공식적으로 출판되어 다른 연구자와 소통의 기회를 갖거나 사회적 책임을 갖는 공적인 글은 아닐지라도, 보고서는 적어도 동료 및 담당 교수자와의 학문적 의사소통을 전제로 하는 글쓰기이기 때문이다. 이러한 글쓰기를 반복적으로 연습하고 익숙해짐으로써 외국인 유학생은 점차 학문 사회(academic society)에서 필요한 소양과 능력을 키워나가게 되는 것이다. 결국 학술적 보고서 쓰기 능력이 외국인 유학생의 학업의 성패를 좌우한다고 해도 과언

보고서 쓰기를 꼽았다.

이 아닐 것이다.

보고서는 대학에서 요구받는 대표적인 글쓰기 유형이면서 글쓰기 윤리의 준수가 가장 강조되어야 하는 글이라는 것에 주목할 필요가 있다. 왜냐하면 보고서 쓰기를 위해서는 먼저 주어진 과제의 특성과 목적에 맞게 참고 자료를 탐색하고 선정해야 한다. 그리고 그것을 분석하여 정리한 후[6] 자신의 글에 인용하고 출처를 적절한 형식에 맞게 표시하는 등의 다양한 과정과 기술이 필요하다. 그런데 이러한 모든 과정은 교실이라는 통제된 상황에서만 이루어지는 것이 아니라 개별 과제로 수행하게 되는 경우가 많다. 이 때문에 외국인 유학생이 가지고 있는 글쓰기 윤리 인식의 수준과 자료의 사용에 대한 능력이 곧 글쓰기 윤리의 준수 여부에 큰 영향을 미칠 수밖에 없다.

실제로 학술적 보고서 쓰기는 '주제 선정, 자료 검색 및 검토, 목차 구성, 개요 작성, 초고 작성, 수정고 작성, 참고문헌 목록 작성, 보고서 체제 편집' 등의 복잡한 과정들을 순환적으로 거쳐야 하기 때문에 단기간에 작성하기가 어려운 것이 사실이다. 그러다 보니 모든 단계를 일일이 교수자가 관리하고 지켜볼 수 없으며 실질적인 쓰기 자체는 교실에서 이루어지기보다 학습자 자신에게 맡겨지는 일이 많다. 그러나 교수자가 과제에 대한 공지를 하고 나서 최종 보고서를 제출하기까지 얼마나 자주, 그리고 성의 있는 코멘트를 하느냐에 따라 학습자의 글은 달라질 수밖에 없다. 또 이에 학습자는 동기부여를 받게 되고 더 나은 글을 위해 반복적으로 자신의 글을 읽게 되는 것이다.

---

6) 장은경(2009)은 참고텍스트를 기반으로 한 학문 목적 쓰기의 중요성을 강조하고 있는데 이 역시도 보고서 쓰기가 선행 연구에 대한 이해를 바탕으로 하고 있기 때문이다.

보고서 쓰기 과정에서 준수해야 할 윤리

보고서 쓰기에서 간과해서는 안 될 것은 최종 보고서 자체만이 아닌 쓰기의 과정에서 지켜져야 할 글쓰기 윤리의 문제이다. 가령, 단기간에 완성될 수 없는 보고서 쓰기 과정에 있어서 단 한 번도 교수자와 상호작용을 하지 않았던 학습자가 제출한 보고서의 결과에 대해 얼마나 신뢰할 수 있을까? 설령 그 학습자가 가진 능력을 지나치게 벗어나는 수준으로 최종 보고서를 제출했다고 해도 교수자로서는 글쓰기 윤리를 위반했다는 근거를 밝힐 수가 없다.

이에 대해 조제희(2009: 16)에서는 학습자들이 얼마나 정직하게 글을 쓰는지를 판별하기 위하여 교수자는 학생들 개개인의 글쓰기 실력을 파악하고 있어야 함을 강조하였다. 단순히 과제를 부여한 뒤 최종 원고만 제출받는 교수법(product-oriented pedagogy)에서는 표절을 범하더라도, 혹은 심증이 가더라도 이에 대한 조치를 할 수 없다고 하였다. 이를 해결하기 위해서는 학기 초에 학습자들이 교실에서 쓴 글, 즉 학습자의 실력이 그대로 나타나 있는 글(diagnostic writing)과 표절이 의심되는, 숙제로 내 준 글(assigned essay)을 대조해 봄으로써 그들의 실력을 파악할 필요가 있음을 강조하였다. 이와 같은 내용을 참고해 볼 때, 외국인 유학생이 완성한 보고서 자체만을 근거로 그들의 글쓰기 윤리 준수 여부에 대한 논의를 하는 것은 이상적인 연구 결과를 밝힐 수 있는 연구 방법이 아님을 알 수 있다.

이에 본 연구에서는 외국인 유학생이 쓴 보고서 결과물이 아닌, 보고서 쓰기를 학습하는 과정에서 나타난 산출물을 분석 대상으로 삼았다. 통제된 공간에서 학습자들이 산출한 결과물을 단계별로 수집하여 분석함으로써 얻을 수 있는 것은, 글쓰기 윤리의 준수 혹은 위반 현상이 어느 시점에 어떻게 나타나는가의 문제이다. 만약 학습자가 완성한 최종 보고서만을 분석한다면 실제 쓰기 학습 단계에서 일어나는 양상들에 대해서는 밝힐 수 없을 것이다. 이와 같은 방법을 통해 궁극적으로는 학습 과정에서 나타나는 글쓰기 윤리의 위반이 학습자의 의도와 무관하게 나타날 수 있음을 밝힐 수 있다.[7]

---

7) 또 학습 단계에서 나타난 양상을 분석한 결과는, 학습자의 최종 보고서를 평가할 때의 좋은 척도로 삼을 수 있다. 이를테면, 쓰기 과정에서 나타난 양상은 학습자의 발달 수준을 여실히 보여 주는 근거인데 이것이 최종 보고서의 결과와 어느 정도 달라졌는가를 비교하는 것이다. 이를 통해 학습자가 글쓰기 윤리를 얼마나 준수하여 최종 보고서를 완성하였는가를 예측할 수 있다. 그러나 학습 과정에 대한 분석을 배제한 채 결과물만을 본다면 학습자의 글쓰기 윤리 준수 여부를 섣불리 단정 지을 수 없다.

1. 만약 학문적 글쓰기에서 목표 언어권의 담화 표지를 학습하여 적극적으로 모방하는 일이 글쓰기 윤리 위반과 무관하다면, 그 까닭은 무엇이라고 생각합니까?

2. 학문적 글쓰기 경험 및 친숙도의 정도는 글쓰기 윤리 준수와 어떤 연관성이 있다고 생각합니까?

3. 보고서 작성의 전체 과정에서 학습자의 의도와 무관하게 글쓰기 윤리를 준수하지 못하는 행위가 빈번하게 나타나곤 합니다. 교육적 관점에서 이를 허용할 수 있는 단계 및 범위를 어떻게 결정할 수 있다고 생각합니까?

4. 학문적 글쓰기 교육에서 글쓰기 윤리와 관련하여 교수자가 반드시 알아두어야 할 사항, 교수자의 책임, 이상적인 교수법은 무엇이라고 생각합니까?

추천논저

이정민·강현화(2009). 「학문목적 한국어 학습자를 위한 보고서 담화 표지 연구: 작품분석, 비평하기 과제를 중심으로」, 『외국어로서의 한국어교육』 제34권, 연세대학교 언어연구교육원 한국어학당. 347~373쪽.

박나리(2009). 「학술논문의 텍스트성(textuality) 분석」, 이화여자대학교 박사논문.

안정오(2007), 「상호텍스트성의 관점에서 본 표절텍스트」, 『텍스트언어학』 제22권, 한국텍스트언어학회, 121~142쪽.

조제희(2009). 「글쓰기 부정행위에 관한 처벌 규정과 사례」. 『사고와표현』 제2권 2호, 한국사고와표현학회. 7~39쪽.

제**6**장

L2 쓰기 발달의 관점과 윤리

✓ L2와 L1학습자에 대한 글쓰기 윤리의 관점은 어떻게 다른가?
✓ L2 쓰기 발달에 있어서 윤리에 대한 입장은 무엇인가?

L2학습자에 대한 윤리적 배려

글쓰기 윤리는 학문 전 분야와 계열을 막론하고 지켜져야 하는 것이다. 그런데 앞서 "글쓴이가 속한 사회에서 쓰기를 수행하는 모든 과정에서 지키도록 요구하는 행위 규범"으로 그 개념을 밝힌 바와 같이, 글쓰기 윤리는 어떤 사회의 어떤 구성원에게 적용하느냐에 따라 관점이 달라진다. 이를테면 본 연구의 주요 연구 대상인 외국인 유학생에게 적용해야 할 글쓰기 윤리와 한국인 대학생에게 적용해야 하는 글쓰기 윤리를 동일한 관점에서 볼 수는 없다. 이에 대한 근거를 우선 국외의 논의에서 찾아보면 다음과 같다.

L2학습자의 의도하지 않은 표절

먼저 L2학습자와 L1학습자의 쓰기 실태를 비교한 논의에서는 L2학습자의 경우가 더 빈번하게 글쓰기 윤리를 위반한다고 하였다. 가령, 글쓰기 윤리를 준수하지 않는 미국 대학의 전반적인 분위기에 대한 문제를 제기한 Walker(1998: 90~93)에서는 외국인 유학생들의 경우 일반 대학생보다 특히 더 표절을 하기 쉬운 상황에 놓여 있음을 밝힌 바 있다.[1]

또 Pecorari(2003)에서는 L2학습자의 학술적 글쓰기 실태를 조사한 결과, 실제로는 의도하지 않은 표절이 많이 나타나고 있음을 밝히면서 쓰기 결과 자체만이 아닌 학습자의 '의도성'에 대하여 주목하였다.

'글쓰기 윤리 위반'과 학습자의 의도성과 관련한 또 다른 논의로 Linneman(2010)을 눈여겨볼 만하다. 그는 대학 신입생인 영어 L2학습자의 글쓰기에서 '짜깁기'의 문제를 중점적으로 다루면서 학습자들이 '표절'에 대해 이해하는 것과 그것을 실천하는 것에는 상당한 괴리가 있음을 밝혔다. 가령, 원문에서 6개의 구를 똑같이 가져와서 쓴 문장을 제시하고 그것의 표절 여부를 물은 결과, 64%의 학생은 표절로 인식하지 못한다는 것을 확인하였다. 이것은 곧 짜깁기를 표절로 인식하지 못하는 근거가 되므로 학생들이 글을 쓸 때 짜깁기가 자주 일어나는 현상이 의도하지 않은 행위임을 입증하는 것이라고 하였다.

---

1) 그 이유 가운데 하나로, 학업에 대한 지나친 압박과 스트레스로 인해 제 시간에 과제를 제출하지 못하게 되고 이것이 비윤리적인 행위로 이어질 수 있는 점을 들었다. 한편, 미국 대학 내의 유학생 중에서도 특히 아시아권 학생들에게서 표절이 상대적으로 흔하게 나타나는 현상에 대해서는 문화적인 차이(Cultural diversity and plagiarism)에서 비롯되었을 가능성이 있음을 시사하였다.

의도하지 않은 글쓰기 윤리 위반의 배경

L2학습자가 L1학습자보다 의도하지 않게 글쓰기 윤리를 위반하는 일이 자주 발생하는 까닭은 무엇인가? 지금까지 논의에서 공통적으로 언급된 것은 학습자의 목표 언어 능력 부족, 문화적 배경으로 인한 글쓰기 윤리 인식 불충분, 학문적 쓰기에 대한 불충분한 경험과 미숙함, 게으름, 학점 실패에 대한 두려움 등이었다. 이 중 어느 한 가지라고 단정 짓기는 어려울 것이며 상황에 따라 이러한 요인들이 복합적으로 작용할 가능성이 높다고 본다.

Neville(2010: 28~43)에 따르면, 영어권에서 유학하는 아시아권 학습자(중국, 베트남)의 사례를 들면서 학습자의 모어 문화권에서 윤리적 글쓰기(참고 문헌 목록 작성, 적절하게 인용하기 등)에 대한 인식이 강조되지 않았고, 그러한 경험이 적기 때문에 학업에 어려움이 따를 수 있다고 하였다. 더군다나 유학생은 학기마다 조별 혹은 개별로 6개 이상의 과제를 수행하면서, 제2언어인 영어로 노트 필기를 하고, 읽고, 강의를 들으면서 나름대로 어려움을 겪는다. 그래서 때로는 실패에 대한 두려움이나 체면 손상에 대한 위험을 감수하는 것, 개념과 표현을 제대로 하지 못하는 것을 드러내기보다는 베끼기, 짜깁기 등의 부정적인 방법을 택하게 된다고 설명하였다.

L2학습자의 특수성을 고려한 글쓰기 윤리 교육의 필요성

글쓰기 윤리의 문제에 있어서 L2학습자의 특수성을 자연스럽게 받아들이고 있는 분위기인 만큼, 글쓰기 윤리 교육에 있어서도 L1학습자를 대상으로 한 것과 차별화된 방안 모색의 필요성이 강조되고 있다. Silva(1997: 359)에서는 대학의 신입생을 대상으로 한 쓰기 강의에서 L2학습자와 L1학습자와의 차이를 감안해야 함을 주장하면서 '윤리적인 배려(ethical treatment)'라는 말을 사용하였다.2) 여기에서 '윤리적인 배려(ethical treatment)'란 L2학습자가 (1)그들의 입장을 이해받고 (2)적절한 교육 상황에 놓이며 (3)효율적인 지도를 받고 (4)공정하게 평가받아야3) 하는 것이라고 하였다. 이것은 글쓰기 윤리의 교육에 있어서나 글쓰기 윤리의 위반 사례에 대한 대처, 평가 등에 있어서도 L2학습자를 대상으로 할 때와 L1학습자를 대상으로 할 때가 동일할 수 없음을 의미하는 것이다. 이러한 이론은 학문 목적 한국어 쓰기 교육에도 광범위하고 적극적으로 적용될 필요가 있다고 판단된다.

이상을 종합해 보면, 국외의 앞선 논의에서는 L1학습자보다 상대적으로 빈번하게 나타나는 L2학습자의 글쓰기 윤리 위반 실태와 원인에 대해 많은 관심을 가져왔는데 실제로는 L2학습자와의 의도성과는 무관하게 글쓰기 윤리의 위반이 나타나는 일이 많았다. 이러한 상황적 특성은 L2학습자를 위한 글쓰기 윤리의 교수·학습에 적극적으로 반영되고 있다.

---

2) 또한 이 논의에서는 L2학습자는 그들의 모국어로 글쓰기를 하는 것이 아니기 때문에 겉으로 드러나지는 않지만 일정한 틀에 얽매여 있을 수밖에 없다고 하면서 L2학습자의 고충을 언급하고 있다. 가령, 충분한 글쓰기 계획을 세우기 어려우며 어휘가 제한적이고 수정의 과정을 충분히 거치지 않게 되고 목표어의 직관이 부족하다고 하였다.

3) ……they need to be (a) understood, (b) placed in suitable learning contexts, (c) provided with appropriate, and (d) evaluated fairly (Silva, 1997: 359).

L2 쓰기 발달과 글쓰기 윤리

미숙한 필자(unexperienced students)가 제2언어로 글을 쓰고자 노력하는 과정에서 글쓰기 윤리의 위반은 더욱 일어나기가 쉽다.[4] 또 이것은 앞서 밝힌 바와 같이 학습자의 의도와 무관하게 나타나는 일이 많다. 그렇다면 L2학습자의 쓰기 발달에 있어서 윤리 문제는 어떻게 접근해야 할까? 본 연구는 '글쓰기 윤리의 위반은 언어 발달 단계에서 자연스럽게 나타날 수 있는 현상'이라는 앞선 연구의 공통적인 이론을 따르고자 한다. 이것은 쓰기 발달에서 윤리의 문제를 긍정적인 관점에서 접근해야 함을 의미하는 것으로, 학문 목적 한국어 쓰기 교육에서 글쓰기 윤리에 대한 연구에 매우 유용하다고 본다.

광범위한 전략의 하나로서의 표절 문제

Pecorari(2003: 342)에 따르면, L2학습자가 학문을 함에 있어서 표절에 대한 문제가 발생하는 것은 자연스러운 현상이다. 그럼에도 불구하고 자료의 사용 방법이나 전략을 제대로 익히지 못한 상태로, 학습자들은 최종 평가 결과에서 '학문적 표준(academic standards)'을 알지 못했다는 위협을 받는 것은 문제가 아닐 수 없다. 그리고 L2학습자가 학습의 초기에, 어떤 것이 부적절한 전략인지를 인식하기 전 단계에서의 짜깁기는 '광범위한 전략(widespread strategy)'의 하나로 인정해야 한다고 강조하였다. 짜깁기가 완전

---

4) 그렇다고 해서 L2학습자의 글쓰기 윤리 위반 현상을 모두 글쓰기의 '미숙성'의 문제로 접근하는 것은 적절하지 않다고 본다. 글쓰기 윤리를 위반하게 되는 원인 가운데 '미숙성'을 빼놓을 수 없는 것은 사실이다. 그러나 쓰기가 능숙하지 못한 것이 모두 글쓰기 윤리를 위반하는 결과로 이어지지는 않기 때문이다.

한 잘못이나 오명이기보다는 중립적인 단계 혹은 중간단계로 인식되어야 한다는 것이다. 즉, 짜깁기는 의도된 표절과는 엄연히 다른 것으로서 학습의 단계를 거쳐 극복되어 간다는 것으로 해석할 수 있을 것이다.

긍정적인 배움의 과정으로서의 글쓰기 윤리 위반 문제

L2쓰기 발달 단계에서 글쓰기 윤리 위반을 자연스러운 현상으로 수용하는 학문적 분위기가 자리 잡은 데에는 Howard (1995)가 기여한 바가 크다. 그는 L2학습자에게 있어서 짜깁기 단계를 중요한 발달 단계(an essential development)의 하나로 보았다. 또 표절(Plagiarism)을 단순히 비윤리적인 행위가 아닌 긍정적인 배움의 과정(positive effect of the learning process)이라고 하였다. 왜냐하면 L2학습자가 불충분한 자신의 말로 내용을 옮기기보다 원문에 있는 것을 그대로 가져오는 것이 원문의 의도를 살리는 하나의 방편으로 생각할 가능성이 있기 때문이다.

이와 유사한 관점에서 Neville(2010: 34)에서도 L2학습자가 어느 정도 자신이 무엇에 대해 쓸 지(topic)를 알고 있을 때에 짜깁기(patchwork writing)가 가능하다[5]고 하면서 글쓰기 윤리 문제에 대한 긍정적 해석의 필요성을 언급하였다. 한편, Amsberry(2019: 36)

---

5) 물론 L2학습자의 짜깁기를 긍정적인 입장에서만 설명할 수는 없을 것이다. 가령, 국내 외국인 유학생의 최종보고서에서도 짜깁기의 흔적을 종종 접하게 되는데, 글의 전체 주제와 연관성이 떨어지는 내용이 다수 포함되어 있거나 앞뒤 문단 혹은 문장의 내용과 연계성이 전혀 없는 내용이 반영된 경우도 많다. 즉, 짜깁기는 보고서의 분량 채우기에 급급해 여기저기에서 가져온 내용을 그대로 붙여놓는 식의 부정적인 전략이 될 수도 있다. 그러나 본 연구는 쓰기 학습의 단계에서 나타나는 학습자의 의도하지 않은 짜깁기 현상에 대해서는 긍정적인 관점으로 보는 것에 동의한다.

는 L2학습자의 글에서 베끼기(copying)가 자주 나타나는 것은 표절에 대한 잘못된 개념 이해라기보다는 학문적 글쓰기에 대한 친숙도가 부족하기 때문일 것이라고 하였다. 이는 달리 말하면 쓰기 학습 단계를 거치면서 학문적 글쓰기에 친숙해질수록 L2학습자의 베끼기(copying)가 감소할 수 있음을 시사하는 것이다.

쓰기 발달의 관점에서 본 글쓰기 윤리

이상의 내용을 종합해 보면, L2학습자의 학습 과정에서 나타나는 글쓰기 윤리의 문제를 발달의 관점에서 설명한 대표적인 앞선 연구에서의 주된 내용은 다음과 같다.

> "an essential development(중요한 발달 단계)" (Howard, 1995)
> "an positive effect of the learning process(긍정적인 배움의 과정)" (Howard, 1995)
> "widespread strategy(광범위한 전략)" (Pecorari, 2003)

글쓰기 윤리 위반 현상이 쓰기 발달에 있어서 자연스럽게 나타날 수 있는 하나의 과도기적 과정이라면 학습의 단계에 따라 그 심각성의 정도가 다르게 적용되어야 한다고 본다.[6]

---

6) 이것은 앞서 살핀 표절의 특징 가운데 '광범위성'과도 일맥상통하는 부분이다. 표절이라는 단어가 의미하는 바가 매우 넓기 때문에 다양한 요에 따라 세분화할 때 그 개념이 더욱 명확해질 수 있다. 가령, 학습의 시점이 언제인가에 따라 그 심각성의 정도가 같을 수 없다.

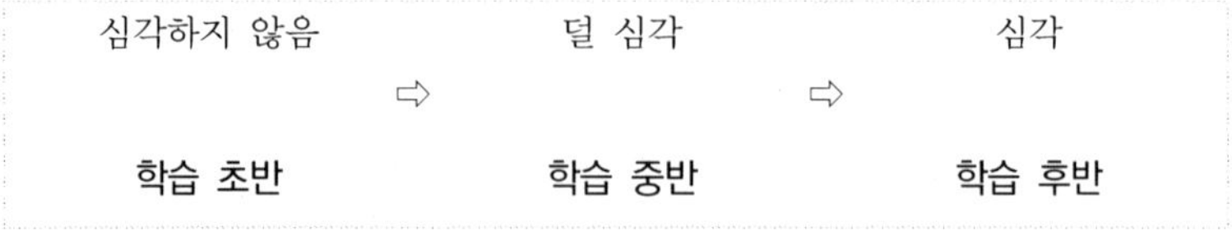

심각하지 않음	덜 심각	심각
⇨	⇨	
학습 초반	**학습 중반**	**학습 후반**

<그림 4> 학습의 시점에 따른 글쓰기 윤리 위반의 심각성

〈그림 4〉에서처럼 쓰기 학습의 초반에 적용되어야 할 '글쓰기 윤리'와 쓰기 학습의 마무리 단계에서 최종적으로 적용되어야 할 '글쓰기 윤리'의 기준은 동일할 수 없다. 다시 말하면 교수자로부터 글쓰기 윤리에 대한 이론적 지식과 그것을 준수하는 방법에 대한 어떤 훈련을 받지 않은 상태에 적용되어야 할 글쓰기 윤리는 이미 충분히 학습 단계를 거친 시점에서의 그것과 달라야 한다. 본 연구는 이러한 입장에서 학습자의 쓰기 자료를 분석하였다.

쓰기 발달과 L2학습자의 글쓰기 윤리

위와 같은 이론 및 원리를 적용하여 국내에서도 글쓰기 윤리를 쓰기 발달의 관점에서 다룬 L2연구가 눈에 띄기 시작했다. 그 성과는 아직 미미하지만 영어 교육 분야에서 L2학습자의 글쓰기 윤리 위반 현상을 긍정적인 발달의 과정으로 본 논의가 나타났으며 한국어 교육 분야에서도 그것을 받아들이려는 시도가 엿보인다.

먼저 국내 대학의 영어 학습자를 분석 대상으로 삼은 성화은(2011)에서는 인용과 환언하기 훈련이 표절 예방에 효과가 있음을 입증하였다. 인용과 환언하기 훈련의 사전과 사후에 시행한 글쓰기 결과를 분석, 비교하였고 설문을 병행하여 학습자의 반응을 알아보았다.

또한 박민혜·이호(2010)에서도 표절 방지 교육의 효과를 알아보기 위하여 사전, 사후에 학생들의 쓰기 시험을 두 차례 실시하였다. 표절 방지 교육이 표절의 양에 어떤 영향을 미치는지, 표절의 유형은 어떻게 달라지는지, 이에 대한 학생들의 반응은 어떠한지를 분석하였다.

두 연구의 거시적인 공통점은 훈련 및 교육을 통해 글쓰기 윤리 위반이 감소했음을 입증했다는 것이다. 주목할 만한 것은 최종 쓰기의 결과물로만 학습자의 글쓰기 윤리에 대한 판단을 하지 않고 쓰기 발달이라는 관점에서 학습자의 쓰기 자료를 다루었다는 점이다. 즉, 특정 단면이 아닌, 쓰기의 과정에서 L2학습자의 발달 양상을 입체적으로 살피고자 시도했다는 데에 의의가 있다. 그러나 사전과 사후 글쓰기 단계의 비교만으로 발달 양상 및 특징을 제대로 파악하는 데에는 한계가 있다고 본다. 이에 본 연구는 사전과 사후 단계뿐만 아니라 학습 단계에서의 쓰기 자료를 모두 아울러 분석함으로써 발달 양상을 더욱 촘촘하게 들여다보고자 시도하였다.

한국어 쓰기 발달과 글쓰기 윤리

한국어 쓰기 교육 분야에서 글쓰기 윤리를 발달 연구의 방법론을 적용하여 논의한 성과는 아직 찾아볼 수 없다. 뿐만 아니라 글쓰기 윤리에 대한 논의도 아직은 초기 단계라 할 수 있다. 최근의 논의로 이윤진(2012)에서는 외국인 유학생의 글쓰기 윤리의 문제에 있어서 교수 원리를 중점적으로 다루었다는 데에 의의가 있었지만[7] 실제 사례를 바탕으로 구체적인 방안 모색까지는 이

---

7) 이윤진(2012: 382~383)에 따르면 "교수자는 외국인 유학생이 학문 목적 글쓰기를 배워 나가는 단계에서 자연스럽게 나타나는 전략의 하나로, 정직성을 준수하지 못하는(못한 것처럼 보이는) 글이 나타날 가능성을 열어두되 글쓰기 단계별로 엄격함이나 관용의 정도에 차등을 두어야 한다"고 하였다.

르지 못했다는 아쉬움이 있었다. 아직 학문 목적 한국어 교육 분야에서 글쓰기 윤리와 관련한 연구는 미개척 영역이라 볼 수 있다. 외국인 유학생의 글쓰기 윤리 실태 및 현황, 글쓰기 윤리에 대한 인식, 쓰기 사례의 수집 및 유형화, 글쓰기 윤리 인식 제고를 위한 교수 방안 등의 연구 등을 비롯해서 영역별, 계열별, 학위과정별로 학습자 변인에 따른 연구도 진행되어야 한다.

이 가운데 본 연구는 쓰기 학습 단계에서 나타나는 실제 사례들을 분석을 기반으로 한 글쓰기 윤리 연구가 가장 시급하고 중대하다고 판단하였다. 외국인 유학생의 쓰기 학습 과정에서 나타나는 전략과 양상을 포착하는 일은 글쓰기 윤리 준수에 대한 그들의 인식과 능력을 가늠하는 데에 매우 유용하기 때문이다. 또한 쓰기 능력 발달 양상을 살피는 것은 학문 목적 한국어 학습자의 현재의 수준 파악뿐만 아니라 쓰기 단계에서 나타나는 다양한 현상들을 포착함으로써 다음 단계로 나아가기 위해 얻을 수 있는 시사점이 많다. 이와 더불어 학문 목적 한국어에서 글쓰기 윤리에 대한 개념을 정립할 수 있을 뿐만 아니라 향후 쓰기 교수요목 설계 및 평가, 쓰기 교재 개발을 위한 기초자료로 활용될 수 있다.

1. 학습자의 연령, 수준, 언어권 등에 따라 글쓰기 윤리에 대한 기준과 교육 방법이 차별화되어야 한다면, 그 까닭은 무엇이라고 생각합니까?

2. 한국인을 대상으로 하는 글쓰기 교육과 외국인 유학생을 대상으로 하는 글쓰기 교육의 접근 방식과 관점은 어떻게 달라야 한다고 생각합니까? 가령, 두 학습자 집단에서 원문을 베낀 동일한 현상이 나타났을 때 교육적 처치는 어떤 면에서 차별화되어야 합니까?

3. 학습 초반에서 후반에 이르기까지 각 학습 시점에 따라 글쓰기 윤리 위반을 대하는 태도나 해석이 달라야 한다면, 그 까닭은 무엇인지 예를 들어 설명해 보십시오.

추천논저

가은아(2011), 「쓰기 발달의 양상과 특성 연구」, 한국교원대학교 박사논문.
박민혜·이호(2010), 「영어 논술시험에서 표절방지교육의 효과와 표절유형
　　　에 대한 연구」, 『영어학』 제10권 4호, 한국영어학회, 759~985쪽.
진대연(2006), 「한국어 학습자의 쓰기 능력 발달에 대한 연구: 발달 특성
　　　및 수준 기술을 중심으로」, 서울대학교 박사논문.
Walker. J.(1998), "Student plagiarism in universities: What are we doing
　　　about it?", *Higher Education Research & Development* 17-1, pp.
　　　89~106.

제7장

자료 사용 양상 분석의 실제

✓ 자료 사용 양상을 분석하기 위하여 어떤 연구 절차를 따라야 하나?
✓ 자료 수집 및 분석 방법은 어떠한가?

본 장에서는 먼저 본 연구의 전반적인 분석 절차를 정리한 다음 자료 수집 및 분석의 방법을 구체적으로 기술하도록 하겠다.

연구 절차

이 글에서는 쓰기 윤리의 관점에서 본 외국인 유학생[1]의 자료

---

1) 학부의 외국인 유학생은 일반 목적 한국어 교육의 대상으로서 이미 고급 수준의 한국어 능력을 갖춘 상태로 대학에 진학한 집단이라는 특성이 있다. 그러나 학문 목적 한국어 교육의 대상으로 보았을 때는 대학에서의 성공적인 학업을 위해 가장 요구되는 할 것이 많은, 그리고 쓰기 학습이 절실한 집단이다. 또

사용 양상을 살피기 위하여 한 학기 동안의 쓰기 학습 과정에서 학습자가 산출한 자료를 주된 분석 대상으로 삼았다. 구체적인 분석 대상은 2011년도 2학기 Y대의 외국인 유학생 17명[2]의 쓰기 학습 단계별 자료이며, 이들을 포트폴리오 형식으로 수집하여 전반적인 발달 양상과 특징을 포착하고자 하였다. 그리고 학기 초와 학기 말에 이루어진 설문 조사, 학습자의 평소 쓰기 학습 과정을 관찰한 결과 등을 종합하여 학습자에 대한 이해의 폭을 넓히는 자료로 삼았다.

자료 수집의 단계는 쓰기 학습의 단계와 동일하다. 또한 본격적인 학습 과정의 이전과 이후에 '진단'과 '점검'의 기회를 포함하였다. 이를 반영한 순서는 다음과 같다. '사전 진단 쓰기(diagnostic writing) → 쓰기 학습 과정(자료 사용 학습 전-자료 사용 학습 중-자료 사용 학습 후) → 사후 점검 쓰기(post-diagnostic writing)'

이들은 학술적 글쓰기를 배우는 시작 단계에 놓임으로써 쓰기 윤리의 준수에 있어서 가장 어렵고 혼란스러운 경험을 많이 하게 되는 시기라고 판단된다. 이러한 이유로 이 글에서는 학부의 외국인 유학생을 연구 대상으로 삼았다.

2) 같은 시기에 모두 동일한 글쓰기 수업에 참여한 학습자들이 그 대상이다. 참고로, 해당 강좌는 대학 신입생을 위해 개설된 것이다. 그리고 학습자의 쓰기 자료(온라인, 오프라인)를 사용하기에 앞서 학습자들에게 연구 목적을 소개하고 '연구 자료 제공 동의서'를 작성하는 절차를 거쳤다. 동의서에는 '자료 제공자의 개인 정보는 공개되지 않을 것'과 '제공된 모든 자료는 연구 목적으로만 이용할 것'을 명시하였고, 정보 제공 여부를 선택할 수 있도록 하였다. 연구의 목적과 의의에 공감하고 기꺼이 자료 이용을 허락한 모든 학습자에게 이 자리를 빌려 감사의 마음을 전한다. 정보 제공에 동의한 학습자의 인적 정보는 다음과 같다.

구분	학습자 수	전체
국적	중국 5명, 대만 2명, 일본 3명, 말레이시아·파라과이·키르기스스탄·투르크메니스탄·우즈베키스탄·몽골·뉴질랜드 각각 1명	17명
한국어 능력	5급 9명, 6급 8명	
계열	공학계열 5명, 상경계열 3명, 사회과학계열 3명, 외국인글로벌학부 6명	

로 구분된다. 이러한 흐름에 따라 자료를 수집·분석하였고 각 단계별 사례를 유형화해 보았다. 그리고 학습 과정에 따라 달라지는 양상에 대한 종적 비교를 시도하였다. 또한 최종적인 분석 결과는 8~10장에서 본격적인 학습 과정에서의 전략과 양상을 중심으로 살피고, 11~12장에서는 쓰기 윤리의 관점에서 본 자료 사용 능력의 전반적인 발달 양상을 사전(diagnostic)-사후(post-diagnostic) 쓰기 결과 비교를 토대로 기술하였다.

이와 같이 전반적인 쓰기 학습 단계이자 자료 수집의 절차를 도식화하면 〈표 9〉와 같다. 또한 각 단계별로 '자료 사용 능력'의 구성 요인 중 연관되는 부분에 표시를 하였다.3)

---

3) 외국인 유학생을 위한 작문 수업에 대한 한 학기의 계획을 제시한 최은지 (2009: 244)를 살펴보면, 학기의 후반부인 10주차 2차시에 '자료 활용의 윤리와 인용, 각주, 참고문헌 요령'에 대한 내용을 반영하고 있다. 그러나 실제 쓰기 교육 현장에서 학습자의 수준과 요구를 감안할 때 '자료 사용과 윤리'와 관련된 방대한 내용을 한꺼번에 모두 다루기에는 한계가 있다. 이러한 한계를 보완하기 위해서는 한 학기 동안의 쓰기 학습 과정에서 '자료 사용'과 관련하여 먼저 자연스러운 노출이 이루어져야 하고 그 방법에 익숙해지도록 기회를 제공해야 하며 또 학습자가 스스로 연습하는 체계적인 단계를 거치도록 해야 할 것이다. 이에 본 연구에서는 이러한 흐름을 반영한 쓰기 학습 과정 및 자료 수집 절차를 설계하였다.

<표 9> 자료의 수집 및 분석 절차

| | 사전진단 | → 쓰기 학습 과정 | | | | | → | 사후점검 |
| | | 자료 사용 학습 전 | | 자료 사용 학습 중 | | | 자료 사용 학습 후 | |
		자료 목록 정리	자료 사용 사례의 구분	자료 사용의 적절성에 대한 이해 진단	자료 사용 교육	자료 사용의 적절성에 대한 이해 점검	자료 사용 연습	
자료 사용 인식	○	○	○	○			○	○
자료 출처 인식	○	○	○	○	○	○	○	○
자료 선별 능력	○	○	○	○				○
자료 표시 능력	○		○	○	○	○	○	○
자료 통합 능력	○		○	○	○	○	○	○

〈표 9〉의 자료 사용 양상 분석을 위한 자료 수집 절차를 간략하게 소개하면 다음과 같다.

사전 진단 쓰기 단계에서의 자료 사용

첫째, 자료 사용에 대한 학습자의 현재 능력을 사전 진단(diagnostic writing)하는 단계이다. 쓰기 자료 분석과 함께 간단한 자료 사용에 대한 간단한 설문을 병행하였다. 이것은 원문과 학습자가 쓴 글을 비교하여 분석한 Pecorari(2003)와, 수업 전후에 학습자의 글쓰기를 비교한 Hsu(2003)의 연구 방법을 본 연구에 맞게 적용한 것이다. 다만 Hsu(2003)에서는 쓰기 윤리를 학습하기 전과 후에 쓴 글쓰기의 결과를 비교하는 데에만 중점을 두었지만, 본 연구에서는 실제적인 학습 단계의 자료도 아울러 분석

했다는 점에서 차별화된다.

쓰기 학습 과정에서의 자료 사용

두 번째는 쓰기 학습 과정 자체에 중점을 두고 그 발달 양상을
살펴보는 단계이다. 거시적으로는 학술정보에 대한 자연스러운
노출, 자료 사용에 대한 본격적인 교육, 이를 활용한 총체적인
연습이라는 세 가지 흐름을 따른다.

언어 교육에서 일반적인 수업의 흐름은 '도입-제시-연습-활용'
의 순서이다. '도입'은 학습할 내용에 대한 자연스러운 노출과
동기 부여, '제시'는 목표 내용에 대한 본격적인 설명과 이해,
'연습'은 학습 내용에 대한 전반적인 훈련과 확인, '활용'은 배운
내용에 대한 실제에의 적용을 목표로 한다고 볼 수 있다. 이러한
흐름은 한 시간의 수업에서 뿐만 아니라 한 학기를 단위로 할
때도 적용된다. 본 연구에서는 학습 단계를 자료 사용의 '학습
전-학습 중-학습 후'로 지칭하였으나 실질적으로 이것은 '도입-제
시-연습'의 기능과 유사하다. 다만, '활용'에 해당하는 단계를 포함
하지 않은 이유는, 쓰기 윤리의 관점에서 자료 사용 양상을 분석할
때의 문제점을 고려했기 때문이다. 한 학기 동안의 쓰기 학습의
마지막 단계에서 '활용'은 학습자가 스스로 작성하는 '보고서'가
될 텐데, 그것은 통제된 교실 상황에서만이 아닌 자율 과제로
맡겨질 수밖에 없다. 그러나 학습자들이 완성한 최종보고서의
결과물이 온전히 스스로 작성한 것인가에 대한 검증을 할 방법은
없다. 때문에 본래 '쓰기 윤리 준수' 여부에 대한 판단이 모호해질
수밖에 없으며 본 연구의 취지와도 멀어지게 된다. 이에 본 연구는
대부분 통제된 상황에서의 학습자의 산출물을 분석 자료로 삼았고,
학습에 있어서 '도입-제시-연습', 즉 '학습 전-학습 중-학습 후'의
단계까지 한정하여 살펴보았다.

1 '**자료 사용 학습 전 단계**'에는 학술정보 이용 교육[4])을 바탕으로 참고 자료를 검색하고 그 목록을 정리하였다. 그리고 학술지에서 직접 인용 사례를 찾아봄으로써 자료 사용의 전범을 접할 수 있도록 하였다.

2 '**자료 사용 학습 중 단계**'는 본격적인 '자료 사용 교육'을 기준으로 '자료 사용 이전-자료 사용 교육-자료 사용 교육 이후'로 구분된다. 자료 사용 이전에는 자료 사용의 적절성에 대한 이해 정도를 알아보았는데 이때 Yeo(2007),[5]) Marshall & Garry (2005),[6]) Linneman(2010)[7])의 방법론이 많은 참조가 되었다. 그리고 자료

---

4) Mundava & Chaudhuri(2007)는 외국인 유학생이 자신의 모국에서는 한 번도 학술지를 접하지 않은 L2학습자가 많기 때문에 L2 환경에서 학술정보에 대한 가장 쉽고 간단한 접근 방법을 알려주는 것이 표절을 예방하는 하나의 방법이라고 제안하였다. 이에 본 연구에서는 자연스러운 노출 기회를 부여하기 위하여 자신의 관심을 바탕으로 자료를 검색해 보고 그것을 정리해 보도록 한 것이다. 한편, Amsberry(2009)는 도서관 사서가 유학생의 표절 예방을 위해 할 수 있는 역할에 대한 논의를 하였다. 외국인 유학생이 부적절한 자료를 사용하는 다양한 요인(문화적 차이, 언어적 요인, 교육적 요인)을 지적하면서 도서관의 학술 사서(academic libraries)를 통한 사전 교육, 지도, 참고문헌 서비스, 웹기반 가이드, 개별지도 등이 제공되어야 한다고 하였다. 또한 국내 외국인 유학생의 학술 정보 이용 교육에 대한 논의로 김태자·민지은·이상호(2008)를 참조할 수 있다.

5) 단순히 학습자에게 표절에 대하여 이해하고 있는가를 묻는다고 해도 실제로 아는 것과의 괴리가 있기 때문에 학습자의 인식을 제대로 파악하기 어렵다. 최근 Yeo(2007) 등에서는 표절에 대한 인식을 직접 묻는 것보다는 자료 사용의 실제 사례를 제시한 후 어떤 것이 표절인가, 또 표절의 정도는 어떠한지를 판단해 보게 함으로써 간접적으로 표절에 대한 인식을 조사하는 방법이 많이 활용되고 있다.

6) 상황을 제시함으로써 학습자 개개인이 가진 표절에 대한 인식을 알아보고 특정 사례의 표절 여부(Y/N)에 대한 판단을 하도록 한 연구이다.

7) 1학년 30명의 표절 경험 및 인식(설문), 6개의 구를 원래 문장과 똑같이 만든 다른 문장을 보고 그것이 표절인지 알아보라는 예를 보고도, 64%의 학생이 표절을 표절로 인식하지 못한 것으로 나타났다. 이것은 곧 짜깁기를 표절로 인식하지 못하는 근거가 되므로 학생들이 글을 쓸 때 짜깁기가 자주 일어나는 현상이 의도하지 않은 행위라는 증거라고 밝혔다.

사용 교육은 인용 및 출처 표시 방법에 관련된 내용을 중심으로 이루어졌다.[8] 그리고 자료 사용 교육 이후에는 전 단계에서 쓴 것과 동일한 자료를 제시함으로써 적절한 자료 사용에 대한 이해를 재확인하는 과정을 순환적으로 거쳤다. 이러한 학습의 과정에서 학습자 스스로 어떤 전략을 개발하고 어떤 발달 양상이 나타나는지 확인할 수 있었다.

③ '자료 사용 학습 후 단계'는 지금까지 자료 사용에 대해 학습한 것을 종합적으로 연습하는 단계로 주어진 자료를 기반으로 하여 짧은 글을 쓰도록 하였다. 자료 사용 학습 전 단계는 출처 표시 없는 단순 베끼기가 많았기 때문에 포착할 수 있는 전략과 양상이 없었다. 그러나 자료 사용 학습 후 단계에서는 출처를 밝히면서 내용을 통합하는 자료 사용에 대한 적극적인 시도들이 나타나면서 각 사례들을 '출처 표시'와 '내용 통합'을 기준으로 크게 구분할 수 있었다.

사후 점검 쓰기 단계에서의 자료 사용

세 번째는 사전 진단 쓰기 단계와 본격적인 학습 과정을 거쳐 지금까지의 발달의 정도를 최종적으로 확인할 수 있는 사후 점검 (post-diagnostic writing) 쓰기 단계이다. 방법은 사전 진단과 동일하게 진행되었다. 자료 사용에 대한 간략한 설문조사를 사전 진단과 사후 점검 단계에서 각각 시행하여 두 결과도 함께 비교하였다.

이와 같은 단계를 거쳐 본 연구의 8~10장에서는 학습 과정의 각 단계별 사례들을 분석함으로써 쓰기 발달에서 나타나는 다양한 양상들의 특징을 포착하고자 하였고, 11~12장에서는 사전 진단과

---

8) 연구윤리정보센터(http://www.cre.or.kr/)에 공개된 자료들을 활용하였다.

사후 점검의 결과를 비교함으로써 발달의 정도를 살펴보았다.

본 연구의 자료 수집 및 분석 절차는 다음과 같다. 7장의 〈표 9〉에서 제시한 바와 같이 자료 수집이 이루어진 '사전 진단 쓰기→쓰기 학습 과정→사후 점검 쓰기'의 순서로 기술하도록 하겠다.

사전 진단 쓰기에서 자료 사용의 실제

외국인 유학생의 자료 사용 양상에 대한 사전 진단과 사후 점검 쓰기를 통해 살펴보고자 하는 것은 학습자들의 자료 사용 능력의 정도이다. 자료 사용 능력이란 앞서 정의한 바와 같이 '학문 목적 한국어 학습자가 수많은 자료 가운데 가장 효율적인 방법으로 자신의 글에 자료를 찾아 적절하게 반영할 수 있는 능력'이다. 다음 〈표 6〉은 앞서 4장에서 제시한 것이며 본 연구의 쓰기 자료를 분석하는 틀이 되었다.

〈표 6〉 자료 사용 능력

구 분	설 명
자료 사용의 필요성 인식	필요한 자료를 적극적으로 활용할 필요성에 대한 인식
자료 출처 인식	자료의 내용만을 가져오는 것이 아니라 그것의 출처를 인식하는 것
자료 선별 능력	여러 자료 가운데 학술적 가치가 있는 것과 그렇지 않은 것을 구분하는 것
자료 출처 표시 능력	자료의 출처를 적절한 형식에 맞게 표시하는 것
자료 내용 통합 능력	자료에서 가져온 내용을 자신의 의견과 적절히 통합하는 것

본 진단을 실시하기 전에 다음의 몇 가지 유의사항을 알려 주었다.

(1) 실질적인 평가를 위한 목적이 아니므로 부담을 갖지 않고 작성할 것

(2) 주어진 읽기 자료를 활용하되 참고할 자료의 선정과 분량은 글쓴이가 스스로 판단할 것. 다만, 한 가지 이상의 자료를 참고하도록 할 것

(3) 필요한 경우 사전을 참고할 수 있음

자료로 제시한 읽기 자료는 글쓰기 자체의 부담감을 줄이고 출처 활용에 대한 능력 진단에 초점을 두기 위하여 학습자에게 매우 친숙한 주제(글쓰기의 중요성)를 선정하였다. 단, 출처는 '신문, 소논문, 인터넷 개인 블로거의 글, 글쓰기 수강생의 글'로 다양하게 제시하였으며 이 가운데 학습자가 어떤 기준으로 어떤 자료를 참고하는가를 살펴보기로 하였다. 또한 읽기 자료의 핵심 내용을 파악하는 데에 시간을 최소화하여 쓰기에 좀 더 주력할 수 있도록 각 자료의 중심 내용에 밑줄을 그어 제시하였다. 주어진 자료는 다음과 같다.

<표 10> 사전 진단 쓰기에서 제시된 자료 목록

	자료 유형	출처	내용
1	인터넷 개인 블로거의 글	http://arusecillin.blog.me/50106192597	글을 잘 쓰기 위해서는 책 읽기 중요
2	학술지	김정숙(2007), 「읽기·쓰기를 통합한 학술 보고서 쓰기 지도 방안」, 『이중언어학』 33호, 39~40쪽.	읽기와 쓰기를 통합한 학술 보고서 쓰기 지도 필요
3	글쓰기 수강생의 글	2009년도 2학기 글쓰기 수강생(한국인)의 글	자신의 생각을 논리적으로 전달하여 공감을 얻는다는 측면에서 글쓰기가 중요
4	신문	'글쓰기 교육 20년' 정희모 교수 인터뷰, 《한겨레신문》, 2008년 2월 18일자, M11면.	대학에서의 글쓰기 교육의 중요성

<읽기자료 1> 인터넷 포털 사이트
인터넷의 한 개인 블로그(http://arusecillin.blog.me/50106192597)

　원래 글 쓰는 재주가 없었는데, 요즘 예전보다 더 글을 못 쓰는 것 같다는 생각이 든다. 내 블로그의 글들을 쭉 읽어 보다 보니까 어쩐지 스스로 창피. 한창 만화나 애니를 볼 때 썼던 글을 보니 나름 재미있고 지금보다 조리있게 말을 만들었던 것 같은데 요즘은 어째서 이 모양의 글을 쓰고 있는지 모르겠다. **책을 안 읽어서 그런 것 같다.**
　글을 잘 쓰기 위해서는 쓰는 연습이 아니라 **책을 읽어야 한다.** 글쓰기는 읽기에 의해서 늘어나는 역량이다.

<읽기자료 2> 학술지
김정숙(2007), 「읽기·쓰기를 통합한 학술 보고서 쓰기 지도 방안」, 『이중언어학』 33호, 39~40쪽.

　읽기를 통해 텍스트의 특성에 대한 관찰과 모방, 창조적 생성으로 이어지는 통합 교육은 글쓰기 교육에 매우 효과적이다. 읽기와 쓰기, 듣기와 말하기의 통합은 사회구성주의적 관점에서의 언어 교육에서 강조된다. 사회구성주의에 따르면 말과 글은 화자나 필자 개인이 생성한 결과물이 아니라 담화 공동체 구성원들이 대화적 상호작용을 거쳐 산출해 낸 고도의 관습화된 사회적 약속이자 산물이다. 즉, 화자는 청자와, 필자는 독자와의 상호작용에 관심을 기울이면서 의미를 구성해 가는 것이다. 따라서 필자는 혼자 고립적으로 쓰기를 하는 것이 아니라 담화공동체의 한 구성원으로서 그가 속한 담화공동체의 이야기를 구성하는 방식과 그 속에서 형성된 관심과 합의, 그리고 규범의 제약을 받으면서 글을 쓰는 것이므로, 독자, 사회적 상황, 담화공동체는 글쓰기에 매우 중요한 영향을 미치는 요인이 된다.
　이러한 측면을 외국어로서의 한국어 보고서 쓰기에 적용해 볼 때 학습자들은 한국어 보고서 쓰기 방식을 따라 보고서를 작성해야 한다. 즉, 한국인들이 산출해 내는 보고서의 구조와 격식을 따라 문어다운 격식을 갖춘 글, 한국인들이 즐겨 사용하는 보고서의 전개 구조나 수사적 특성을 갖춘 글, 보고서에 즐겨 사용되는 형태나 표현법을 사용한 글을 쓸 수 있도록 해야 한다. **그런데 이러한 보고서를 쓰기 위해서는 읽기와의 연계를 통한 쓰기가 무엇보다도 중요하다. 특히 보고서는 일반적인 글과는** 글의 격식이나 형식에서 큰 차이를 가지기 때문에 보고서 읽기를 통한 관찰 학습이 무엇보다도 요구된다.

〈읽기자료 3〉 학생의 글
2009년도 2학기 글쓰기 수강생의 글

　사람들은 모두 다 기억하고 싶은 일들이 있다. 타인에게 하고 싶은 이야기가 있는데 그 순간에 말로는 잘 전달하지 못할 때도 있다. 많은 사람들이 이런 경우에 글쓰기를 한다. 따라서 **글쓰기는 자신의 생각을 논리적으로 정리하여 효율적으로 전달할 수 있다는 점 등에 있어서 의미가 있다.** 우리가 글쓰기를 해야 하는 이유도 이것 때문이다.

　좋은 글은 사람들에게 읽힘으로써 많은 공감과 비판을 불러올 수 있는 글이다. 나 혼자 쓰고 공감하는 글은 자기 만족은 있을지 몰라도 항상 좋은 글은 아니라고 본다. 예외로 일기가 있을 수 있지만, 정보를 전달하거나 다른 사람들을 설득하는 성격의 글은 다른 사람들과 공유할 때 좋은 글이 될 수 있다. 글을 읽고 공감하는 부분과 비판할 수 있는 부분을 찾아낼 수 있는 글이 타인과의 정서적 교류를 가져올 수 있고 이런 과정을 거치면서 글쓴이는 더 좋은 글을 쓸 수 있다고 생각한다. 구성적으로는 서론-본론-결론과 같이 짜임이 있는 글, 주제에 맞게 전개되는 글, 즉 군더더기가 없는 글, 의미 파악이 확실한 문장으로 구성된 글이 좋은 글이다.

　이러한 글을 쓰기 위해서는 글을 쓰기 전에 주제에 대한 배경 지식을 준비해야 한다. 또한 짜임에 맞게 쓸 내용을 정해 놓아야 한다. 무엇보다도 중요한 것은 글을 완성하겠다는 본인의 '의지'이다. **아무리 글을 잘 써도 완성에 대한 나의 의지가 없으면 글은 완성될 수가 없다.**

〈읽기자료4〉 신문
'글쓰기 교육 20년' 정희모 교수 인터뷰, 《한겨레신문》, 2008년 2월 18일자, M11면.

　정희모(49) 교수는 1990년부터 연세대에서 대학생들을 상대로 글쓰기 교육을 해왔다. 대학들이 기초 과목으로 글쓰기 강좌를 본격 개설한 것이 불과 몇 년 전이라는 점에 비춰볼 때 20년 가까운 시간 동안 글쓰기 교육을 해온 그는 이 분야의 선구자인 셈이다. **"글쓰기는 읽기, 사고력을 전제로 하기 때문에 사고력을 형성하고 지식을 구성하는 데 핵심적인 구실을 한다"**는 게 글쓰기에 대한 그의 철학이다. 그래서 그는 **"글쓰기는 모든 학문의 기초를 이룬다"고 주장한다.** 지난 14일 오전 연구실에서 이뤄진 인터뷰에서 그는 "수능점수제 전환으로 인해 논술고사를 폐지하는 것은 바람직하지 않다"고 말했다. 논술시험이 초·중·고 교육의 긍정적인 변화를 이끌어왔던 측면을 간과해서는 안 된다는 것이다.
(…중략…)
― 글쓰기에 대한 대학생들의 인식은 얼마나 바뀌었나?

= 사실 '교양국어' 시절에는 학생들의 불만이 많았다. 배울 필요가 없는 것을 억지로 배운다는 인식이 있었다. 그러나 지금의 글쓰기 교육에 대해서는 다르다. 3, 4학년들은 과목을 개설해 달라는 요구도 한다. 공사나 기업체, 언론사, 법학전문 대학원 등으로 진출하려면 글쓰기를 필수적으로 배워야 하기 때문이다. 글을 못 쓰는 학생들의 경우에는 고민이 많다. 상담을 해보면 글을 쓰는 능력이 앞으로의 자기 인생에서 필수능력이라는 점을 깨닫고 있다. 대학에서 이뤄지는 시험이 대부분 글쓰기이기 때문에 글쓰기 능력이 좋으면 전체적인 학업 성적도 좋다고 봐야 한다.

(…중략…)

— 글쓰기를 잘하려면 가장 중요하게 기억할 일은 무엇인가?
= 우선 책을 많이 읽어야 한다. 책을 읽되 기록으로 남기는 습관을 길러줘야 한다. 독서일지 같은 것도 권장할 만하다. 부모와 아이가 함께 책을 읽은 뒤에 가벼운 토론을 해보는 것도 좋다. 또 글은 쓰면 쓸수록 늘기 때문에 어떤 형태로든 많이 써보는 게 중요하다. 쓴 뒤에는 공개해서 다른 사람의 평가를 많이 받아보는 것도 유용하다.

글·사진 김창석 기자 kimcs@hani.co.kr

■ 주어진 읽기 자료를 참고하여 '대학생에게 글쓰기가 중요한 이유는 무엇인가? 좋은 글을 쓰기 위한 방법은 무엇인가?'에 대한 자신의 생각을 쓰십시오.

다음은 사전 진단 단계에서 학습자가 쓴 글 가운데 하나이다. 참고한 자료의 내용이 얼마나 반영되었는지는 원문과 대조해 보기 전에는 알 수 없다. 자료를 가져온 흔적이 전혀 없기 때문에 글 전체가 학습자가 쓴 내용으로 보인다.

이에 다음과 같은 방법으로 학습자의 글을 분석하였다. 학습자가 쓴 글에 중에서 자료의 내용이 반영된 부분을 찾아 왼쪽에 옮겨 왔다. 그리고 학습자가 쓴 글과 원문에서 일치하는 부분에 양쪽 모두 '진하게' 표시하였고, 내용은 유사하나 표현이 다소 달라진 부분에는 '밑줄'로 그어 구분하였다. 원문의 왼쪽에 있는 각 괄호([ ])에는 참고한 자료의 출처를 표시하였다.[9] 가령, [학생]은 읽기 자료 가운데 '학생의 글'을 반영했음을 나타낸다. [±출

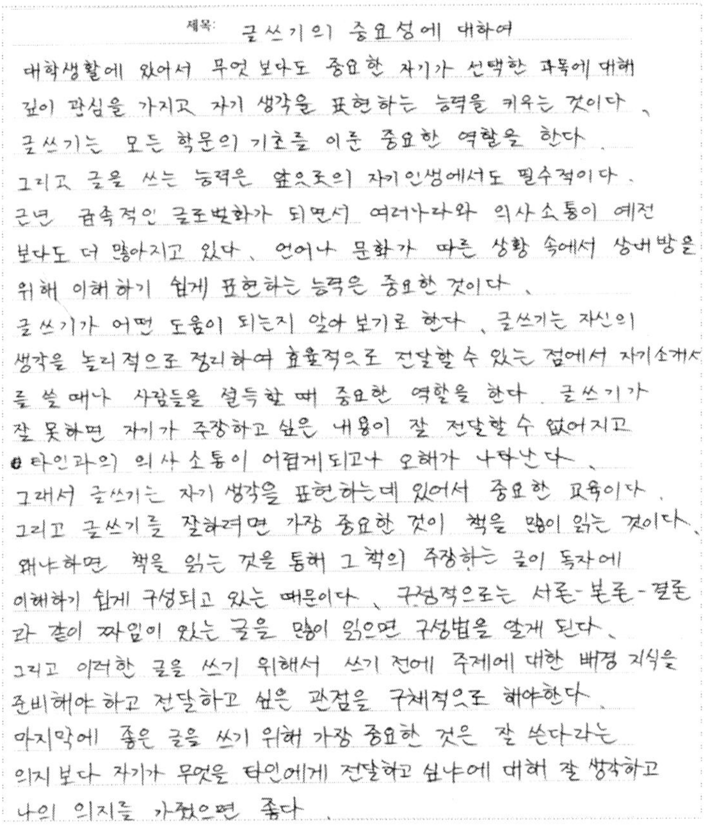

제목: 글쓰기의 중요성에 대하여

대학생활에 있어서 무엇 보다도 중요한 자기가 선택한 과목에 대해
깊이 관심을 가지고 자기 생각을 표현하는 능력을 키우는 것이다.
글쓰기는 모든 학문의 기초를 이룬 중요한 역할을 한다.
그리고 글을 쓰는 능력은 앞으로의 자기 인생에서도 필수적이다.
근년 급속적인 글로벌화가 되면서 여러나라와 의사 소통이 예전
보다도 더 많아지고 있다. 언어나 문화가 다른 상황 속에서 상대방을
위해 이해하기 쉽게 표현하는 능력은 중요한 것이다.
글쓰기가 어떤 도움이 되는지 알아 보기로 한다. 글쓰기는 자신의
생각을 논리적으로 정리하여 효율적으로 전달할 수 있는 점에서 자기소개서
를 쓸 때나 사람들을 설득할 때 중요한 역할을 한다. 글쓰기가
잘 못하면 자기가 주장하고 싶은 내용이 잘 전달할 수 없어지고
타인과의 의사 소통이 어렵게되고나 오해가 나타난다.
그래서 글쓰기는 자기 생각을 표현하는데 있어서 중요한 교육이다.
그리고 글쓰기를 잘하려면 가장 중요한 것이 책을 많이 읽는 것이다.
왜냐하면 책을 읽는 것을 통해 그 책의 주장하는 글이 독자에
이해하기 쉽게 구성되고 있는 때문이다. 구성적으로는 서론-본론-결론
과 같이 짜임이 있는 글을 많이 읽으면 구성법을 알게 된다.
그리고 이러한 글을 쓰기 위해서 쓰기 전에 주제에 대한 배경 지식을
준비해야 하고 전달하고 싶은 관점을 구체적으로 해야한다.
마지막에 좋은 글을 쓰기 위해 가장 중요한 것은 잘 쓴다라는
의지 보다 자기가 무엇을 타인에게 전달하고 싶냐에 대해 잘 생각하고
나의 의지를 가졌으면 좋다.

<그림 5> 사전 진단 쓰기의 사례

처]는 사용한 자료의 출처 제시 여부를 의미하는 것이다.[10] 또

---

9) 참고한 읽기 자료는 다음과 같이 표시하였다.
　 읽기자료 1 신문 → [신문], 읽기자료 2 인터넷 포털사이트 → [포털]
　 읽기자료 3 소논문 → [논문], 읽기자료 4 학생 글 → [학생]

10) 참고로, 영어 학습자를 대상으로 한 논의(Campbell, 1990; Keck, 2006; Shi,
　 2004; 성화은, 2011)를 참조해 보면, 출처 표시 여부가 표절 판정의 첫 번째
　 기준이 되고 있음을 확인할 수 있다. 원문을 참조하여 쓴 학습자의 글을 분석
　 할 때 출처 표기를 한 것은 Reference의 첫 글자인 'R'로, 출처 표기가 없는
　 것은 'NR'로 표시하여 표절 유형을 분석하고 있다.

원문과 학생 글에 붙인 '원 괄호'는 반영한 자료의 수를 보이는 것이며 번호가 같은 것은 그것을 베꼈거나 유사하게 쓴 것임을 나타낸다. 이와 같은 분석 과정을 통해 학습자마다의 자료 사용의 성향을 대략 파악할 수 있었다.

<표 11> 사전 진단 쓰기 분석 사례

원문	학생 글(S12)[11]
① [-출처][신문] 그래서 그는 "**글쓰기는 모든 학문의 기초를 이룬다**"고 주장한다. ② [-출처][신문] 상담을 해보면 **글을 쓰는 능력이 앞으로의 자기 인생에서 필수능력**이라는 점을 깨닫고 있다. ③ [-출처][학생] 따라서 **글쓰기는 자신의 생각을 논리적으로 정리하여 효율적으로 전달할 수 있다는 점** 등에 있어서 의미가 있다. ④ [-출처][포털] 글을 잘 쓰기 위해서는 쓰는 연습이 아니라 **책을 읽어야 한다.** 글쓰기는 읽기에 의해서 늘어나는 역량이다. ⑤ [-출처][학생] **구성적으로는 서론-본론-결론과 같이 짜임이 있는 글**, 주제에 맞게 전개되는 글, 즉 군더더기가 없는 글, 의미 파악이 확실한 문장으로 구성된 글이 좋은 글이다. ⑥ [-출처][학생] **이러한 글을 쓰기 위해서는 글을 쓰기 전에 주제에 대한 배경 지식을 준비해야** 한다. ⑦ [-출처][학생] <u>무엇보다도 **중요한 것은 글**을 완성하겠다는 본인의 '**의지**'</u>이다. 아무리 글을 잘 써도 완성에 대한 나의 의지가 없으면 글은 완성될 수가 없다.	**글쓰기의 중요성에 대하여** 대학생활에 있어서 무엇보다도 중요한 자기가 선택한 과목에 대해 깊이 관심을 가지고 자기 생각을 표현하는 능력을 키우는 것이다. ① **글쓰기는 모든 학문의 기초를 이룬** 중요한 역할을 한다. 그리고 ② **글을 쓰는 능력은** 앞으로의 **자기 인생에서도 필수적**이다. 근년 급속적인 글로벌화가 되면서 여러나라와 의사소통이 예전보다도 더 많아지고 있다. 언어나 문화가 따른 상황 속에서 상대방을 위해 이해하기 쉽게 표현하는 능력은 중요한 것이다. 글쓰기가 어떤 도움이 되는지 알아보기로 한다. ③ **글쓰기는 자신의 생각을 놀리적으로 정리하여 효율적으로 전달할 수 있는 점**에서 자기소개서를 쓸 때나 사람들을 설득할 때 중요한 역할을 한다. 글쓰기가 잘 못하면 자기가 주장하고 싶은 내용이 잘 전달할 수 없어지고 타인과의 의사소통이 어게되고나 오해가 나타난다. 그래서 글쓰기는 자기 생각을 표현하는데 있어서 중요한 교육이다. ④ 그리고 **글쓰기를 잘하려면** 가장 중요한 것이 **책을 많이 읽는 것**이다. 왜냐하면 책을 읽는 것을 통해 그 책의 주장하는 글이 독자에 이해하기 쉽게 구성되고 있는 때문이다. ⑤ **구정적으로는 서론-본론-결론과 같이 짜임이 있는 글**을 많이 읽으면 구성법을 알게 된다. 그리고 ⑥ **이러한 글을 쓰기 위해서 쓰기 전에 주제에 대한 배경 지식을 준비해야** 하고 전달하고 싶은 관점을 구채적으로 해야한다. ⑦ 마지막에 좋은 글을 쓰기 위해 가장 **중요한 것**은 잘 쓴다라는 **의지**보다 자기가 무엇을 타인에게 전달하고 싶냐에 대해 잘 생각하고 <u>나의 의지</u>를 가졌으면 좋다.

위의 사례 분석에서 알 수 있는 결과는 다음과 같다.

1 **자료 사용에 대한 필요성 인식**: 학습자의 글 속에는 원문에서 그대로 가져온 부분이 적지 않은 것(7군데)으로 보아 이 학습자는 글을 쓸 때 자료를 적극적으로 사용하는 성향이 있다. 그러나 주어진 자료를 자신의 말로 표현하기보다는 거의 그대로 가져오는 경향이 많다.

2 **자료의 출처 인식**: 주어진 자료를 적극적으로 활용한 반면, 그것의 출처를 전혀 남기지 않았으므로 자료 출처에 대한 인식이 부족함을 알 수 있다.

3 **자료의 선별 능력**: 여러 자료 가운데 학생이 쓴 글을 가장 고빈도로 활용하였다. 이것은 어떤 자료가 학술적 자료로서의 가치를 지니는지를 인식하지 않고 있음을 보여 준다.

4 **자료의 출처 표시 능력**: 출처를 전혀 남기지 않았으므로 출처 표시 능력이 드러나지 않는다.

5 **자료의 내용 통합 능력**: 원문에서 가져온 내용을 자신의 말로 바꾸기보다는 거의 그대로 가져와 자신의 쓴 문장 속에 반영하는

---

11) 이하, 분석 사례를 제시할 때는 학습자별 고유 번호로 표시하도록 하겠다.

번호	계열	국적	번호	계열	국적
S1	상경계열	몽골	S11	외국인글로벌학부	일본
S2	외국인글로벌학부	대만	S12	외국인글로벌학부	일본
S3	사회과학계열	재외국민	S13	경영계열	우즈베키스탄
S4	공학계열	중국	S14	외국인글로벌학부	중국
S5	사회과학계열	일본	S15	공학계열	투르크메니스탄
S6	공학계열	중국	S16	공학계열	말레이시아
S7	공학계열	파라과이	S17	외국인글로벌학부	중국
S8	사회과학계열	중국			
S9	외국인글로벌학부	재외국민			
S10	상경계열	카자흐스탄			

것으로 볼 때 바람직한 내용 통합 능력을 지니고 있다고 보기 어렵다.

전반적으로 해당 학습자의 자료 사용 능력은 낮다고 볼 수 있으며 산출된 결과만 본다면 쓰기 윤리를 위반한 사례가 된다. 그러나 통제된 상황하에서 쓴 글의 결과가 위와 같다는 것은 쓰기 윤리의 위반은 학습자의 고의성과 무관하게 나타났다는 점이다. 이러한 결과는 외국인 유학생의 쓰기 윤리 위반 현상을 어떤 관점에서 바라보아야 하는가, 이것은 교육적으로 어떤 함의를 갖는가에 대한 물음을 던지게 한다.

쓰기 학습 과정에서 자료 사용의 실제

자료 사용에 대한 학습 이전 단계

1) 자료 목록 정리

쓰기 학습 과정의 첫 번째 단계는 자료 사용에 대한 자연스러운 노출을 목표로 한다. 학술정보 이용 교육[12]후 배운 것을 토대

---

12) 학술적 글쓰기는 선행 연구를 바탕으로 이루어진다. 따라서 선행 연구에 대한 검색, 선정, 이해, 분석 능력이 필수적으로 요구되는데 이는 단기간에 길러지기보다는 지속적인 연습과 훈련이 필요하다고 할 수 있다. 특히 대학 신입생의 경우 학술 DB에 대한 중요성 및 활용 가치에 인식이 아직 정립되지 않은 시기인데다가 소속 도서관에서 제공하는 다양한 양질의 서비스에 대한 접근 경험이 매우 부족한 편이다. 학문 목적 한국어 학습자도 예외가 아니어서 학술 DB가 무엇인지 알지 못하는 경우가 대다수이다. 따라서 글쓰기 수업 내용의 일환으로 학술자료 이용 교육을 실시하는 것이 매우 바람직하며, 학습자들이 이를

로 학습자가 자신의 전공이나 관심 분야13)의 참고 자료를 직접 검색하도록 하였다. 그리고 스스로 찾은 자료의 목록을 형식에 맞게 정리해 보도록 하였다.

참고로, 학술정보 이용을 통해 학습자가 배운 주요 내용은 다음과 같다.14)

첫째, 학술자료의 가치에 대한 소개이다. 학술적 글쓰기에서 객관성을 확보하거나 자신의 주장의 근거를 찾을 때 공신력 있는 자료에 기대어야 함을 알려 주었다.

둘째, 학술자료의 유형에 관한 것이다. 단행본(일반도서), 참고 도서(사전류, 지도, 백과사전), 학위논문(석사논문, 박사논문), 연속간행물(신문, 시사저널, 학술저널) 등이 있음을 소개하였다.

셋째, 학술자료의 검색 방법에 대한 것으로 주요 데이터베이스에 대한 정보를 학습하였다. 국회도서관(학위논문을 포함한 각종 논문 및 도서 검색), DBPIA, KISS(논문 및 소논문 검색), KINDS(여러 언론사들의 뉴스 및 기사 검색)를 통해 자신에게 필요한 자료를 검색할 수 있다.

바탕으로 각자 충분한 연습과 훈련을 반복함으로써 학술정보에 친숙해지도록 독려해야 한다.

13) 학술정보 이용 교육을 실시하기 전에, 수업의 효율성을 높이기 위하여 학습자로 하여금 자신의 관심 혹은 전공 분야와 관련된 키워드 및 학자명을 미리 준비해 오도록 하였다.

14) 참고로, Y대의 경우 글쓰기 수강생을 대상으로 한 학기에 한 번 도서관의 전문 사서로부터 학술정보 이용 교육을 실시하고 있다. 그러나 일회성의 수업만으로는 학술정보에 대한 교육이 충분하지 않으며 쓰기 수업을 통해 지속적으로 학습과 연습이 되도록 하고 있다.

2) 자료 사용 사례 구분

학습 초반 단계의 두 번째는 자료 사용 사례를 찾아보는 것이다. 앞서 실시한 '자료 목록 정리'와 '자료 사용 사례 구분'은 모두 자료 사용 학습에 대한 도입 단계에 해당한다. 먼저 학습자가 학술지에서 직접 찾아 온 인용 사례들을 가지고 조별 토론을 하는 것으로 시작하였다. 사례의 적절성 여부와 더불어 인용에는 어떤 방식들이 있는지, 어떤 표지를 통해 인용임을 알 수 있었는지를 정리해 보도록 하고, 궁금한 점에 표시를 해 두도록 하였다.

그리고 학술 DB에서 스스로 검색한 학술지에서 자료가 사용된 사례, 특히 인용 사례를 중심으로 찾아보도록 하였다.[15] 이와 관련하여 학습자에게 부여된 개별 과제는 다음과 같다.

- 학술지에서 자료가 사용된 다양한 사례를 찾아볼 것.
주어진 2 편의 소논문과 각자 자유롭게 선정한 논문을 검토할 것

  ① 강승혜(1999), 「외국어 교수법 이론의 비판적 검토」, 『연세 교육연구』
    12-1, 131~153쪽.
  ② 강현화(2004), 「한국어 회화 교재에 나타난 어휘 분석」, 『비교문화연구』
    8, 131~156쪽.
  ③ 자유롭게 선택

---

15) 인용의 형식을 이해하고 익숙해지기 위해서는 좋은 사례를 많이 접해야 하는데 이는 교수자가 일방적으로 제시하는 사례보다 학습자가 스스로 관찰하여 발견한 사례가 실제성이나 학습 효과가 더 높다. 뿐만 아니라 사례만을 단편적으로 접하지 않고 학술지의 전체 틀 안에서 관찰하게 됨으로써 다양한 인용의 형식과 내용, 상황에도 자연스럽게 익숙해질 수 있다는 장점이 있다. 즉, 실제성이 보장된 인용 사례를 직접 접하는 경험은 스스로 자신의 글에서 인용을 하게 될 때의 능력으로 전이될 가능성이 높다. 이와 같이 인용 능력의 자연스러운 신장은 곧 쓰기 윤리의 준수 가능성을 높일 수 있다.

모든 학습자에게 동일한 소논문(2편)을 제시한 의도는 학술지 선정에 드는 시간을 단축하여 수업의 효율성을 높이기 위한 것도 있지만, 각자 발견한 인용 사례를 다른 동료들이 찾은 것과 비교하면서 토론할 수 있도록 하기 위해서이다. 이를 통해 자신이 발견한 것이 적절한 사례인지, 해당 사례가 인용이라는 것을 어떻게 알아차리게 되었는지 등에 대해 이야기를 나눔으로써 자연스럽게 인용 전략을 개발할 수 있다.

또한 지정 소논문 이외에 자유롭게 소논문 1편씩을 선정하도록 한 까닭은 전공별, 계열별로 학술지의 형식이 다소 다를 수 있다는 점과 각자의 관심 분야에 맞는 소논문을 접해 봄으로써 학술적 글쓰기에 대한 흥미를 갖게 하고자 함이었다. 이를 통해 앞으로 학업의 과정에서 자주 접하게 될 학술지에 대해 학습자들이 거부감을 갖지 않고 친숙해지기를 바라는 의도가 반영된 것이다.

자료 사용에 대한 학습 단계

학습 중반 단계는 본격적인 '자료 사용 교육'을 기준으로 '자료 사용 이전-자료 사용 교육-자료 사용 교육 이후'로 구분된다.

1) 자료 사용의 적절성 이해 진단 자료

자료 사용의 적절성 이해 진단 자료는 2번 활용된다. 자료 사용 이전에 진단의 목적으로 먼저 쓰이고, 자료 사용 교육 후에 스스로 점검하는 과정을 거쳐 변화된 양상을 살펴보기 위하여 다시 활용되었다.

자료 사용의 적절성 이해 자료는 크게 '선택형 문항'과 '자료 기반 짧은 문장 쓰기 문항' 두 가지 형식으로 구분되며 다음과 같다.

첫째, 선택형 문항은 학습자가 자료를 기반으로 하여 한 글쓰기 사례 중에서 자료 사용이 적절한 사례를 선택하게 하는 문항이다. 이것은 Hsu(2003), Marshall & Garry(2005), Yeo(2007), Linneman(2010) 등 많은 논의에서 활용되고 있는 방법으로써, 만약 학습자가 적절하지 않은 사례를 옳은 것으로 판단한다면 결국 쓰기 윤리에 어긋나지 않는 자료의 사용 방법을 잘 이해하지 못하는 것으로 볼 수 있다. 또한 해당 학습자는 학술적 글쓰기에서 의도하지 않게 쓰기 윤리를 위반할 가능성이 그렇지 않은 학습자보다 높을 것이라는 예측이 가능하다는 측면에서 간단하면서도 유용한 분석 유형이다.

본 연구에서는 이와 같은 방법에서 한 단계 더 나아가, 단순히 적절한 사례 선택에 그치지 않고 그것을 선정한 이유에 대하여 써 보도록 하였다. 맞는 사례를 선택했다고 할지라도 그 이유를 정확히 알지 못한다면 자료 사용 방법을 잘 이해하지 못한 것일 수 있기 때문이다.

두 번째는 주어진 원문을 참조하여 자신의 의견이 담긴 짧은 문장을 쓰는 유형이다. 본 연구에서는 이를 '자료 기반 짧은 문장 쓰기 문항'이라 부른다. 만약 선택형 문항에서 모두 옳은 사례를 선택했다고 할지라도, 짧은 문장 쓰기에서 스스로 자료를 활용하는 데에 어려움을 느끼거나 방법을 모른다면 이 역시도 진정한 의미에서 적절한 자료 활용법을 안다고 보기 어렵다.

분석을 위한 틀의 전체 구성은 다음과 같으며 외국인을 위한 한국 문화 교육이라는 친숙한 내용에 대한 자료를 택하였다. 1~3번은 선택형 문항이며 4번은 짧은 문장 쓰기 유형이다.

〈읽기 자료〉

김하수(2008), 『문제로서의 언어』, 커뮤니케이션북스, 241쪽.

　　<u>문화는 행위이다.</u> 무슨 음식도 아니고 의복도 아니다. 집 모양도 아니고 무대
공연물도 더 더욱 아니다. 이 사람들은 왜 이와 같은 음식을 만드는 '행위'를
하며, 왜 이 음식을 먹으면 즐거워하고, 딴 음식은 별로 즐기지 않는가 하는
'행위'의 문제이다. 예를 들어 한국인과 막걸리라는 문제의식은 지나치게 형태
적인 것이다. 그리고 이미 지나간 일들이다. 한 장의 흑백 사진과 같다. 한국어를
배우면서 한국인에 대해서 생각하게 하는 것은 왜 한국인들은 술을 자주 섞어
마시는가? 왜 한국인은 직장 단위로 술을 자주 마시는가? 왜 한국인은 한 번에
여러 차례 술을 마시려고 하는가? 결국 <u>한국인은 술을 마시면서 무엇을 성취하
려고 하며, 과연 그것을 성취하는가? 하는 문제들이며, 이것이 문화 교육의 중심
주제가 되어야 한다는 것이다.</u>
　　결혼하는 모습도 그 외면 요소에서 문화를 찾아 보았자 그리 큰 의미가 있어
보이지 않는다. <u>왜 한국인은 꼭 (일단) 결혼을 하려고 하는지, 왜 굳이 예식장을
찾는지, 왜 굳이 호텔인지, 왜 축의금을 받는지, 왜 초청장 없이도 하례객들이
오는지, 왜 굳이 서양식 웨딩드레스인지, 신혼여행은 과연 무슨 의미인지 등이
먼저 논의되고, 그 다음에 그 현상들에 대한 개별적 설명에 들어갈 필요가 있다.
그것이 한국어 학습자들이 '외국어로서의 한국어'를 배우면서 한국 문화에 대해
이해해야 할 것들이다.</u>

* 다음은 주어진 읽기 자료를 참고하여 쓴 학생의 글이다. A와 B 가운데 더 적절한 것은?
  그 이유는? 적절하지 않은 부분을 바르게 고치면?

	A	B
1.	문화는 행위이다. 따라서 외국어로서의 한국어 교육에서 문화를 가르칠 때 중심 주제가 되어야 하는 것은 한국인이 어떤 '행위'를 하며 왜 그 행위를 통해 무엇을 성취하려고 하는가이다.	본고는 '문화는 곧 행위'라고 한 김하수(2008)의 의견에 전적으로 동의한다. 또한 외국어로서의 한국어 교육에서 문화를 가르칠 때, 한국인이 어떤 '행위'를 하며 왜 그 행위를 통해 무엇을 성취하려고 하는가를 중심으로 해야 한다는 그의 주장이 매우 타당하다고 본다.
2.	우리는 문화의 외면 요소보다도 각 현상들의 개별적 의미가 무엇인가에	김하수(2008: 241)에서는 문화의 외면 요소보다도 "현상들에 대한 개별

관심을 가질 필요가 있다. 또한 외국어로서의 한국어 학습자가 한국 문화에 대해 이해해야 할 것들도 바로 이것이다.	적 설명"의 중요성을 강조하면서 그것이 한국어 학습자들이 '외국어로서의 한국어'를 배우면서 한국 문화에 대해 이해해야 할 것들이라고 하였다.

3.

A	B
외국인에게 현대 한국인의 결혼 풍습에 대하여 가르칠 때 단순히 결혼하는 모습만 보여주는 것은 의미가 없다. "왜 한국인은 꼭 결혼을 하려고 하는지, 왜 군이 예식장을 찾는지, 왜 군이 호텔인지, 왜 축의금을 받는지, 왜 초청장 없이도 하례객들이 오는지, 왜 군이 서양식 웨딩드레스인지, 신혼여행은 과연 무슨 의미인지 등이 먼저 논의되고, 그 다음에 그 현상들에 대한 개별적 설명을 해 주어야 한다."[1] 이러한 과정을 통해 비로소 한국인의 결혼 풍습, 나아가서는 한국 문화의 본모습을 이해할 수 있기 때문이다.	외국인에게 현대 한국인의 결혼 풍습에 대하여 가르칠 때 단순히 결혼하는 모습만 보여주는 것은 의미가 없다. 왜 한국인은 꼭 결혼을 하려고 하는지, 왜 군이 예식장을 찾는지, 왜 군이 호텔인지, 왜 축의금을 받는지, 왜 초청장 없이도 하례객들이 오는지, 왜 군이 서양식 웨딩드레스인지, 신혼여행은 과연 무슨 의미인지 등이 먼저 논의되고, 그 다음에 그 현상들에 대한 개별적 설명을 해 주어야 한다. 이러한 과정을 통해 비로소 한국인의 결혼 풍습, 나아가서는 한국 문화의 본모습을 이해할 수 있기 때문이다.

[1] 김하수(2008), 『문제로서의 언어』, 커뮤니케이션북스, 241쪽.

4. 읽기 자료를 참고하여 '외국인을 위한 문화 교육'에 대한 자신의 의견을 간단히 써 보세요.[16]

위에서 알 수 있듯이 선택형(1~3번) 문항은 학습자가 자료에서 내용을 가져와 자신의 글에 반영하면서 출처를 밝힌 사례와 그렇지 않은 사례를 보기로 제시하였다. 각 문항에서 자료를 적절하게 활용한 사례는 1번(B), 2번(B), 3번(A)이다. 다음과 같이 원문의 출처를 명확하게 밝히면서 자신의 글에 통합하였기 때문이다(밑줄 참조).

---

16) 이 때 주어진 자료를 반드시 참조하여 쓰도록 하였다.

<table>
<tr><td>1.</td><td>B</td><td>본고는 '문화는 곧 행위'라고 한 김하수(2008)의 의견에 전적으로 동의한다. 또한 외국어로서의 한국어 교육에서 문화를 가르칠 때, 한국인이 어떤 '행위'를 하며 왜 그 행위를 통해 무엇을 성취하려고 하는가를 중심으로 해야 한다는 그의 주장이 매우 타당하다고 본다.</td></tr>
<tr><td>2.</td><td>B</td><td>김하수(2008: 241)에서는 문화의 외면 요소보다도 "현상들에 대한 개별적 설명"의 중요성을 강조하면서 그것이 한국어 학습자들이 '외국어로서의 한국어'를 배우면서 한국 문화에 대해 이해해야 할 것들이라고 하였다.</td></tr>
<tr><td>3.</td><td>A</td><td>외국인에게 현대 한국인의 결혼 풍습에 대하여 가르칠 때 단순히 결혼하는 모습만 보여주는 것은 의미가 없다. "왜 한국인은 꼭 결혼을 하려고 하는지, 왜 굳이 예식장을 찾는지, 왜 굳이 호텔인지, 왜 축의금을 받는지, 왜 초청장 없이도 하례객들이 오는지, 왜 굳이 서양식 웨딩드레스인지, 신혼여행은 과연 무슨 의미인지 등이 먼저 논의되고, 그 다음에 그 현상들에 대한 개별적 설명을 해 주어야 한다."[1] 이러한 과정을 통해 비로소 한국인의 결혼 풍습, 나아가서는 한국 문화의 본모습을 이해할 수 있기 때문이다.</td></tr>
</table>

---

1) 김하수(2008), 『문제로서의 언어』, 커뮤니케이션북스, 241쪽.

사후 점검 쓰기에서 자료 사용의 실제

쓰기 학습 과정의 후반은 자료 사용에 대한 '연습' 단계에 해당한다. 지금까지의 단계를 거치면서 자료 사용 능력이 얼마나 신장하였는가를 종합적으로 연습하는 기회라 할 수 있다. 특히 '출처 제시 능력'과 '자료 통합 능력'을 중심으로 살펴보았다. 학습 후반에 사용한 자료는 다음과 같다.

※ '학술적 글쓰기를 위해서 대학 신입생에게 학술정보 이용 교육은 반드시 필요하다'는 주장을 하고자 한다. 밑줄 친 부분을 적절하게 인용하여 자신의 주장을 뒷받침해 보시오.

정희모 외(2008), 『대학 글쓰기』, 삼인, 227쪽.

학술적 글쓰기에서 주장의 타당성을 확보하려면 관련 자료를 찾아 효과적으로 활용하는 것이 중요하다. 글쓴이는 글의 목적에 맞게 활용하려는 자료를 직접 인용하거나 바꿔 쓸 수 있다. 또한 주요 아이디어라든가 데이터를 요약하고 해석하여 제시할 수 있다.

다양한 자료를 효과적으로 검색하는 것은 좋은 글을 쓰기 위해 반드시 필요한 작업이다. 보고서나 논문을 작성하려면 도서관에서 책을 찾거나, 학술 데이터베이스에서 제공하는 정보를 잘 검색할 줄 알아야 한다.

사후 점검 쓰기의 자료 수집 및 분석 방법은 사전 점검 쓰기와 모두 동일하다. 제시할 자료의 출처는 앞서 실시한 사전 진단 쓰기와 마찬가지로 크게 학술자료로서 가치가 있는 것(단행본, 소논문, 신문)과 그렇지 않은 것(학생의 글)을 두루 포함하였다. 또 글쓰기 자체의 부담감을 줄이고 자료 사용 능력에 초점을 두어 살펴보기 위하여 학습자에게 친숙한 주제(말하기의 중요성)를 선정하였다. 다만 학습이 이루어진 이후의 시점임을 감안하여 사전 진단 시보다 제시할 읽기 자료의 수를 늘렸다. 그리고 읽기 자료의 핵심 내용을 파악하는 데에 시간을 최소화함으로써 쓰기에 좀 더 주력할 수 있도록 각 자료의 중심 내용에 밑줄을 그어 제시하였다. 사후 점검 쓰기를 위해 제시된 자료의 구성은 다음과 같다.

<표 12> 사후 점검 쓰기에서 제시된 자료 목록

	자료 유형	출처	내용
1	단행본1	유정아(2009), 『유정아의 서울대 말하기강의』, 문학동네, 14~15쪽.	글쓰기만큼 중요한 말하기
2	단행본2	백미숙(2006), 『스피치특강』, 커뮤니케이션북스, 2~4쪽.	의사소통 수단으로서 말하기의 중요성
3	학생의 글 1 (외국인)	2010년도 2학기 외국인 유학생의 글	수업 시간에 하게 되는 발표의 어려움
4	학생의 글 2 (한국인)	2010년도 1학기 한국인 학생의 글	말하기에서 비언어적 요소의 중요성
5	소논문 1	윤지원 외(2010), 「외국인 유학생의 한국어 말하기 실태 분석 연구」, 『시학과 언어학』 19, 168~169쪽.	성공적인 유학생활을 위한 말하기 수업의 필요성(일상생활과 학업생활 관련)
6	소논문 2	최은지·정명숙(2007), 「외국인 유학생의 학문적 발표에 대한 인식 조사」, 『이중언어학』 35, 305쪽.	외국인의 한국어 발표에 대한 인식 조사의 필요성
7	신문	"한국어능력시험 2015년부터 '말하기 평가' 도입 추진", ≪세계일보≫ 2011년 10월 3일자, 제9면.	한국어능력시험(TOPIK·토픽)의 말하기 평가 도입 방안

〈읽기 자료 1〉
2010년도 2학기 외국인 유학생의 글

> 유학생활을 하면 좋은 점도 많지만 어려운 점도 매우 많다. 특히 학업과 관련해서는 수업 시간에 발표를 하는 것이 유학생에게 매우 어려운 일일 것이다. 왜냐하면 발표의 내용을 설명하는 것도 어렵고 그것을 외국어(한국어)로 해야 하기 때문이다. 또 많은 한국인들 앞에서 발표하는 것도 무척 긴장되는 일이다. 만약 누가 질문이라도 하면 그것을 못 알아들을까 봐 걱정도 되고 스트레스를 받기도 한다.
> 대학에서 공부하면서 발표 자체를 피할 수는 없다. 내용적인 공부는 물론 한국어 실력도 키워야 하고 어떻게 하면 발표를 잘 할 수 있는지 알아야 한다. 또 실제 발표에서 긴장하지 않고 잘할 수 있도록 꾸준한 연습과 준비가 필요하다.

〈읽기 자료 2〉
유정아(2009), 『유정아의 서울대 말하기강의』, 문학동네, 14~15쪽.

말보다 글을 좋아했던 나는 일기를 포함해 이런저런 글을 쓰곤 했다. 그랬던 시절, 세상에 대한 감정이나 타인에 대한 느낌과 앎의 흔적들을 글로 옮기기 위해 책상에 앉기 전까지 세상과 타인은 그저 뿌옇게 안개 너머 있는 듯 여겨졌다. 내가 무어라 표현하기 전의 세상과 타인은, 심지어 나의 감정과 바람조차도 공중목욕탕의 거울처럼 뿌열 뿐이었다. 그러다가 그 상황과 대상에 대해 무어라 쓰고 나면, '이름을 불러주기 전 다만 하나의 몸짓에 지나지 않다가 그의 이름을 불러주었을 때 나에게로 와서 꽃이 된 그'처럼, 그것은 하나의 의미가 되곤 하였다. 내게 글쓰기란 수증기로 뿌옇게 된 거울을 손으로 닦아 말갛게 하는 작업이었다. 당시 일기는 친구들과의 수다 대신이었고 타인의 피드백을 받을 수 없는 독백이었지만, 대화 대신 풀어낸 나의 이야기였다. 그러나 입 밖으로, 말로 생각을 내놓지 않으면 자신의 생각이 무엇인지 자신도 확실히 가늠하지 못하는 경우가 허다하다. 내가 아는 것을 글로 쓰지 못한다면 진정으로 알았다고 할 수 없고 글로 쓴 것을 쉽게 말할 수 없으면 그 또한 진정으로 안다고 할 수 없다는 게 지금의 내 생각이다.

〈읽기 자료 3〉

윤지원 외(2010), 「외국인 유학생의 한국어 말하기 실태 분석 연구」, 『시학과 언어학』 19, 168~169쪽.

본 연구는 대학에 입학한 학문 목적의 유학생들이 언어 교육원에서 1년 이상의 교육과정을 이수하거나 한국어 능력 시험(TOPIK) 3, 4급을 합격한 학습자들임에도 불구하고 말하기에 많은 어려움을 겪고 있고 또 말할 기회가 별로 없다고 말하는 것을 보며 실제 유학생들이 실생활에서 누구와 어디에서, 얼마나 한국어로 말하고 있는지에 대한 질문에서 시작하였다. 이에 외국인 유학생들에게 말하기 일지를 기록하게 하고, 그 결과를 말하기 장소, 말하기 유형, 말하기 상대자(관계), 말하기 상대자 수, 말하기의 내용(주제, 소재), 말하기 시간, 어려운 이유의 항목으로 나누어 분석하였다. 그리고 말하기 상황에서 상대자에 따라 주제가 달라질 수 있기 때문에 상대자에 따른 말하기 주제도 함께 살펴보았다.

외국인 유학생들의 말하기 장소는 다양하게 나타났으나, 주로 교내보다는 교외에서 말하기를 많이 하였고, 한국인 친구와 일상적인 주제의 말하기를 많이 하고 있음을 알 수 있었다. 또한 이들이 한국어로 말하는 시간은 생각보다 매우 적은 시간이었음을 확인하였다. 또한 이 분석을 통해 학문 목적 외국인 유학생들이 학업 관련 말하기뿐만 아니라 일상생활 말하기에도 어려움을 많이 느끼고 있음을 확인하였다. 따라서 외국인 유학생들의 성공적인 유학생활을 위해서는 대학생활과 관련된 일상적인 말하기나 수업 외의 학업 관련 말하기와 같은 유학생들의 실제 말하기 상황이 반영되어야 할 것이다.

〈읽기 자료 4〉
2010년도 1학기 한국인 학생의 글

　　자신의 생각을 타인에게 표현하는 방법으로 말하기와 글쓰기가 대표적이다. 말하기는 화자가 청중에게, 글쓰기는 필자가 독자에게 자신의 생각을 전달하는 것이다. 말하기와 글쓰기의 공통점은 화자와 필자가 자신의 생각을 효과적으로 전달하기 위해 많은 준비를 해야 한다는 점이다.

　　그런데 이 전달 방법에 있어서 말하기와 글쓰기에는 큰 차이가 있다. 글쓰기는 언어적 요소로만 자신의 생각을 표현하지만, 말하기는 언어적 요소 이외에도 비언어적 요소가 배우 중요한 역할을 한다. 즉, 화자의 태도 자세, 몸짓, 표정, 시선 등이 말하기에 큰 영향을 미친다. 따라서 글쓰기와는 달리 말하기(발표)를 준비할 때는 언어적, 비언어적 요소에 모두 주의를 기울여야 한다.

〈읽기 자료 5〉
백미숙(2006), 『스피치특강』, 커뮤니케이션북스, 2~4쪽.

　　누구나 다 말을 하지 않고서는 살 수 없지만, 그렇다고 모두가 다 말을 올바르게 하는 것은 아니다. 말 때문에 일상생활에서 수많은 오해가 생긴다. 가정과 학교, 직장, 그 밖에 여러 형태의 모임에서 의사소통과 정보 전달이 제대로 이루어지지 않아서 문제가 생겨나고, 그로 인해서 스트레스를 받게 된다. 그래서인지 동서양을 막론하고 말의 중요성을 담은 속담이나 격언이 정말로 많다. "가는 말이 고와야 오는 말이 곱다.", "말 한 마디로 천 냥 빚을 갚는다.", "세 치 혀가 사람을 살리기도 하고 죽이기도 한다.", "말 한마디가 세계를 지배한다." 등등. 오늘날 의사소통하는 방법과 매체는 매우 다양해졌지만, 말의 중요성은 여전히 유효하다.

　　　　　　　　　　　　　(…중략…)

　　말의 가장 중요한 기능은 의사소통으로, 인간이 사용하는 의사소통의 방법 중 가장 보편적으로 사용하는 수단이 바로 말이다. 사람들은 말을 이용하여 자기의 생각이나 견해를 이야기하고, 정보를 주고받고, 감정이나 느낌을 표현한다. 그러나 말이 의사소통의 도구로만 기능하는 것은 아니다. 말은 의사소통의 수단을 넘어서서 다음 세 가지 점에서 매우 중요하다고 할 수 있다.

　　첫째, 말은 사람됨을 드러내는 수단으로, 말에는 그 사람의 전인적인 면모가 반영되어 있다.

　　둘째, 말은 대인 관계를 결정짓는다.

　　셋째, 말은 그 사람의 능력을 보여주는 강력한 수단이다.

〈읽기 자료 6〉
"한국어능력시험 2015년부터 '말하기 평가' 도입 추진", ≪세계일보≫ 2011년 10월 3일자, 제9면.

> 한국어를 모국어로 쓰지 않는 외국인과 재외동포를 대상으로 하는 한국어능력시험(TOPIK·토픽)에 말하기 평가를 도입하는 방안이 추진된다. 교육과학기술부와 국립국제교육원은 한국어능력시험의 의사소통 기능을 강화하기 위해 2015년 말하기 영역의 시범 평가를 실시할 방침이라고 2일 밝혔다.
>
> 현행 토픽은 어휘·문법, 쓰기, 읽기, 듣기의 4개 영역으로 구성돼 있어 총체적 언어능력을 평가하기 위해서는 말하기 평가를 도입해야 한다는 요구가 많았다. 하지만 대규모 응시자를 대상으로 하는 표준화되고 신뢰할 만한 평가도구가 없어 도입을 미뤄 왔다.
>
> 국제교육원은 컴퓨터나 인터넷 기반의 평가 유형을 개발키로 하고 다음달부터 4개월간 평가유형 개발을 위한 연구용역을 실시한 뒤 내년에는 표준문형 개발 검토에 들어갈 계획이다.

〈읽기 자료 7〉
최은지·정명숙(2007), 「외국인 유학생의 학문적 발표에 대한 인식 조사」, 『이중언어학』 35, 305쪽.

> 강의 시간 내에 이루어지는 다양한 말하기 유형 중 특히 발표하기는 교수나 동료와의 학문적 의사소통으로서 의미가 크다. 특히나 외국인 학생들이 소극적으로 수업에 참여하는 경우 그룹 토론이나 토의에서 자신의 의견을 적극적으로 개진하는 경우가 거의 없다는 것을 감안해 볼 때, 발표는 수업 중에 이루어지는 외국인 유학생들과 동료 학습자들의 유일한 학문적 의사소통 수단이라고 할 수 있다. 이런 점에서도 발표에 대한 교육은 학문 목적의 한국어 교육에서 매우 중요하게 다루어져야 하는 부분이다.
>
> 이에 본 연구에서는 학문 목적의 한국어 교육과정에서 발표에 대한 교육 방안을 모색하기 위한 기초 연구로서 외국인의 한국어 발표에 대한 인식을 조사해 보고자 한다. 조사는 외국인 학생이 자신의 발표에 대해 어떻게 인식하고 있는지에 대한 것뿐만 아니라 한국인들이 외국인들의 발표에 대해 어떻게 인식하고 있는지에 대해서도 실시하고자 한다.
>
> 발표라는 것은 발표자가 다수의 청자에게 자신의 생각을 전달하는 것이므로 발표 수행의 성공 여부는 청자가 그 발표에 대해 어떻게 평가하는가에 달려 있다고 해도 과언이 아니다. 따라서 외국인의 발표를 들은 한국인 학생들을 대상으로 외국인의 발표에 대한 인식을 조사하는 것은 외국인 학생들의 발표 수행의

문제점을 파악하는 데 매우 중요한 작업이 될 것이다. 또한 이러한 연구는 외국인 학생들의 발표 수행에 대한 개선점을 제시하고 향후 학문 목적 한국어 교육에서 발표에 대한 교육 내용을 마련하는 데 큰 도움을 줄 수 있을 것이다.

■ 주어진 읽기 자료를 참고하여 '외국인 유학생의 한국어 말하기'를 화제로 한 글을 쓰십시오(예: 말하기의 중요성, 좋은 말하기 수업에 대한 의견 등).

다음은 사후 점검 단계에서 쓴 학습자의 글을 분석한 하나의 사례이다. 분석 방법은 사전 진단 시와 동일하다. [±출처]는 출처 여부를, [직접/간접]은 직접 인용 혹은 간접 인용을 의미한다.

<표 13> 사후 점검 쓰기 분석 사례

원문	학생 글(S15)
① [+출처][단행본2-백미숙][직접] 말 때문에 일상생활에서 수많은 오해가 생긴다. 가정과 학교, 직장, 그 밖에 여러 형태의 모임에서 의사소통과 정보 전달이 제대로 이루어지지 않아서 문제가 생겨나고, 그로 인해서 스트레스를 받게 된다. 그래서인지 동서양을 막론하고 말의 중요성을 담은 속담이나 격언이 정말로 많다. "가는 말이 고와야 오는 말이 곱다.", "말 한 마디로 천 냥 빚을 갚는다.", "세 치 혀가 사람을 살리기도 하고 죽이기도 한다.", "말 한마디가 세계를 지배한다." 등등. 오늘날 의사소통하는 방법과 매체는 매우 다양해졌지만, 말의 중요성은 여전히 유효하다.	말과 TOPIK에서 말하기 평가의 필요성 모든 사람이 잠을 자지 않고서는 살 수가 없듯이 사람이 말을 하지 않고서는 살 수가 없다고 본다. 나는 어디 읽었는지 정확히 기억에 안 나지만 이 세상에서 모든 생물들의 의사소통하는 언어가 있고 서로 말을 한다고 한다. 따라서 인간이 말을 이용하여 자기 생각이나 견해를 이야기하고, 정보를 주고받고, 감정이나 느낌을 표현한다. 말이 사람들 사이의 있는 다리 역할을 한다. 잠을 잘 자야 일도 잘 하고 생각도 잘 하듯이 말을 잘 해야 성공할 수 있다. 그렇다고 모두가 말을 올바르게 하는 것이 아니다. ① "말 때문에 일생생활에서 수많은 오해가 생긴다. 가정과 학교, 직장, 그 밖에 여러 형태의 모임에서 의사소통과 정보 전달이 제대로 이루어지지 않아서 문제가 생겨나고, 그로 인해서 스트레스를 받게 된다. 그래서인지 동서양을 막론하고 말의 중요성을 담은 속담이나 격언이 정말로 많다. "가는 말이 고와야 오는 말이 곱다.", "말 한 마디로 천 냥 빚을 갚는다.", "세 치 혀가 사람을 살리기도 하고 죽이기도 한다." "말 한마디가 세계를 지배한다." 등등. 오늘날 의사소통하는 방법과 매체는 매우 다양해졌지만, 말의 중요성은 여전히 유효하다."[1)
② [+출처][소논문2-최은지][직접] 강의 시간 내에 이루어지는 다양한 말하기 유형 중 특히 발	따라서 나의 경험을 통해서 말하자면 다른 나라에서 유학

표기기는 교수나 동료와의 학문적 의사소통으로서 의미가 크다.

③ [-출처][소논문1-윤지원][간접] 한국어 능력 시험(TOPIK) 3, 4급을 합격한 학습자들임에도 불구하고 말하기에 많은 어려움을 겪고 있고……

④ [+출처][신문][간접] 교육과학기술부와 국립국제교육원은 한국어능력시험의 의사소통 기능을 강화하기 위해 2015년 말하기 영역의 시범 평가를 실시할 방침이라고 2일 밝혔다.

하는 외국인 학생에 경우에도 말의 중요성이 너무 큰 것이다. ② 그러므로 최은지외(2007: 305)에 따르면 **"강의 시간 내에 이루어지는 다양한 말하기 유형 중 특히 발표하기는 교수나 동료와의 학문적 의사소통의 의미가 크다."** 나는 지금 한국에서 한국어를 1년 동안 배우고 한국어능력시험(TOPIK·토픽) 3급을 합격해서 대학교에 입학했다. 따라서 다른 외국인들도 나처럼 한국어를 먼저 배워서 입학해야 한다. ③그런데 학생들이 매년 배우고 **(TOPIK) 3,4급을 합격하고 입학했음에도 불구하고 말하기에 많은 어려움을 느끼고 있다.** 말하기 문제 때문에 학생들이 많은 피해를 입고 있다. 그러므로 총체적 언어능력을 평가하기 위해서 TOPIK 시험에 말하기 시험도 꼭 필요하다고 생각한다. ④ 따라서 〈세계일보〉(2011년: 9면)에 따르면 **2015년부터 TOPIK에서 말하기 평가를 하는 시험도 실시할 것이라고 밝혔다.** 사실은 나는 이 소식을 듣다가 기뻤다.

---

1) 백미숙(2006), 『시피치특강』, 커뮤니케이션북스, 2~4쪽

위의 분석 결과가 시사하는 바를 정리하면 다음과 같다.

1. **자료 사용의 필요성 인식**: 다양한 자료(단행본, 소논문 2편, 신문)를 자신의 글에 반영한 것을 통해 볼 때 해당 학습자는 자료 사용에 적극적인 태도를 가지고 있음을 알 수 있다. 그러나 단일 자료의 특정 부분에서 한꺼번에 많은 자료를 기계적으로 가져오는 것이 적절하지 않다는 것에 대해서는 아직 이해하지 못하고 있다.

2. **자료 출처에 대한 인식**: 사용한 자료의 출처 4개 중에서 3개의 출처를 밝혔다. 이를 통해 볼 때 자료의 출처 제시에 대한 인식은 높은 편이라고 할 수 있다.[17]

3. **자료 선별 능력**: 주어진 자료 가운데 공신력 있는 자료(단행본,

---

17) 단, 자료를 통해 얻은 아이디어가 상식적인 일이거나 자신이 이미 느끼고 있는 것일 때는 출처를 제시하지 않았음을 알 수 있다. 제시된 자료의 내용 가운데 TOPIK 3, 4급을 합격하고도 말하기에 어려움을 느낀다는 부분은 필자도 공감하는 부분이기 때문에 굳이 출처를 제시하지 않은 것으로 판단된다.

신문, 소논문)를 선정하여 자신의 글에 반영한 것으로 볼 때 자료 선별 능력이 있는 것으로 보인다.

4 **자료 출처 표시 능력**: 내각주, 외각주 그리고 직접 인용, 간접 인용 등의 형식으로 자료의 출처를 표시한 것을 볼 때 완벽하지는 않으나 자료 출처 표시 능력을 갖추어가는 과정에 있다.

5 **자료 내용 통합 능력**: 자료와 자신의 글의 내용을 명확히 구분하고 있다. 그리고 학술적 글쓰기에서 유용한 인용표지(~에 따르면) 사용을 적극적으로 시도하여 자연스럽게 반영한 것을 볼 때 내용 통합 능력을 어느 정도 갖추고 있다.

이상의 결과를 통해 자료 사용 능력 측면에서 볼 때 상당한 수준에 이르렀음을 알 수 있다. 동일한 자료에서 다량의 자료를 가져와 한 단락을 구성한다든지 인용의 형식에서 다소 부자연스러운 부분이 없지는 않으나 이 부분은 지속적인 훈련과 연습을 통해 향상될 수 있는 측면이라 판단된다. 무엇보다도 쓰기 윤리의 준수라는 측면에 초점을 두어 판단할 때 긍정적인 양상을 띠고 있는 것으로 판단된다. 이와 같이 사후 점검 쓰기 결과는 학기 초에 실시한 사전 진단의 결과와 비교하여 발달의 정도를 확인하였다.

또한 본 연구 결과에서 각 사례를 분석할 때 최선경(2009a)에서 제시한 학습자들의 인용 오류 사례 분석틀이 많은 참고가 되었다.[18]

---

18) 최선경(2009a)에서 제시한 내용을 토대로 본 연구에서 도표로 만든 것이다.

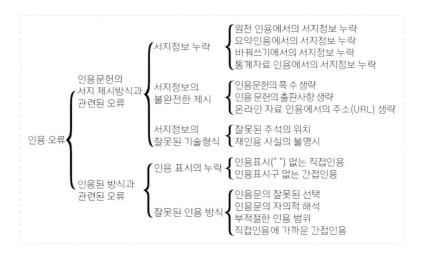

다만, 최선경(2009a)에서는 인용문헌의 서지 제시방식과 인용의 방식과 관련된 것으로 구분하였으나 본 연구는 크게 자료의 '출처 표시'와 '내용 통합'을 기준으로 사례를 분석하였다. 그 이유는 먼저 '출처 표시' 여부가 글쓰기 윤리 준수에 결정적인 영향을 미치기 때문이다.[19) 두 번째로는 외국인 유학생이 '내용 통합'에 대한 의식 없이 '기계적인 인용(이인영, 2011a)'을 많이 하고 있다는 지적을 반영하고자 했기 때문이다. 그러나 서지정보 누락, 서지정보 제시, 인용 표시 등과 같은 하위분류의 기준에서는 최선경(2009a)과 동일한 용어를 사용하였다. 기타 세분화된 사례의 유형에는 그 특징을 드러낼 수 있는 명칭을 붙이도록 하였다.

---

19) 앞서 언급한 바와 같이 영어 학습자를 대상으로 한 논의(Campbell, 1990; Keck, 2006; Shi, 2004; 성화은, 2011)를 검토해 보면, 출처 표시 여부가 표절 판정의 첫 번째 기준으로 매우 중요하게 다루어지고 있음을 알 수 있다.

━━토론해 보기━━

1. 학습자의 자료 사용 양상을 분석하기 위한 자료 수집의 방법으로, 횡적 연구와 종적 연구의 장단점은 무엇이며 연구 목적에 따라 어떻게 적용될 수 있다고 생각합니까? 횡적 연구는 동일한 시점의 자료를 수집하는 공시적 연구 방법론이고, 종적 연구는 쓰기 과정 전체의 자료를 단계별로 수집하는 통시적 연구 방법론입니다.

2. 학습 이전의 시점과 이후의 시점을 비교해 볼 때 학습자의 자료 사용 양상에는 변화가 나타납니다. 특히 자료 사용에 대한 '인식'과 '능력'의 두 가지 측면의 변화에서 나타나는 특징은 무엇입니까?

3. 학습자가 자료 사용의 적절성에 대해 이해하고 있는 수준을 진단하기 위한 문항을 만들고자 한다면, 어떤 자료를 어떻게 구성하겠습니까? 7장의 내용을 참고하여 자료 사용 진단 자료를 직접 개발해 보십시오(선택형, 원문 참조하여 쓰기 유형). 이를 위해 먼저 학습자 집단의 특성과 수준을 가정해 보십시오.

추천논저

김태자·민지은·이상호(2008). 「외국인 유학생을 위한 도서관 이용자교
     육 프로그램에 관한 연구」. 『학생생활연구』 제33집. 1~17쪽.
Yeo, S.(2007). "First-year university science and engineering students'
     understanding of plagiarism", *Higher Education Research & Development*
     26-2, pp. 199~216.
Linneman, T.(2010). "Understanding patchwriting and unintentional
     plagiarism by English language learners", Truman state university.
Hsu, A. Y.(2003). "Patterns of plagiarism behavior in the ESL classroom
     and the effectiveness of instruction in appropriate use of
     sources". University of Illinois at Urbana-Champaign.

|제3부| 자료 사용의 단계별 양상과 전략

제8장   자료 사용의 노출 단계
제9장   자료 사용의 내재화 단계
제10장   자료 사용의 연습 단계

제**8**장

자료 사용의 노출 단계

✓ 자료 목록 정리 과정에서 외국인 유학생에게 어떤 양상이 발견되는가?
✓ 외국인 유학생은 학술적 글쓰기에서 자료가 바르게 사용된 사례를 잘 구분하는가?

　자료 사용 학습 전 단계는 자료 사용에 대한 노출 단계로 볼 수 있다. 외국인 유학생들의 글쓰기 윤리에 대한 인식은 아직 높다고 볼 수 없다. 글쓰기 윤리 준수를 위한 가장 필수적으로 알아야 할 자료 사용에 익숙한 단계가 아니기 때문이다. 이를테면 필수 서지정보에 대한 이해가 부족하고 출처를 형식에 맞게 정리해야 한다는 인식이 미흡한 것으로 나타났다. 반면 대부분의 학습자는 학술지의 서지정보를 통해 그것이 자료가 사용된 흔적임을 찾아낼 수 있었다. 다음의 사례들이 그것을 잘 보여 주고 있다.

참고한 자료의 목록 정리하기

자료 목록 정리란 학습자가 필요한 자료를 찾아 그것의 목록을 형식에 맞게 정리하는 것이다. 글쓰기 윤리의 준수를 위해서는 출처를 명확하게 밝혀야 한다. 그리고 정확한 출처 제시를 위해서는 필수 서지정보에 대한 이해가 필수적이다.

그런데 자료 사용에 대한 교육 전 단계에서 외국인 유학생이 자료 목록을 정리한 양상을 분석한 결과 다음과 같은 몇 가지 특징이 나타났다.[1] 첫 번째는 필수적인 서지정보를 누락하는 것이었고 두 번째는 불필요한 서지정보를 포함하는 것이었다. 그리고 세 번째는 서지정보를 정리하지 않은 채로 학술 DB에서 나타난 정보를 그대로 복사해서 옮기는 현상이었다.

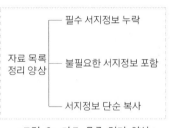

<그림 6> 자료 목록 정리 양상

필수 서지정보 누락

외국인 유학생이 자료 목록을 정리할 때 필수 서지정보를 누락하는 일이 많았다. 학술지의 경우, 학술지의 이름이나 권호를 빠

---

1) 앞서 연구 방법에서 밝힌 바와 같이 자료 목록 정리는 학술정보 이용 교육 후 실시한 것이다. 따라서 학술자료 검색과 선정에 대한 배경 지식이 어느 정도 활성화된 단계라 할 수 있다.

뜨리는 일이 번번하게 일어났고, 매체의 기사의 경우 게재된 날
짜를 빠뜨리는 사례가 눈에 띄었다.

📝 **사례 01** 필수 서지정보(학술지명, 권호) 누락

김연진 ,「기업의 디자인 경영 역량 강화를 위한 사내 디자인교육 실태조사
연구: 고객접점직원을 대상으로」, 2011

📝 **사례 02** 필수 서지정보(기사 게재 날짜) 누락

"SK플래닛 'T스토어를 아시아 최강 앱스토어로'" 〈아시아투에이〉

불필요한 서지정보 포함[2)]

불필요한 서지요소를 포함한 사례로는 다음과 같이 청구 기호, 논문
제목 및 학술지의 영문명과 한자, 자료의 규격, 웹 주소 등이 있었다.

📝 **사례 03** 불필요한 서지정보(청구기호) 포함

김여진 (2011) 북한이탈주민의 남한사회 자리매김: 사회연결망 형성의 유형
화 ~~확301-011카~~

강철희 ; | 韓國社會福祉學 v.57 no.4 , pp.147 - 175 , 2005 ~~1229-5132~~

📝 **사례 04** 불필요한 서지정보(논문 제목과 학술지의 영문명과 한자) 포함

양민애 (2006). 상경계 전공 외국인 유학생을 위한 경제학 기본 개념 교육에
관한 연구: 속담 활용 모색을 통하여 ~~= (A) study on the education of basic
economic concepts for foreign students majoring in commerce : through utilizing~~

---

2) 삭제해야 할 서지정보에는 '가운데 줄'을 그어 표시하였다.

proverbs, 연세대학교 석사 학위논문

장순근(2000), 찰스 다윈의 " 비글호 항해기 "와 지구과학, 한국지구과학회, ~~韓國地球科學會誌(Journal of the Korean Earth Science Society)~~ Vol.21 No.4

✓ 사례 05 불필요한 서지정보(자료의 규격) 포함

최동환(2007), 〈영화의 영성읽기에 관한 연구〉, 부산가톨릭대학교 대학원~~26cm~~, 103쪽

✓ 사례 06 불필요한 서지정보(웹 주소) 포함

Rupley Sebastian, Kaven Oliver, Steinhart Michael J., LINUX BASICS, PC Magazine, 2005, Vol. 24, p101-104~~http://web.ebscohost. com/ehost/detail?vid =12&hid=119&sid=11e60a7e b0f6 4881 ac2a 32891eb39017%40sessionmgr 112&bdata=JnNpdGU9ZWhvc3QtbGl2ZZQ%3d%3d#db=a9h&AN=18064705~~

서지정보의 단순 복사

자료 목록을 작성할 때 학술 DB 검색 과정에서 발견한 정보를 형식에 맞게 정리하지 않고 그대로 목록으로 옮기는 사례가 많았다. 흥미로운 점은 그대로 복사한 정보를 붙여 넣기 하는 것이 왜 잘못된 것인지를 인식하지 못하는 학습자가 대다수였다는 점이다.

✓ 사례 07 서지정보의 단순 복사 사례

Joseph A. Luxbacher.
2nd ed. Champaign, Ill. : Human Kinetics c1996

북한투자환경의 게임 이론적 분석 : 주요 정치적 협상변수들을 통한 게임이론의 시나리오 구성
길준석.

서울: 연세대학교 경제대학원 2007

Nagasawa, Yasushi (한국의료복지시설학회지, Vol.9 No.1, [2003]) Health Facility Design Trend in Japan(일본 병원건축 디자인의 최근 경향)

위에서 제시한 바와 같이 쓰기 학습 초반의 단계에 있는 외국인 유학생들은 자료 목록 정리에 있어 미흡한 점이 적지 않다. 특히 서지정보에 대한 이해는 글쓰기 윤리 준수에 있어 결코 소홀히 할 수 없는 부분임을 강조할 필요가 있다.

자료 내용을 빌려 쓴 사례 찾아보기

본 연구에서 '자료 사용 사례 구분'이란 학술지에서 자료가 사용된 사례를 찾아보는 것이다. 대부분(88.2%)의 학습자는 큰 어려움 없이 적절한 사례를 찾을 수 있었다. 그리고 각자 수집하여 정리한 사례를 살펴보면 형식과 유형이 매우 다양하게 나타났다.[3] 이와 같이 자료 사용 사례를 잘 구분하는 전략은 스스로 자료를 사용할 때의 전략으로 전이될 수 있다는 점에서 유의미하다.

그런데 학습자가 자료 사용 사례를 구분할 때의 중요한 단서는 '출처 제시 여부'임을 알 수 있었다. 즉, 본문의 어디인가에 서지정보(연도, 저자, 페이지 등)가 있거나 위 첨자 형식의 작은 번호가 붙어 있을 때 그것은 다른 자료에서 가져온 내용임을 알리는 표지라는 점을 쉽게 인식한다는 것이다. 〈그림 7〉은 자료 사용 사

---

3) 앞서 연구 방법에서 밝힌 바와 같이 지정 소논문과 자유 소논문에서 학습자들이 각자 찾아 정리한 사례들을 옮긴 것이다.

례 구분의 양상을 종합적으로 나타낸 것이다.

<그림 7> 자료 사용 사례의 구분 양상

자료 사용 사례 구분이 적절한 것

학습자가 수집한 적절한 자료 사용 사례를 살펴보도록 하겠다. 인용의 형식에 따라 크게 내각주 사례와 외각주 사례가 나타났다.

1) 내각주

내각주 사례를 찾은 학습자들의 경우, 학술지의 내용을 잘 이해하지 못하더라도 자료 사용 사례를 찾는 것은 그리 어렵지 않다고 하였다. 그 이유는 본문에 저자의 이름이나 연도 등의 서지정보, 특정 문장부호(큰따옴표, 작은따옴표)가 나타나면 그것이 인용이라는 흔적임을 알 수 있었기 때문이라고 하였다. 이러한 자료 사용 사례 구분을 통해 얻을 수 있는 것은 필수 서지정보에 대한 노출, 필자의 의견과 자료 내용을 구분하거나 연결할 때의 표지 사용에 대한 이해이다. 학습자가 찾은 내각주 사례는 다음과 같다. 학습

---

4) 여기에서 미구분 사례란 '자료 사용 사례'가 아닌 것을 찾아낸 경우를 말한다. 12%의 학습자가 여기에 해당하는 것으로 나타났다.

자가 작성한 사례와 출처 제시 양상을 그대로 옮기도록 하겠다.

✏ 사례 08 학습자가 찾은 내각주 사례 및 출처 제시 양상

사례	출처
• Asher(1977: 4)에 의하면, 어린이의 언어학습은 신체활동-우뇌의 활동을 통해 이루어진다고 한다. • 제2언어 습득에 대해 경험에 근거한 이론에 기초하고 있으며, 다양한 언어 습득 및 학습상황하에 많은 과학적 연구에 의해 뒷받침되어 왔다(Krashen & Terrell, 1983: 1)는 것을 강조한다.(원문 140쪽)	강승혜(1999), 「외국어 교수법 이론의 비판적 검토」, 『연세 교육연구』 12-1, 131-153쪽
• 조현용(2000)에서는 1998년에 한국어 추진 기반 구축 사업의 일환으로 선정된 한국어 교육용 기본어휘 후보 목록과 최길시(1998)의 목록, 연세대 교재 1, 2급에 나오는 어휘 목록을 바탕으로 하고, 여기에 연세대 교재 색인에 누락된 어휘, 분석 기준의 차이로 누락된 어휘, 체계의 빈 부분에 해당하는 어휘, 생존에 필요한 어휘, 공식 교육에 필요한 어휘, 기본적인 문화 어휘 등을 추가로 선정하여 약 725개의 단어를 기본어휘로 선정하였다.	강현화(2004), 「한국어 회화 교재에 나타난 어휘 분석」, 『비교문화연구』 8, 134쪽
• 실질 경험의 부정 적인 측면들에 대한 기존에 연구들에 견해(Jahoda, 1981; Warr, 1983)에 따르면, 실질은 대다수 가정에서 생활수준의 갑작스러운 저하를 의미하며, 경우에 따라서는 생계유지 자체가 직접적인 위협을 받게 될 수 있다.	김영언·노연희(1998), 「여성심리학」, 『사회문제연구』, 843-861(19쪽)
• 이러한 경향은 "부자 세금깎고 공공료 올리고 서민에게는 물가폭탄 퍼부어"(2008.7. 25) 등과 같은 한국일보의 보도에서도 나타난다.	최현주(2010), 「한국 신문 보도의 이념적 다양성에 대한 고찰」, 『한국언론학보』 54-3, 399- 444쪽

2) 외각주

다음은 학습자가 학술지에서 찾은 적절한 인용 사례 가운데

외각주 형식을 취한 것을 정리한 것이다. 외각주의 경우 완전주석, 약식주석, 내용주의 유형으로 구분되었다. 학습자는 본문 속 문장 어디인가에 작은 번호가 달린 것이 인용의 표지임을 인식하고 그에 해당하는 사례를 쉽게 구분하고 있었다.

(1) 완전 주석

다음은 먼저 학습자가 학술지에서 찾은 외각주 사례 가운데 완전 주석의 형식을 취한 것이다.

사례 09 학습자가 찾은 외각주 사례(완전 주석) 및 출처 제시 양상

• 미국에서는 Cyber Space와 동일한 모체, 즉 사람과 Computer를 결합시키는 인공적인 것을 포함시킨 많은 연구가 행해지고 있는 실정이다.[3] 3) Bernhard E. Burder, "Reflections on Human Interface", Design-From Hardware to Software, Design News, vol. 219, 1992, p. 16	김영호(1996), Human Interface, User Friend liness, facsimile 디자인, 계원논총 Vol. 1 No. 1, 43-67(25쪽)
• 지그문트 바우만은 '우리가 왜 이렇게 위험에 취약한 삶을 살아야 하는지'에 대해 의문을 갖는 행위 자체는 '정치적이고 윤리적인 성격을 띠고 있다'[2]고 하였다. 2) 지그문트 바우만(2009), 〈유동하는 공포〉, 함규진 옮김, 산책자, 165쪽	한금윤(2010), 글쓰기의 윤리적 탐색과 서사적 효과 우리말글학회 50, 381-40
• 미국에서는 Cyber Space와 동일한 모체, 즉 사람과 Computer를 결합시키는 인공적인 것을 포함시킨 많은 연구가 행해지고 있는 실정이다.[3] 3) Bernhard E. Burder, "Reflections on Human Interface", Design-From Hardware to Software, Design News, vol.219, 1992, p.1	김영호(1996), Human Interface, User Friend liness, facsimile 디자인, 계원논총 Vol.1 No. 1, 43-67(25쪽)

(2) 약식 주석

다음은 학습자들이 학술지에서 찾은 약식 주석 형태의 외각주 사례이다. 이러한 다양한 사례들을 접하면서 학습자들은 학술지의 분야 및 계열마다 주석을 다는 방법이 다양함을 자연스럽게 알 수 있었다.

사례 10 학습자가 찾은 외각주 사례(약식 주석) 및 출처 제시 양상	
• ~키르기스스탄은 키르기스인이 약 548만 명 인구 중에서 66% 정도 차지하고 있다.[45] 45) 주 키르기스스탄 대한민국 대사관 홈페이지(http://kgz.mofat.go.kr) 참조	김병호(2011). 성균관대학교 일반대학원, 키르기스스탄 한국어 교육의 형황, 41쪽.
• 그간의 교재에 대한 연구는 교재 유형, 교재 개발, 교재 평가에 대한 연구 등으로 나누어 고찰할 수 있으나, 한국어교육에서의 연구는 대부분 교육과정이나 교수 학습법과 연계한 교재유형론에 머문다.[3] 3) 민현식(2000) 참조	강현화(2004). 한국어 회화 교재에 나타난 어휘 분석, 비교문화연구8, 131-156쪽.
• 양국간 교역확대를 위해서는 단기적으로는 한국정부와 민간기업이 몽골 경제발전에 필요한 건설장비 및 자재, 통신장비 등을 제공하고 수출대금을 광물자원 등의 원료상품으로 상환 받는 구상무역(Compensation Trade)의 확대가 바람직할 것으로 보인다.[21] 21)김정호·김치호 前揭論文 P275	김석민(2008). 몽골의 경제무역 현황과 한, 몽 경제무역 협력증대방안에 관한 연구,한국동북아논총 Vol. 49, 159-181쪽

(3) 내용주

위에서 살펴본 사례처럼 외각주는 자료의 출처를 밝히는 기능 이외에도 필자가 본문에 언급된 내용에 대한 보충 설명을 덧붙이고자 할 때도 쓰인다. 그런데 내용주의 경우는 엄밀히 인용 여부를 단정 짓기 어려울 때가 있다. 그것의 출처에 대한 언급을 하는 경우도 있지만 본문에서 반영되지는 않았으나 내용 이해를 도울 만한 내용을 필자 나름대로 구성한 것이기 때문이다. 그렇다고 할지라도 학문 목적 한국어 학습자가 내용주의 형식과 기능을 아는 것은 자료 사용에 매우 유용하다고 생각한다. 학술적 글쓰기를 하는 과정에서 독자에게 밝힐 필요가 있는, 그러나 본문의 흐름과는 다소 연관성이 적은 내용을 융통성 있게 담을 수 있기 때문이다. 가령, 자신의 모국어로 검색한 자료를 한국어로 번역하여 보고서에 반영한 경우, 모국어의 어떤 사이트에서 가져온 자료인지를 밝히고 원문을 스스로 한국어로 옮겼음을 알릴 수 있다.

다음은 학습자가 찾은 외각주 사례 가운데 내용주의 형식을 갖춘 것이다.

📝 사례 11 학습자가 찾은 외각주 사례(내용주) 및 출처 제시 양상

•연세대 교재의 경우, 이러한 단어들은 동시에 제시되는 것이 아니라 단원 내의 다른 부분이나 차기 단원에서 순차적으로 제시된다.[9]	강현화(2004). 한국어 회화 교재에 나타난 어휘 분석, 비교문화연구 8, 131-156쪽.

9) 한국어학당의 교재는 각 단원 내에 다섯 개의 항을 두고 있는데, 위 표에서 어휘 난에 괄호 아라비아 숫자는 단원 내의 항을 지칭하는 것이다 그리고 이 항은 동일한 날에 교수되는 것이 아니다.

자료 사용 사례 구분이 부적절한 것

대부분의 학습자는 자료 사용 사례를 잘 구분하지만 그렇지 않은 학습자(12%)[5]도 있었다. 흥미로운 점은 해당 학습자의 경

5) 이러한 학습자들은 다른 학습자들에 비해 글쓰기 윤리를 준수할 확률이 상대

우, 학습의 사전 진단 쓰기에서 자료 사용 능력이 매우 낮게 나타
났다는 것이다. 이것은 실제 보고서 등을 스스로 작성하는 단계
에서 인용한 부분을 명확히 밝히지 않고 자신의 의견과 제대로
구분하지 못하는 현상으로 이어질 우려가 매우 높다. 다음은 학
습자가 찾은 사례와 출처를 그대로 옮긴 것이다.

✎ 사례 12 학습자가 찾은 외각주 사례(내용주) 및 출처 제시 양상

• (S17) 외국어 교육의 교수·학습분야에서 교수법연구는 중요한 부분을 차지해 왔다.	강승혜(1999). 외국어 교수법 이론의 비판적 검토, 연세 교육연구 12-1, 131-153쪽.
• (S6) 기업에 있어서의 신소재 제품 개발은 지속적인 수익 창출의 원동력이고 기업의 운명을 결정하는 아주 중대한 사안이며, 동시에 소비자에게는 보다 좋은 개선된 제품을 사용 할 수 있는 기회	엄숙자(2007). Study on the marketing strategy of advanced materials product : Focused on Basalt fiber, 학위논문(석사)-- 江南大學校 大學院 : 國際通商學科 2007.

위의 사례를 쓴 학습자의 경우는 자신의 모국어로, 언어표현이
덜 복잡한 학술적 글에 접할 기회를 먼저 제공하는 것도 좋은
방법이 될 수 있다. 익숙한 언어로 자료 사용 사례를 먼저 접하고
다시 목표 언어인 한국어에서 적절한 사례를 찾아보는 것이다.

적으로 낮을 것으로 예측할 수 있다. 그런데 교수자가 개별 학습자마다의 단계
별 쓰기 학습에서 얻은 이러한 결과를 잘 숙지하고 있다면, 각 수준에 맞는
대처를 할 수 있을 것이다.

1. 참고한 자료 목록 작성 시의 규칙을 아는 대로 설명해 보십시오. 필수 서지정보와 불필요한 서지정보를 구분할 수 있습니까?

2. 관심 분야의 소논문 및 학위논문 2편을 읽으면서 자료가 사용된 부분을 살펴보십시오. 내각주와 외각주 사례를 각각 찾아 각 기능을 비교해 보십시오.

3. 논문에서 찾은 외각주 사례 중에서 완전 주석, 약식 주석, 내용주를 구분하고 각 기능을 비교해 보십시오.

추천논저

박나리(2013), 「학문목적 한국어 쓰기 학습자를 위한 학술논문 각주 분석 : 텍스트 기능과 기능별 언어표현을 중심으로」, 『작문연구』 제 17권, 227~269쪽.

Chen, Y. H., & Mary K. Van Ullen(2011), "Helping international students succeed academically through research process and plagiarism Workshops", *College and Research Libraries* 72-3, pp. 209~235.

Fernsten, L. A., & Mary Reda(2011), "Helping students meet the challenges of academic writing". *Teaching in Higher Education* 16-2, pp. 171~182.

Harris, R. A.(2002/2011), *Using sources effectively*, Pyrczak Pub.

제9장

자료 사용의 내재화 단계

✓ 자료 사용 교육 실시 전, 자료 사용의 적절성에 대한 이해 수준은 어느
  정도인가?
✓ 자료 사용 교육과정에서 발견된 특징은 무엇인가?
✓ 자료 사용 교육을 실시한 후에 나타난 변화는 무엇인가?

　　학습 중반 단계는 본격적인 '자료 사용 교육'을 기준으로 '자료
사용 교육 이전-자료 사용 교육-자료 사용 교육 이후'로 나뉜다.
적절한 자료 사용에 대한 인식과 실제 쓰기에서의 자료 사용 양
상에는 차이가 있는 것으로 나타났다. 자료 사용 교육 이전에는
인식(52.9%)과 실제 쓰기에서의 양상(17.6%)의 격차가 컸으나 자
료 사용 교육 이후에는 인식(88.2%)과 실제 쓰기(70.6%)의 격차가
좁혀졌다.

　　또 자료 사용 시 출처 제시에 대한 양상을 살펴보면 '출처 누락
→ 출처 인식 및 출처 제시 시도→ 부적절한 출처 제시 → 적절한
출처 제시'의 과정으로 발달해 나가는 모습을 보였다. 또한 내용
통합에 있어서는 '필자 의견화 → 자료 내용과 필자 의견 구분 →

자료 내용과 필자 의견 구분 후 필자 의견 통합'의 과정으로 발달해 나가는 것으로 확인되었다. 다만 학습자마다 발달의 속도와 양상에서 다소의 차이를 보였다. 각 단계별 분석 결과는 다음과 같다.

교육 전, 자료 사용에 대한 이해도 엿보기

학습자가 자료 사용의 적절성에 대해 얼마나 이해하고 있는가를 알아보는 단계이다. 이를 위해 '선택형 문항'과 '자료 기반 짧은 문장 쓰기 문항'을 활용하였다. 그 결과, 선택형 문항에서 과반수의 학습자(52.9%)가 적절한 사례를 택한 것과 달리 그 이유를 제대로 알고 있는 학습자는 상대적으로 적게 나타났다(30% 미만). 그리고 '자료 기반 짧은 문장 쓰기'에서 자료를 적절하게 사용한 학습자는 더욱 감소하였다(17.6%). 이를 통해 적절한 자료 사용에 대한 학습자의 인식과 실제 쓰기에는 괴리가 있음을 알 수 있었다. 또한 선택형 문항으로만 자료 사용의 적절성에 대한 이해 정도를 판별하는 것은 한계가 있음을 확인하였다.

자료 사용의 적절성 이해에 대한 진단: 선택형 문항

먼저 '선택형 문항'에서는 자료 사용의 적절성에 대한 이해도가 높게 보였지만, 그것을 선택한 이유를 쓴 결과를 토대로 볼 때 그 이해도가 훨씬 낮은 것을 알 수 있었다.

첫 번째로, 선택형 문항으로 제시된 전체 세 문항의 평균 정답률은 80.3%로 매우 높게 나타났다. 전체 학생(17명) 가운데 오답이 가장 많게 나타난 문항(1번)에서조차도 과반수를 훨씬 넘은 학습자(64.7%)가 적절한 사례를 선택하였다. 반면 학습자 개인별 정답률을 비교해 보면, 절반가량은 1개 문항 이상에서 오답을 택한 것으로 나타났다. 세 문항의 정답을 모두 맞힌 학습자는 9명(52.9%)이었고, 1개의 오답을 택한 학습자는 5명(29.4%), 2개의 오답을 택한 학습자는 3명(17.6%)이었다. 그런데 3개 문항 모두 정답을 맞힌 학습자(9명, 52.9%) 가운데 그것이 왜 정답인지를 제대로 쓴 학습자는 5명(29.4%)에 불과했다는 점에 주목할 필요가 있다. 정답을 모두 맞힌 학습자 가운데에서도 전혀 적합하지 않은 이유를 밝힌 학습자(4명, 23.5%)도 있었기 때문이다.

이러한 결과가 시사하는 것은, 자료 사용이 적절한 사례를 잘 찾고 그 이유에 대해서도 제대로 알고 있는 학습자는 전체의 30%에도 미치지 않았다는 사실이다. 즉, 자료 사용이 적절한 사례를 잘 선택했다고 해서 학문 목적 학습자가 그 방법을 제대로 알고 있는 것으로 간주할 수 없다는 점을 깨닫게 한다.

그렇다면 학습자들이 자료 사용의 적절성에 대한 어떤 판단 기준을 가지고 있으며 그것은 타당한가를 좀 더 면밀히 살펴볼 필요가 있을 것이다. 이것을 토대로 자료 사용의 적절성에 대한 학습자들의 이해 정도를 더욱 심도 있게 파악할 수 있기 때문이다. 〈표 14〉는 학습자들이 밝힌 선택형 문항에서 밝힌 이유를 정리한 것이다. 편의상 선택형 문항에서 밝힌 이유가 '맞는 것'과 '틀린 것'으로 구분해 보았으며 전자를 먼저 살펴보기로 하겠다.

〈표 14〉 자료 사용의 적절성에 대한 이해 진단-선택형 문항에서 밝힌 이유가 맞는 것

바른 자료 사용에 대한 이유	잘못된 자료 사용에 대한 이유
• 출처 있다. • " "가 있다. • 출처를 밝히고 저자의 주장을 동의한다는 입장도 있다. • 원저자를 밝힌다. • 자료를 어디에서 찾은 것을 썼다.	• 인용했는데 표시 없다. • 원문과 똑같은 문장을 썼는데 출처를 밝히지 않았다. • 원문을 참고한 글이 아니라 자기가 생각한 글처럼 쓴 것 같다.

〈표 14〉와 같이 자료 사용의 적절성에 대한 이유를 제대로 알고 있는 학습자는 29.4%(5명)에 불과하였다. 반면 다음의 〈표 15〉는 바른 자료 사용이나 틀린 자료 사용의 이유를 틀리게 쓴 사례를 정리한 것이다.

<표 15> 자료 사용의 적절성에 대한 이해 진단-선택형 문항에서 밝힌 이유가 틀린 것

바른 자료 사용을 틀린 것으로 선택한 이유	틀린 자료 사용을 맞는 것으로 선택한 이유
• 글을 쓸 때 남의 주장을 쓰는 것이 아니라 나의 주장을 써야 된다고 생각한다. • 너무 지나치게 원문에 의지한 느낌이다. • 원문 전체를 필자가 요약한 경우는 '~에서 ~라고 하였다'는 표현은 적절하지 않다. • 굳이 인용부호로 수식하지 않아도 될 듯하다. • 참고하고 싶다. 쓰는 것 간단하고 의견이 다 알 수 있다.	• 이해가 안 간다. • 참고하고 싶다. 간단하고 의견이 다 알 수 있다. • 한국사람 입장에서 말하는 거다. • 더 자연스럽고 이해하기 쉬운 것 같다. • 잘 모른다. • 읽기가 편하기 때문에. • 요약이 잘 되어 있어서. • 설명이 잘 되고 있다. • 형식 좋다.[1]

위의 〈표 15〉는 학문 목적 한국어 학습자가 자료 사용의 적절성에 대한 이해가 매우 미흡함을 보여 준다. 이것은 단순히 선택형 문항에 표시한 것만으로 확인할 수 없는 내용이었다. 가령, 바른 인용 사례를 보고도 '글을 쓸 때 남의 주장이 아니라 자신의 주장을 쓰는 것'이므로 틀린 것으로 간주한 학습자도 있었는데 해당 학습자는 다른 글에서 어떤 부분을 자신의 글에 가져오는 자체를 부정적인 것으로 잘못 알고 있었다.

자료 사용의 적절성 이해에 대한 진단: 자료 기반 짧은 문장 쓰기 문항

자료 사용의 적절성을 이해하는가를 알아보기 위한 두 번째

---

1) 어떤 형식을 의미하는지 모호하므로 부적절한 사례로 분류하였다.

문항은 자료 기반 짧은 문장 쓰기[2]이다. 이번 문항에 응답한 학습자는 전체의 82.4%(14명)이었고 나머지 학습자(17.6%, 3명)는 아무 것도 작성하지 않았다. 응답자가 쓴 문장을 분석해 보면, 먼저 자료의 '출처를 제시한 것'과 '출처를 제시하지 않은 것'으로 크게 구분할 수 있었다. 그 결과는 〈표 16〉, 〈그림 8〉과 같다.

<표 16> 짧은 문장 쓰기에서의 출처 제시 여부

구분	비율(인원)
출처 제시 있음	17.6%(3명)
출처 제시 없음	64.7%(11명)
무응답	17.6%(3명)
전체	100%(17명)

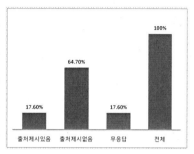

<그림 8> 짧은 문장 쓰기에서의 출처 제시 여부

위의 결과에서 알 수 있듯이 자료 기반 짧은 문장 쓰기에서, 참고한 자료의 출처를 밝힌 학습자는 3명(17.6%)에 불과했다. 이것은 대부분의 학습자가 자료의 내용을 읽고 그것의 일부를 자신의 글에 가져오면서도 그 출처에 대해서 크게 인식하지 않는다는 것을 보여 주는 근거가 된다. 이를 통해 현재의 수준에서는 글쓰기 윤리를 준수하지 못할 가능성이 매우 높음을 예측할 수 있다.[3] 그런데 더욱 주목해야 할 것은 것은 앞서 살핀 선택형 문항

---

2) 일반적으로 언어 교육에서 '쓰기'는 표현 영역에 포함되는 것이다. 그런데 이 글의 짧은 문장 쓰기 문항에서 살펴보고자 한 것은 쓰기의 내용에 관련된 것이 아니라 참고텍스트를 자신의 글에 가져오면서 그 출처를 인식하는가 혹은 그 방법을 이해하고 있는가였다. 따라서 '쓰기'라는 형식을 취하였으나 실질적으로는 '자료 사용의 적절성'에 대한 이해 수준을 알아보는 것이었음을 밝힌다.

3) 이것은 앞서 실시했던 사전 진단 쓰기에서 나타난 결과와도 크게 다르지 않은 것이다. 사전 진단 쓰기에서도 전체 학습자(100%, 17명) 가운데 단 12%(2명)만

분석 결과와의 차이이다. 자료 사용이 적절한 사례를 선별하는 문항에서는 모두 9명(52.9%)의 학습자가 정답을 맞혔고 그 이유까지 제대로 밝힌 학습자는 5명(29.4%)으로 나타난 바 있다. 그럼에도 불구하고 짧은 문장 쓰기 문항에서 실제로 스스로 글을 작성할 때는 그 출처를 인식하여 제대로 밝히고자 시도한 학습자가 3명(17.6%)로 더 낮게 나타난 것은, 자료 사용의 적절성에 대한 이해가 충분하지 않음을 보여 준다.

　그렇다면 선택형 문항과 짧은 문장 쓰기 문항에서 이러한 차이를 보이는 까닭은 무엇일까? 이를 이해하기 위해서는 학습자들이 작성한 문장들을 보다 면밀히 검토해 볼 필요가 있을 것이다. 짧은 문장 쓰기 유형에서 자료 사용의 적절성은 〈그림 9〉와 같이 출처 제시 여부를 기준으로 먼저 나뉘었다. 출처 제시 문항과 출처 누락 문항은 다시 원문의 내용과 필자의 의견을 구분했는가를 기준으로 다시 세분화되었다.4)

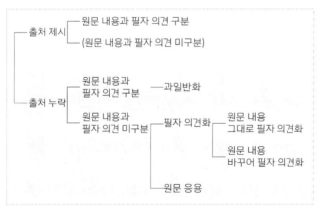

〈그림 9〉 자료 사용의 적절성에 대한 이해 진단
-자료 기반 짧은 문장 쓰기 문항에서 나타난 자료 사용 양상 및 전략

이 사용한 자료의 출처를 밝힌 것으로 드러났다.

4) 이하 본 연구의 결과를 그림으로 나타낸 것에서 '음영 표시'를 한 부분은 자료 사용에 있어서 나타난 과도기적 양상 및 전략을 의미하는 것이다.

다음으로 위의 〈그림 9〉에 제시된 각 유형별 사례들을 살펴보기로 하겠다. 이하 주어진 읽기 자료의 원문과 학생의 글이 완전히 일치하는 부분, 즉 원문의 내용을 거의 그대로 가져온 부분은 양쪽 다 '진하게' 표시하였고, 단어나 표현이 대체되거나 다소 변형된 부분은 '밑줄'을 그어 나타내었다.

1) 자료 기반 짧은 문장 쓰기 문항: 출처 제시 사례

자료 기반 짧은 문장 쓰기 문항에서 출처를 제시한 학습자는 모두 3명(17.6%)으로 매우 적었으며 그 사례는 다음과 같다.

사례 13 자료 기반 짧은 문장 쓰기 문항의 출처 제시 사례

원문	학생의 글
……결혼하는 모습도 그 **외면 요소**에서 문화를 찾아 보았자 그리 큰 의미가 있어 보이지 않는다. 왜 한국인은 꼭 (일단) 결혼을 하려고 하는지…… 그 다음에 그 현상들에 대한 **개별적 설명**에 들어갈 필요가 있다. 그것이 한국어 학습자들이 **'외국어로서의 한국어'를 배우면서 한국 문화**에 대해 이해해야 할 것들이다.	(S8) 김하수(2008: 241)에서는 외국인을 위한 문화 교육에 대하여 **한국 문화 현상의 외면 요소보다 개별적인 설명이 중요하고 문화 현상에 대한 의미도 이해해야 한다**고 하였다.
문화는 행위이다. 무슨 음식도 아니고 의복도 아니다.……결국 **한국인은 술을 마시면서 무엇을 성취하려고** 하며, 과연 그것을 성취하는가? 하는 문제들이며, 이것이 문화 교육의 **중심 주제가 되어야 한다**는 것이다. 그것이 한국어 학습자들이 '외국어로서의 한국어'를 배우면서 한국 문화에 대해 이해해야 할 것들이다.	(S16) **"문화는 행위이다."** 이것은 한 김하수(2008)가 **한국문화교육**에서 **"결국 한국인은 술을 마시면서 무엇을 성취하려고 하는가?"**등 하는 문제. 이 문제들이 중심 주제가 되어야 한다는 그의 관찰 결과이다.

예를 들어 한국인과 막걸리라는 문제의식은 지나치게 형태적인 것이다. 그리고 이미 지나간 일들이다. 한 장의 흑백 사진과 같다.......결국 한국인은 술을 마시면서 무엇을 성취하려고 하며, 과연 그것을 성취하는가? 하는 문제들이며, 이것이 문화 교육의 중심 주제가 되어야 한다는 것이다.

(S13) 김하수(2008:241)에서는 나오는 "예를 들어 한국인과 막걸리라는 문제의식은 지나치게 행태적인 것이다. 그리고 이미 지나간 일들이다. 한 장의 흑백 사진과 같다"라는 말처럼 한국에서 술문화는 한국 문화의 중요한 부분이라고 볼 수 있다.

위의 사례들은 원문의 내용을 가져오면서 그 출처를 밝힌 것으로서 필수 서지정보(저자, 연도, 쪽수)가 무엇인지 어느 정도 이해하고 있는 경우이다. 또 자료 사용의 형식적인 측면을 준수하려는 태도가 엿보인다. 위 사례들의 공통점은 학문적 글쓰기에서 자주 쓰이는 표지를 사용함으로써 자신의 의견과 가져온 내용을 자연스럽게 연결하고자 한 점이다. 이것은 앞서 5장에서 살핀 학술적 글쓰기에서의 긍정적 모방 장례 사례에 해당하는 것이다. 다음은 위의 학습자의 글에서 나타난 담화 표지의 유형을 정리한 것이다.

- 김하수(2008: 241)에서는 외국인을 위한 문화 교육에 대하여 ~고 하였다.
- " ". 이것은 한 김하수(2008)가 ~한다는 그의 관찰 결과이다.
- 김하수(2008: 241)에서는 나오는 ~라는 말처럼 ~라고 볼 수 있다.

그런데 위와 같이 출처를 밝히면서 담화 표지 전략을 보인 사례는 드물었으며(17.6%) 대다수의 학습자들은 짧은 문장 쓰기 문항에서 출처를 인식하지 못하고 있는 것으로 나타났다. 구체적인 사례는 다음의 출처 누락 유형에서 살펴보도록 하겠다.

2) 자료 기반 짧은 문장 쓰기 문항: 출처 누락 유형 및 사례

앞서 검토한 출처 제시 유형의 사례들과 달리 64.7%(11명)의
학습자는 원문의 내용을 자신의 글처럼 나타내는 경향을 보였고
출처 제시의 필요성을 인식하지 못하고 있었다.

다음은 출처 누락 유형의 사례들에서 나타난 전략을 정리한
것으로서, 자료에서 가져온 내용을 어떤 방식으로 자신의 글에
통합하는가를 알 수 있다. 출처 누락 유형은 크게 '자료의 내용과
자신의 의견을 구분하는가'를 기준으로 분류할 수 있었다.

<표 17> 출처 누락 유형에서 나타난 자료 사용 전략

자료의 내용과 필자 의견의 구분 여부	전략	특징 및 표현
구분함	과일반화 전략	• 한국사람들은 ~ 라고 한다
구분하지 않음	필자 의견화 전략	• ~아/어야 한다 • ~는 것이다 • ~(으)ㄹ 수 있다 • ~라고 생각한다 • ~다고 생각하며 ~어야 한다
	원문 응용 전략	몇몇 키워드를 가져와 원문의 내용을 변형 한국어 능력이 낮을수록 원문의 왜곡 가능성 있음

위의 〈표 17〉의 출처 누락 유형에 나타난 전략과 각각의 사례
를 살펴보면 다음과 같다.

(1) 과일반화 전략

자료의 내용을 가져오면서 출처를 누락한 사례들을 종합적으
로 분석하여 정리한 결과 나타난 첫 번째 유형은 '과일반화 전략'
이다. 과일반화 전략은 다음과 같은 표현을 사용함으로써 자료의
내용과 필자 자신의 의견을 동일시하지 않고 구분하려는 시도를

했다는 측면에서는 다른 사례들보다 긍정적이라 할 수 있다.

> • 한국사람들은 ~라고 한다

그러나 자료의 명확한 출처를 제시하지 않고 그것을 일반적인 사실로 언급하고 있으므로 원 저자에 대한 기여를 인정하지 않는 것이 된다. 혹은 부정적인 사실에 대한 언급을 할 때 필자의 의도는 드러내지 않고 출처 불명의 누군가가 '그렇게 말하더라'라는 방식으로 글을 쓰게 될 우려가 있다. 따라서 전자와 후자는 모두 의도하지 않게 글쓰기 윤리를 위반하는 대표적인 원인이 될 수 있다.

✏️ 사례 14 원문 내용의 과일반화 사례

원문	학생의 글(S10)
……결혼하는 모습도 그 **외면 요소**에서 문화를 찾아 보았자 그리 큰 의미가 있어 보이지 않는다. 왜 한국인은 꼭 (일단) 결혼을 하려고 하는지, …… 왜 초청장 없이도 하례객들이 오는지, 왜 굳이 서양식 웨딩드레스인지, 신혼여행은 과연 무슨 의미인지 등이 먼저 논의되고, 그 다음에 **그 현상들에 대한 개별적 설명**에 들어갈 필요가 있다. **그것이 한국어 학습자들이 '외국어로서의 한국어'를 배우면서 한국 문화에 대해 이해해야 할 것들이다.**	한국사람들은 **문화의 외면 요소보다도 "현상들에 대한 개별적 설명"의 중요성을 강자하며 그것이 한국어 학습자들의 '외국어로서의 한국어'를 배우면서 한국 문화에 대해 이해해야 할 것들**이라고 한다.

(2) 필자 의견화 전략

자료의 내용을 가져오면서 출처를 누락한 사례들의 두 번째 유형은 자료의 내용을 필자 자신의 의견으로 바꾸는 것이다. 필자 의견과 자료 내용의 구분이 되지 않는다는 측면에서 '과일반화 전략'보다 글쓰기 윤리 위반의 정도가 더 크다. 필자 의견화 전략에는 다음과 같은 표현이 사용된 것으로 나타났다.

> • ~(으)ㄹ 것이다　　• ~아/어야 한다　　• ~는 것이다
> • ~라고 생각한다　　• ~다고 생각하며　　• ~어야 한다

　필자 의견화 전략의 사례는 모두 두 가지로 구분되었다. 그 첫 번째는 원문의 일부를 그대로 가져오는 것이고 두 번째는 원문의 표현을 바꾸어 필자 의견화하는 것이다. 물론 이 두 가지가 복합적으로 나타나 구분되지 않는 것도 있다. 먼저 원문의 일부를 그대로 가져와 필자 의견화 전략을 사용한 사례를 제시하면 다음과 같다.

✎ 사례 15 원문의 일부를 그대로 필자 의견화한 사례

원문	학생의 글
결혼하는 모습도 그 외면 요소에서 문화를 찾아 보았자 그리 **큰 의미가 있어 보이지 않는다. 왜** 한국인은 꼭 (일단) 결혼을 하려고 하는지, **왜** 굳이 예식장을 찾는지, 왜 굳이 호텔인지, **왜** 축의금을 받는지, **왜** 초청장 없이도 하례객들이 오는지, **왜** 굳이 서양식 웨딩드레스인지, 신혼여행은 과연 무슨 의미인지 등이 먼저 논의되고, 그 다음에 그 현상들에 대한 개별적 **설명에 들어갈 필요가 있다.**	(S15) 외국인에게 한국인의 결혼 풍습에 대하여 가르칠 때 단순히 **결혼하는 모습만 보여주는 것은 의미가 없다**고 생각하며 먼저 결혼식 대 하는 것들을 **왜** 하는지부터 설명해 주어야 한다.
문화는 행위이다. 무슨 **음식도 아니고 의복도 아니다.** 집 모양도 아니고 무대 공연물도 더 더욱 아니다. 이 사람들은 왜 이와 같은 음식을 만드는 '행	(S1) **문화는 음식도 아니고 의복도 아니고 행위임으로**, 그 행위가 무슨 의미를 갖는 건지를 알리는 것이 바로 "교육"이라고 생각한다.

위'를 하며, 왜 이 음식을 먹으면 즐거워하고, 딴 음식은 별로 즐기지 않는가 하는 '행위'의 문제이다.……이것이 문화 **교육의 중심 주제**가 되어야 한다는 것이다.

한국어를 배우면서 한국인에 대해서 생각하게 하는 것은 왜 한국인들은 술을 자주 섞어 마시는가? 왜 한국인은 직장 단위로 술을 자주 마시는가? 왜 한국인은 **한 번에 여러 차례 술을 마시려고 하는가? 결국 한국인은 술을 마시면서 무엇을 성취하려고 하며, 과연 그것을 성취하는가?** 하는 문제들이며, 이것이 문화 교육의 중심 주제가 되어야 한다는 것이다.	(S2) 외국인은 한국어를 배우면서 한국인에 대하여 생각하게 **된다.** 왜 한국인은 술을 자주 섞어 먹고, 직장 단위로 자주 마시고, 한번에 여러 차례 마시려고 하는가? **결국 한국인은 술을 통해 무엇을 성취하려고 하며 과연 성취했는가?**를 알아야 외국인은 한국 문화의 본모습을 이해할 수 있다.

다음은 원문의 표현을 다소 바꾸어 필자 의견화 전략을 사용한 사례이다. 단어나 표현을 다른 것으로 대체했으나 주된 내용은 원문에서 그대로 가져온 경우가 많다.

✎ 사례 16 원문을 바꾸어 필자 의견화한 사례

원문	학생의 글
문화는 행위이다. 무슨 음식도 아니고 의복도 아니다. 집 모양도 아니고 무대 공연물도 더 더욱 아니다. 이 사람들은 왜 이와 같은 음식을 만드는 '행위'를 하며, 왜 이 음식을 먹으면 즐거워하고, 딴 음식은 별로 즐기지 않는가 하는 **'행위'의 문제이다.**	(S4) **행위는** 사람 가진 **문화를 나타낸** 것이다. 그 사람 어떤 문화를 가진지에 따라 행위 다르게 표현할 것이다.
결혼하는 모습도 그 **외면 요소에서** 문	(S5) 외국인이 한국 문화를 배울 때는 그

화를 찾아 보았자 그리 큰 의미가 있어 보이지 않는다. 왜 한국인은 꼭 (일단) 결혼을 하려고 하는지, 왜 굳이 예식장을 찾는지......신혼여행은 과연 무슨 의미인지 등이 먼저 논의되고, 그 다음에 그 현상들에 대한 개별적 설명에 들어갈 필요가 있다. 그것이 한국어 학습자들이 '외국어로서의 한국어'를 배우면서 **한국 문화에 대해 이해해야** 할 것들이다.

외면 요소보다 내면적인 의미를 먼저 생각해야 한다.

문화는 행위이다. 무슨 음식도 아니고 의복도 아니다......결혼하는 모습도 그 외면 요소에서 문화를 찾아 보았자 그리 큰 의미가 있어 보이지 않는다....... 그것이 한국어 학습자들이 '**외국어로서의 한국어**'를 배우면서 한국 문화에 대해 이해해야 할 것들이다.

(S3) **문화**를 이해하는 것은 곧 **행위**를 이해하는 것이다. 그러므로 외국인이 한국문화를 배울 때에는 **문화의 외면적 요소보다 행위에 대한 개별적 설명**에 중점을 두어야 한다.

결혼하는 모습도 그 외면 요소에서 문화를 찾아 보았자 그리 큰 의미가 있어 보이지 않는다. 왜 한국인은 꼭 (일단) 결혼을 하려고 하는지, 왜 굳이 예식장을 찾는지......신혼여행은 과연 무슨 의미인지 등이 먼저 논의되고, 그 다음에 그 현상들에 대한 개별적 설명에 들어갈 필요가 있다. 그것이 **한국어 학습자들이 '외국어로서의 한국어'를 배우면서 한국 문화에 대해 이해해야 할 것들이다.**

(S11) **외국인을 위한 문화 교육에 필요한 것은, 한국에 있는 음식, 의복, 풍습을 그대로 겉모습만 보는 게 아니라** 그것을 통해서 무엇을 성취하려고 하는가까지 깊이 관찰, 논의하는 것이다.

위와 같은 사례들은 정도의 차이는 있겠으나 원문의 상당 부분을 옮겨 오면서 필자 자신의 의견처럼 옮긴 것이므로 엄밀한 기준을 적용한다면 글쓰기 윤리를 준수하지 않은 것이 될 수 있다. 반면 제2언어 쓰기 발달의 측면에서 보면 주어진 자료를 나름대로 활용하고자 시도한 점에서는 긍정적으로 해석할 수 있다.

(3) 원문 응용하기 전략

자료의 내용을 가져오면서 출처를 누락한 사례들의 세 번째 유형은 '원문 응용하기 전략'이다. 앞서 살핀 원문의 내용을 필자의 말로 바꾼 사례들과의 차이점은 원문의 어떤 부분을 가져왔는지 명확하지 않고 그 흔적을 찾기 애매하다는 것이다. 다만 자료의 일부 중심어휘를 가져오거나 거기에서 아이디어를 얻어 다른 내용으로 바꾸거나 짜깁기한 사례들이 여기에 포함된다.

✎ 사례 17 원문 응용하기 사례

원문	학생의 글
(특정 부분을 찾을 수 없음)	(S12) 외국인을 위한 문화 교육이란 한국 문화의 본모습을 여러한 과정을 통해 이해하는 것이다.
(특정 부분을 찾을 수 없음)	(S17) 세계는 한 전체이다. 그런데 각 나라의 문화가 다르다. 외국인을 한국에 오는 것은 문화 교류의 좋은 프로젝트이다. 따라서 외국인을 위한 문화 교육을 필요하다고 생각한다.
...... 그것이 **한국어 학습자들이** '**외국어로서의 한국어**'를 배우면서 **한국 문화에 대해 이해해야 할** 것들이다	(S7) **한국어 학습자들이 '외국어로서의 한국어'를 배우면서 한국 문화 이해해야** 한다.

원문 내용을 내면화하여 필자 자신의 말로 유창하게 표현할 수 있다면 자료 사용에 있어서 별 무리가 없을 것이다. 그러나 실제 사례 분석을 통해 나타난 결과를 보면, 원문 내용의 응용 전략하기에서 몇 가지 문제가 확인된다. 첫째, 원문을 응용하는 과정에서 실제 내용이 훼손되거나 왜곡될 가능성이 높은데 이것은 내용 자체에 대한 이해 부족이 원인인 것으로 짐작된다. 두

번째, 원문의 중심내용을 파악하지 못한 채 옮겨 옴으로써 일반적인 사실을 언급하는 수준으로 그치는 경우가 있다.

그런데 한 가지 간과하지 말아야 할 것은, 원문의 내용이 본래의 모습에서 상당히 바뀌어 있을수록 쓰기에서의 글쓰기 윤리의 측면에서 보면 더 문제가 없어 보일 수 있다는 점이다. 그러나 실제로는 출처를 누락했다고 하더라도 자료의 내용을 제대로 이해하여 그것을 자신의 글에 적절하게 옮겨 온 사례보다, 여기에서 살펴본 원문 응용하기 전략을 사용한 사례가 더 심각하다고 판단된다. 자료 사용을 위해서는 무엇보다도 해당 내용의 이해가 우선되어야 하는데 그것이 전제되지 않은 상태에서 내용을 잘못 옮겨 오는 것 자체가 잠재적으로 글쓰기 윤리 위반의 가능성을 안고 있기 때문이다.

교육 중, 자료 사용 양상의 특징 포착

자료 사용 교육[5]은 인용 및 출처 표시를 중심으로 이루어졌다. 학습자가 학술지에서 직접 찾아 온 인용 사례들을 가지고 조별 토론을 하는 것으로 시작하였다. 사례의 적절성 여부와 더불어 인용에는 어떤 방식들이 있는지, 어떤 표지를 통해 인용임을 알 수 있었는지를 정리해 보도록 하고, 궁금한 점에 표시를 해 둔 것에 대해 함께 토론하는 시간을 가졌다.

---

[5] 앞서 4장에서 정의한 바와 같이 본 연구에서 '자료 사용 교육'이란 '자료를 수집하고 검색하는 일에서부터 학술적 가치를 지닌 자료를 선정하는 일, 자료에서 필요한 부분을 자신의 글에 가져오되 필자 의견과 원문의 내용을 명확히 구분하는 일, 출처를 바르게 남기는 일, 참고문헌의 목록을 작성하는 일' 등을 모두 포괄하는 개념이다. 자료의 검색 및 자료 선정에 대해서는 학습 초반에 이미 다루어졌다. 이에 9장의 자료 사용 교육에서는 인용 및 출처 표시를 중심으로 진행하였다.

학습자 스스로가 찾아온 사례들을 가지고 인용의 형식 등에 대한 자유 토론을 진행함으로써 동기 부여를 한 후, '인용과 출처 표시 방법'에 대한 제시를 하였다. 이 때 글쓰기 교재와 한국연구재단의 '연구윤리정보센터'(http://www.cre.or.kr)에서 제공하고 있는 자료 등을 활용하였다. 주요 학습 내용은 다음과 같다.

- 인용의 형식(표지, 각주 등)
- 자료 통합의 중요성
- 출처 표시 방법(목록 제시 등)

인용의 형식뿐만 아니라 자신의 글에 다른 글에서 가져온 내용을 적절하게 통합하는 것의 중요성에 대해서도 언급하였으며 한국어의 학술 담화적 특성을 알고 모방할 수 있도록 담화 표지 목록 자료6)를 제시하고 적극적으로 사용할 것을 권장하였다. 다음은 수업에서 활용한 자료의 일부이다.7)

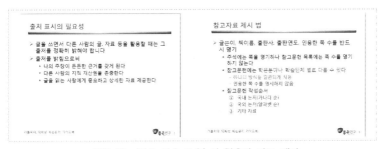

<그림 10> '자료 사용 교육' 시 활용한 자료 예시

---

6) 박지순(2006), 이정민·강현화(2009), 박나리(2009)에서 정리된 내용이 매우 유용하다. 이에 대해서는 앞서 5장에서 검토하였다.

7) 연구윤리정보센터(http://www.cre.or.kr)에 공개된 자료이며, 가톨릭대학교 교양교육원에서 2010년에 제작한 「가톨릭대학교 대학생 학습윤리」가 수업 자료로 구성된 사례이다.

또한 자료의 내용 가운데 어떤 것을 빌려올 것인가에 대한 판단도 쉽지 않다. 이것을 결정하기 위해 Harris(2011)에서는 〈그림 11〉과 같이 몇 가지 질문을 활용할 것을 제안하였다.

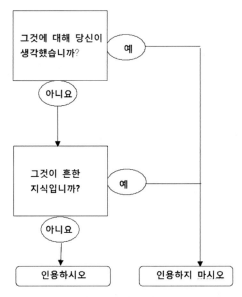

<그림 11> 인용 여부에 대한 결정(Robert, 2011: 87)

자료 사용에 대한 교육은 실제 학습자의 글에서 나타나는 사례를 중심으로 이루어지는 것이 더 실제적일 수 있다. 그런데 기존에 공개된 자료나 선행 연구에는 모국어 화자를 위한 사례가 대부분이며 외국인 유학생의 눈높이에 맞는 것은 찾기 어렵다. 가령, 주어진 인용 사례의 문장 내용 자체가 지나치게 난해하기 때문에 오히려 인용의 형식을 익히는 데에 지장을 주기도 한다. 인용에 있어서 오용 사례의 비교에서도 외국인 유학생이 작성한 예들이 없어 실제성과 동기부여 측면에서 효과가 떨어진다. 이에 본 연구에서 수집하여 분석한 실제적인 사례들은 향후 인용 교육

시에 다각도로 활용될 수 있을 것이라 본다.

　자료 사용 교육의 마지막 단계로, 학습자들이 의문을 가졌던 부분에 대한 질문을 받고 토론을 해 보는 시간을 가졌다. 다음은 학습자들이 공통적으로 했던 질문을 정리한 것인데 인용 자체의 형식에 대한 것뿐만 아니라 자료를 활용함에 있어서 판단하기 어려운 부분에 대한 질문도 많았다.

- 출처만 밝힌다면 인터넷 포털 사이트의 자료는 어떤 것이라도 쓸 수 있나요?
- 한국어 보고서를 쓸 때 다른 언어로 된 자료를 인용해도 되나요? 만약에 가능하다면 어떻게 해야 되나요?
- 자료에 있는 내용이 나의 의견과 거의 같을 때도 출처를 밝혀야 하나요?
- 정말 좋은 자료를 발견했는데 출처를 도무지 알 수 없어요. 그러면 그 자료는 보고서에 활용할 수 없나요?
- 나의 보고서에서 인용한 자료의 비중은 어느 정도까지 괜찮은가요?
- 보고서에서 참고문헌 수는 몇 개 있어야 해요?
- 제 보고서에 같은 자료를 여러 번 인용할 때, 그때마다 출처를 밝혀야 하나요?

　위의 질문들은 인용에 대한 학습자들의 이해 정도를 아는 데에 많은 참고가 되었다. 이와 같이 학습자들이 실제 궁금해 하는 내용들이 체계적으로 수집된다면 교육 현장에서뿐만 아니라 교재 개발 등에도 활용도가 높을 것이다.

교육 후, 자료 사용의 내재화 결과 확인

　앞서 자료 사용의 적절성 이해 능력을 알아보기 위해 사용했던 자료를 학습자들에게 되돌려 준 후, 자신이 이전에 쓴 내용을 확인하면서 스스로 수정해 볼 기회를 제공하였다. 자료 사용 교육 후에 달라진 변화를 확인하기 위해서이다. 이를 통해 자료 사용의 적절성에 대한 학습자의 이해 능력이 어느 정도 신장되었는가를 확인할 수 있었다.

자료 사용의 적절성 이해에 대한 점검: 선택형 문항

선택형 문항을 스스로 점검한 후 다음과 같이 적절한 답을 다시 쓰고 그 이유도 함께 밝히도록 하였다.

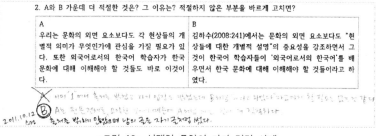

<그림 12> 선택형 문항의 자가 점검 사례

위와 같은 점검 사례를 분석한 결과, 적절한 사례를 찾고 그 이유까지 잘 이해하고 있는 학습자는 자료 사용 교육 이전(30%)보다 이후(약 80%)가 눈에 띄게 증가하였다.[8] 이는 자료 사용 교육 이후에 자료 사용의 적절성 이해 능력이 신장되었음을 보여 주는 결과이다. 전반적인 변화는 〈표 18〉, 〈그림 13〉과 같다.

---

8) 점검 단계에서도 적절한 사례를 선정하지 못한 학습자(2명, 11.8%명)가 있었다. 그런데 이 학습자들의 경우, 잦은 지각과 결석으로 수업에 성실히 참여하지 못한 점을 감안하면 자료 사용 교육을 제대로 받았다고 할 수 없다.

<표 18> 자료 사용 교육 이전과 이후의 변화

	이전	이후
적절한 자료 사용 사례 선택	9명 (52.9%)	15명 (88.2%)
선택에 대한 이해	5명 (29.4%)	14명 (82.3%)

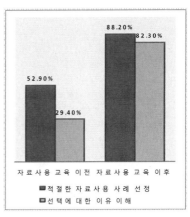

<그림 13> 자료 사용 교육 이전과 이후의 변화

다음으로 <표 19>는 선택형 문항의 자가 점검 단계에서 학습자가 새롭게 밝힌 '인용 사례 선정'에 대한 이유를 정리한 것이다. 이해 능력의 발달 정도를 알아보기 위하여 자료 사용 교육 이전의 응답과 이후에 수정·보완된 응답 내용을 비교해 보았다. 다음과 같이 자료 사용의 적절성 이해에 대한 선택형 문항에서 학습자들이 '어떤 사례를', '왜' 선택하였는가를 살펴보는 일은, 단순히 선택의 결과만을 분석했을 때에는 보이지 않았던 질적인 정보들을 제공한다는 측면에서 유의미하다.

<표 19> 선택형 문항에서 밝힌 이유-자료 사용 교육 이전과 이후의 변화

	바른 자료 사용에 대한 이유	잘못된 자료 사용에 대한 이유
자료 사용 교육 이전	• 출처 있다. • " "가 있다. • 출처를 밝히고 저자의 주장을 동의한다는 입장도 있다. • 원저자를 밝힌다. • 자료를 어디에서 찾은 것을 썼다.	• 인용했는데 표시 없다. • 원문과 똑같은 문장을 썼는데 출처를 밝히지 않았다. • 원문을 참고한 글이 아니라 자기가 생각한 글처럼 쓴 것 같다.

$$\Downarrow$$

	바른 자료 사용에 대한 이유	잘못된 자료 사용에 대한 이유
자료 사용 교육 이후	• (자료를) 어디에서 가져왔는지 썼다. • '문화는 곧 행위' 이 정보를 어디에서 가져왔는지를 밝혔다. • 강조하고 싶은 부분은 " "와 ' '안에 합해서 쓰니까 좋다고 생각합니다. 그리고 인용을 내각지(→ 내각주)로 보여주었다. • 인용하는 것을 외각주로 보여 주었고 인용의 직접 정류(→ 종류)를 사용했다. • 출처 썼습니다. • 출처를 분명히 볼 수 있다.	• 출처를 밝히지 않았으며 남의 글을 자기 글처럼 썼다. • 직접 인용했음에도 그것을 밝히지 않았다. • 출처를 표시 안 했다. • 원문의 내용을 그대로 가져왔기 때문에 • 원문 그대로 썼으니까 출처를 밝히는 게 예의다.

위의 결과에서 나타나듯이 자료 사용 교육 이후에는 이전 단계보다 적절한 인용에 대한 이해의 폭이 넓어졌음을 확인할 수 있었다. 바른 자료 사용에 대한 이유, 잘못된 자료 사용에 대한 이유를 더 구체적으로 밝혔다는 것은 자료 사용의 적절성에 대한 이해도가 높아졌음을 보여 주는 좋은 근거가 된다.

자료 사용의 적절성 이해에 대한 점검: 자료 기반 짧은 문장 쓰기 문항

선택형 문항에 이어 자료 기반 짧은 문장 쓰기 문항의 점검 결과를 살펴보았다. 다음은 자료 사용 교육 이전과 이후에 학습자가 다시 쓴 사례를 보인 것이다.

【자료 사용 교육 이전: S11】
외국인을 위한 문화 교육에 필요한 것은, 한국에 있는 음식, 의복, 풍습을 그대로 겉모습만 보는게 아니라 그것을 통해서 무엇을 성취하려고 하는가까지 깊이 관찰, 논의 하는 것이다.

【자료 사용 교육 이후: S11】
외국인을 위한 문화 교육에 필요한 것은, 한국에 있는 음식, 의복, 풍습을 그대로 겉모습만 보는게 아니라 그것을 통해서 무엇을 성취하려고 하는가까지 깊이 관찰, 논의 하는 것이다. 1)
    1) 김하수 (2008 : 241) 문제로서의 언어, 커뮤니케이션 북스 참조

<그림 14> 자료 사용의 적절성 이해에 대한 점검-자료 기반 짧은 문장 쓰기 문항 점검 사례 1

【자료 사용 교육 이전: S5】
외국인이 한국 문화를 배울 때는 그 외면 묘소보다 내면적인 의미를 먼저 생각해야 한다.

【자료 사용 교육 이후: S5】
김하수(2008)에 의하면
2011.10.12 수정
외국인이 한국 문화를 배울 때는 그 외면 묘소보다 내면적인 의미를 먼저 생각해야 한다.

<그림 15> 자료 사용의 적절성 이해에 대한 점검-자료 기반 짧은 문장 쓰기 문장 점검 사례 2

위와 같은 점검 절차를 거쳐 자료를 분석한 결과, 사용한 자료의 출처를 밝힌 학습자는 자료 사용 교육 이전(17.6%)보다 자료 사용 교육 이후(70% 이상)에 50% 이상 증가하였다. 사례 분석을 통해서도 이러한 변화를 발견할 수 있었다. 자료 사용 교육 이전에는 '출처 누락 유형'이 많았으나 자가 점검 단계에서 대부분이 '출처 제시 유형'으로 바뀌었다. 이러한 자가 점검 단계에서의 출처 제시 유형은 제시 방법이 적절한 것과 그렇지 않은 것으로 세분화되었다. 자료 사용 교육 이전의 '출처 제시 유형'과 '출처 누락 유형'의 각 사례들이 자료 사용 교육 이후에 달라진 양상을 나타내면 다음과 같다.

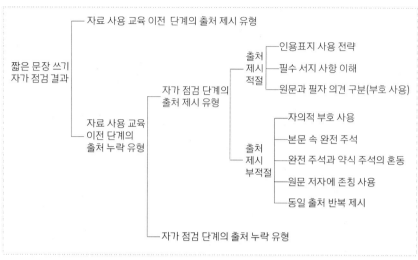

<그림 16> 자료 사용의 적절성 이해에 대한 점검-짧은 문장 쓰기 문항의 자가 점검 결과

그러면 〈그림 16〉에 제시된 각 유형별 사례를 살펴보도록 하겠다. 첫 번째는 자료 사용 교육 이전의 '출처 제시 유형'이 점검 단계에서 달라진 사례, 두 번째는 자료 사용 교육 이전의 '출처 누락 유형'이 '출처 제시 유형'으로 바뀐 사례, 세 번째는 자료 사용 교육 이전과 이후 모두 '출처 누락 유형'인 사례로 분류하였다.

1) '출처 제시 유형'의 자료 사용 교육 이후 변화

자료 사용 교육 이전 단계에서 출처를 제시한 학습자는 17.6%(3명)에 불과했다. 그렇지만 이들은 다른 학습자에 비해 상대적으로 자료 사용에 있어 우수한 전략을 보인 학습자들로 볼 수 있었다. 이들은 자료 사용 교육 이후에는 출처 제시의 방법이나 표현 등에 더 주의를 기울임으로써 더욱 발달된 양상들을 보였다. 다음은 인용 학습 이전과 이후에 쓴 사례를 비교하기 위해 두 문장을 함께 옮긴 것이다.

자료 사용 교육 이전	자료 사용 교육 이후 발달 양상	수정사항
(S8) 김하수(2008:241)에서는 외국인을 위한 문화 교육에 대하여 한국 문화 현상의 외면 요소보다 개별적인 설명이 중요하고 문화 현상에 대한 의미도 <u>이해해야 한</u>다고 하였다.	(S8) 김하수(2008:241)에서는 외국인을 위한 문화 교육에 대하여 한국 문화 현상의 외면 요소보다 개별적인 설명이 중요하고 문화 현상에 대한 의미도 <u>밝혀야 한다</u>고 하였다.	서술어의 어휘 수정 (이해해야→밝혀야)
(S16) "문화는 행위이다." 이것은 한 <u>김하수(2008)</u>가 한국문화교육에서 "결국 한국인은 술을 마시면서 무엇을 성취하려고 하는가?"등 하는 문제, 이 문제들이 중심 주제가 되어야 한다는 <u>그의 관찰 결과이다.</u>	(S16) <u>김하수(2008:241)에는</u> 외국인이 한국어를 배우면서 한국인의 술자리 문화를 생각해야 하고 그것은 문화 중심 주제가 되어야 <u>한다고 밝혔다.</u>	인용 형식 수정, 누락된 서지정보 추가 (쪽수)
(S13) <u>김하수(2008:241)에서는</u> 나오는 "예를 들어 한국인과 막걸리라는 문제의식은 지나치게 행태적인 것이다. 그리고 이미 지나간 일들이다. 한 장의 흑백 사진과 같다"라는 말처럼 한국에서 술문화는 한국 문화의 중요한 부분이라고 볼 수 있다.	(S13) <u>김하수(2008:241)에서</u> 나오는 "예를 들어 한국인과 막걸리라는 문제의식은 지나치게 행태적인 것이다. 그리고 이미 지나간 일들이다. 한 장의 흑백 사진과 같다"라는 말처럼 한국에서 술문화는 한국 문화의 중요한 부분이라고 볼 수 있다.	조사 오류 수정

위의 사례들에서 나타난 수정 양상을 분석해 보면, 서술어의 어휘를 좀 더 정교한 것으로 바꾸거나 인용의 형식을 더 적절한 것으로 수정하기도 하고 인용표지에 사용된 조사 오류를 맞게 고쳤음 알 수 있다. 즉, 자료 사용 교육 이전에 출처를 제시했던

소수의 학습자들은 자가 점검 단계에서 출처 제시의 표현이나 형식적인 부분을 좀 더 다듬고자 시도하였다.

2) 자료 사용의 적절성 이해에 대한 점검:
  '출처 누락 유형'의 자료 사용 교육 이후 변화

(1) '출처 누락 유형'에서 '출처 제시 유형'으로

이전 단계에서 자료의 출처를 밝히지 않고 그것을 자신의 글처럼 썼던 대다수의 학습자들은 자료 사용 교육 이후 점검 단계에서, 긍정적인 변화 양상을 보였다. 담화 표지 사용 전략이 나타났고 출처 제시에 대한 필요성을 인식한 것이 바로 그 근거라 할 수 있다. 그러나 여전히 출처 제시에 대한 인식을 하지 못한 몇몇 학습자도 있었다.

이처럼 수업의 전과 후에 긍정적인 변화 양상을 보인 사례들을 분석한 결과, 그러나 원문의 출처를 밝혔다고 하더라도 그 방법을 적절하게 수정한 경우와 그렇지 않은 사례로 세분화되었다.

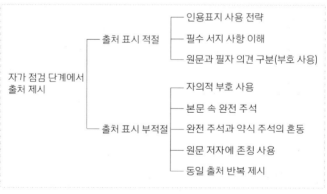

<그림 17> 출처 누락 유형에서
출처 제시 유형으로 바뀐 사례들의 양상 및 전략

(가) '출처 누락 유형'에서 '출처 제시 유형'으로 바뀐 사례 중 출처 표시 적절한 것

이전 단계에서는 출처를 밝히지 않았지만 자가 점검 단계에서 출처를 새롭게 밝힌 학습자는 다양한 측면에서 긍정적인 발달 양상을 드러냈다.

먼저, '~에 의하면, ~에 따르면'과 같은 담화 표지를 활용하는 전략을 개발하게 되었고 두 번째로는 필수적인 서지정보(저자, 연도)가 무엇인지 인식하게 되었다. 세 번째로는 문장부호(따옴표)를 사용하여 자신의 의견과 인용한 부분을 구분하고자 시도한 흔적들이 나타난다. 이러한 양상들은 모두 긍정적인 발달 과정을 잘 보여 주는 것이다.

✏️ 사례 19

자료 사용 교육 이전		자료 사용 교육 이후 발달 양상	수정사항
(S5) 외국인이 한국 문화를 배울 때는 그 외면 요소보다 내면적인 의미를 먼저 생각해야 한다.	→	(S5) 김하수(2008)에 의하면 외국인이 한국 문화를 배울 때는 그 외면 요소보다 내면적인 의미를 먼저 생각해야 한다.	담화 표지 사용
(S2) 외국인은 한국어를 배우면서 한국인에 대하여 생각하게 된다. 왜 한국인은 술을 자주 섞어 먹고, 직장 단위로 자주 마시고, 한번에 여러 차례 마시려고 하는가? 결국 한국인은 술을 통해 무엇을 성취하려고 하며 과연 성취했는가?를 알아야 외국인은 한국 문화의 본모습을 이해할 수 있다.	→	(S2) 외국인은 한국어를 배우면서 한국인의 생활에 대하여 생각하게 된다. 김하수(2008:241)에 의하면 왜 한국인은 술을 자주 섞어 마시는가? (…중략…) 결국 한국인은 술을 마시면서 무엇을 성취하려고 하며, 과연 그것을 성취하는가? 하는 문제들이며, 이것이 문화 교육의 중심 주제가 되어야 한다고 한다.	담화 표지 사용, 필수 서지정보 이해

| (S3) 문화를 이해하는 것은 곧 행위를 이해하는 것이다. 그러므로 외국인이 한국문화를 배울 때에는 문화의 외면적 요소보다 행위에 대한 개별적 설명에 중점을 두어야 한다. | → | (S3) <u>김하수(2008)에 따르면</u> 문화는 행위이다. 문화를 이해하는 것은 곧 행위를 이해하는 것이다. 그러므로 우리는 <u>"문화의 외면요소보다도 각 현상들의 개별적 의미가 무엇인가에"</u> (김하수 2008:241) 중점을 두어야 한다. | 담화 표지 사용, 원문과 필자 의견의 구분(부호 사용) |

(나) 출처 누락 유형에서 출처 표시 유형으로 바뀐 사례 중 출처 표시가 부적절한 것

　이전 단계에서는 출처를 밝히지 않았으나 자가 점검 단계에서 출처를 반영한 것만으로도 긍정적인 발달 양상을 보인 것은 분명하다. 그러나 앞서 살핀 것처럼 출처 표시 방법이 적절한 사례도 있지만 출처 표시 방법이 다소 서툰 사례들도 적지 않았다. 물론 후자는 학술적 글쓰기를 배우는 단계에서 자연스럽게 나타나는 과도기적 단계로 하나로 간주할 수 있다. 이러한 사례를 통해 교수자는 학습자의 현재 능력을 파악할 수 있으며 이를 기반으로 그 다음 단계로 나아갈 수 있도록 도움을 줄 수 있다.

　이에 학습자의 실제 사례의 수집과 분석의 가치가 있다고 본다. 자가 점검 단계에서 출처를 제시하였으나 그 방법에 있어서 다소 미숙함이 보이는 사례 유형으로는 '자의적 부호 사용, 본문 속 완전 주석, 원문의 저자에 대한 존대 표현 사용, 한 문장에서 동일 출처의 반복 제시' 등이 나타나며 각각의 사례를 구체적으로 살펴보면 다음과 같다.

① 자의적인 부호 사용

　아래 사례는 자료의 출처를 반영하면서 외각주를 활용한 것이다. 각주 번호의 형식은 양괄호가 아닌 외괄호가 일반적이므로

수정이 필요하다.

사례 20

자료 사용 교육 이전	자료 사용 교육 이후 과도기적 발달 양상	수정사항
(S10) 한국사람들은 문화의 외면 요소보다도 "현상들에 대한 개별적 설명"의 중요성을 강자하며 그것이 한국어 학습자들의 '외국어로서의 한국어'를 배우면서 한국 문화에 대해 이해해야 할 것들이라고 한다.	(S10) 한국사람들은 문화의 외면 요소보다도 "현상들에 대한 개별적 설명"의 중요성을 강자(→강조)하며 그것이 한국어 학습자들의 '외국어로서의 한국어'를 배우면서 한국 문화에 대해 이해해야 할 것들이라고 한다.(1) —————— 1) 김하수(2008). 241쪽	원문의 출처 추가, 각주 번호 방식, 서지 정보 제시 방식 수정 필요

② 본문 속 완전 주석

내각주를 사용하여 출처를 밝히는 경우는 저자, 연도, 쪽수만 표시하여 약식 주석의 형식을 따르는 것이 일반적이다. 아래의 사례는 본문 안에서 완전 주석의 형식을 취했으므로 학술적 글쓰기에서는 다소 부자연스럽다. 그럼에도 불구하고 자료 사용 교육

사례 21

자료 사용 교육 이전	자료 사용 교육 이후 과도기적 발달 양상	수정사항
(S12) 외국인을 위한 문화 교육이란 한국 문화의 본모습을 여러한 과정을 통해 이해하는 것이다.	(S12) 김하수(2008, 문제로서의 언어, 커뮤니케이션북스, 241쪽)의 문화는 행위다고 있는 것처럼 '외국인을 위한 문화 교육'이란 한국 문화의 본모습을 여러한 행위를 통해 이해하는 것이다.	원문의 출처 추가

전 단계에서는 참고 문헌에서 가져온 아이디어를 필자의 것처럼 표현한 것과 달리 출처를 최대한 명확히 밝히고자 한 의도가 엿보인다는 측면에서는 매우 긍정적인 양상으로 해석된다.

③ 완전 주석과 약식 주석의 혼동

인용 학습 이후의 자가 점검 단계에서 출처를 새롭게 밝힌 것은 긍정적이지만 주석의 형식에 익숙하지 않은 사례들이 눈에 띈다. 그 중 완전 주석과 약식 주석 가운데 어느 쪽에도 해당되지 않아 모호한 경우가 있다.

✎ 사례 22

자료 사용 교육 이전	자료 사용 교육 이후 과도기적 발달 양상	수정사항
(S11) 외국인을 위한 문화 교육에 필요한 것은, 한국에 있는 음식, 의복, 풍습을 그대로 겉모습만 보는 게 아니라 그것을 통해서 무엇을 성취하려고 하는가까지 깊이 관찰, 논의하는 것이다. →	(S11) 외국인을 위한 문화 교육에 필요한 것은, 한국에 있는 음식, 의복, 풍습을 그대로 겉모습만 보는 게 아니라 그것을 통해서 무엇을 성취하려고 하는가까지 깊이 관찰, 논의하는 것이다.[1] ──────── 1) 김하수(2008:241) 문제로서의 언어, 커뮤니케이션북스 참조	출처 제시 - 외각주 추가
(S4) 행위는 사람 가진 문화를 나타낸 것이다. 그 사람 어떤 문화를 가진지에 따라 행위 다르게 표현할 것이다. →	(S4) 행위는 사람 가진 문화를 나타낸 것이다. 그 사람 어떤 문화를 가진지에 따라 행위 다르게 표현할 것이다.[1] ──────── 1) 김하수(2008) 문제로서의 언어	원문의 출처 추가, 각주 제시 방법의 보완 필요(문장 부호, 쪽수 등)

위의 사례들은 다음과 같이 완전 주석과 약식 주석의 일반적인 형식을 따르는 것이 더 적절해 보인다. 또한 원문의 특정 부분을 똑같이 가지고 왔다면 쪽수도 명확히 밝히는 것이 쓰기에서의 정직성 실천을 위해 필요하다.

- 완전 주석-저자(연도), 서명, 출판사, 쪽수.
  예) 김하수(2008), 문제로서의 언어, 커뮤니케이션북스, 21쪽.
- 약식 주석-저자(연도: 쪽수) 참조.
  예) 김하수(2008: 241) 참조.

④ 원문의 저자에 대한 부적절한 존대 표현

아래의 사례는 본문 안에서 출처를 밝힐 때의 표지에 익숙하지 않은 것이다. 저자명과 연도는 반드시 함께 표시하되 원문의 저자에 대해 높이거나 낮추는 등의 존대 표현을 쓰는 것은 일반적이지 않다. 즉, '김하수 교수님께서 /김하수 선생님께서 말씀하셨다'와 같이 높이는 것도, 위의 사례에서처럼 같이 낮추는 것('김하수가 ~')도 부적절하다. 다음의 형식이 가장 보편적이다.

- 저자(연도)에서 ~   • 저자(연도)는 ~

자료 사용 교육 이전	자료 사용 교육 이후 과도기적 발달 양상	수정사항
(S17) 세계는 한 전체이다. 그런데 각 나라의 문화가 다르다. 외국인을 한국에 오는 것은 문화 교류의 좋은 프로젝트이다. 따라서 외국인을 위한 문화 교육을 필요하다고 생각한다. →	(S17) <u>김하수(2008)</u> 문화는 곧 행위라고 쓴다. 다른 것이 아니다. 한국가의 문화주제는 무엇인가? 김하수가 그 행위를 하는 원인을 생각하면 된<u>다고 한다.</u>	원문의 출처 추가, 인용 출처 제시 방법의 보완 필요

⑤ 한 문장에서 동일 출처의 반복 제시

하나의 문장에서 동일한 참고 문헌을 인용했을 때 각주를 굳이 2번 표시할 필요는 없다. 그러나 만약 반드시 2개의 각주를 표시하여 내용을 구분해야 한다면 각주1과 각주2에서 전자를 완전 주석으로 하고 후자를 약식 주석하는 것이 옳다.

자료 사용 교육 이전	자료 사용 교육 이후 과도기적 발달 양상	수정사항
(S1) 문화는 음식도 아니고 의복도 아니고 행위임으로, 그 행위가 무슨 의미를 갖는 건지를 알리는 것이 바로 "교육"이라고 생각한다. →	(S1) 문화는 음식도 아니고 의복도 아니고 행위임으로[1], 그 행위가 무슨 의미를 갖는 건지를 알리는 것이[2] 바로 "교육"이라고 생각한다. ―――――― 1) 김하수(2008), 문제로서의 언어 2) 김하수(2008), 문제로서의 언어, 커뮤니케이션북스 241쪽.	원문의 출처 추가

위의 각주는 다음과 같이 형식과 순서를 바꾸어 제시하는 것이 더 적절하다.

1) 김하수(2008), 문제로서의 언어, 커뮤니케이션북스, 241쪽.
2) 위의 책, 241쪽.

위의 사례는 자료의 특정 부분을 단일 문장에서 반복해서 인용할 때 나타난 것이다. 이것은 글쓰기 윤리를 과도하게 의식하거나 과장하여 준수하려고 할 때 보이는 현상이다.

(2) 자료 사용 교육 이전과 이후 모두 '출처 누락 유형'인 사례

다음은 자료 사용 교육 이전과 이후의 자가 점검 단계에서 모두 출처를 누락한 사례이다. 대부분의 학습자가 자가 점검 단계에서 출처를 인식하고 그것을 밝히고자 시도한 것에 비해 아래의 두 학습자는 자가 점검 단계에 이르러서도 출처 제시에 대한 인식이 없는 것으로 나타났다. 그런데 흥미로운 것은 선택형 문항, 즉 자료 사용의 적절한 사례를 찾아보는 앞선 문항에서 해당 학습자는 무엇이 더 적절한지를 잘 찾았다는 점이다. 그럼에도 불구하고 막상 스스로 자료를 활용할 때에는 출처에 대한 인식과 인용 방법에 대한 이해 부족으로 인하여, 자가 점검의 기회에서도 잘못된 점을 알아차리지 못했다.

✏️ 사례 25

자료 사용 교육 이전	자료 사용 교육 이후 발달 양상	수정사항
(S7) 한국어 학습자들이 '외국어로서의 한국어'를 배우면서 한국 문화 이해해야 한다. →	(나타나지 않음)	(없음)
(S15) 외국인에게 한국인의 결혼 풍습에 대하여 가르 →	(나타나지 않음)	(없음)

위의 사례를 쓴 학습자의 경우, 다른 학습자보다 상대적으로
의도하지 않게 글쓰기 윤리를 준수하지 못할 가능성이 높을 것으
로 예측할 수 있다. 왜냐하면 위와 같이 자료의 상당 부분을 자신
의 글에 똑같이 가지고 온 것에 대해 자가 점검의 단계에 이르러
서도 그것이 잘못된 것임을 인지하지 못한다는 것은 실제 보고서
를 작성할 때에도 이러한 행위가 자연스럽게 나타날 수 있음을
의미하기 때문이다. 만약 해당 학습자가 단기간에 완성도가 비교
적 높은 보고서를 제출한다면 위와 같은 쓰기 과정에서의 실제
사례를 근거로 글쓰기 윤리 위반 여부를 판단할 수 있을 것이다.

조제희(2009: 16)에서는 학기 초에 학습자들이 교실에서 쓴 글,
즉 학습자의 실력이 그대로 나타나 있는 글(diagnostic writing)과 표
절이 의심되는, 숙제로 내 준 글(assigned essay)을 대조해 봄으로써
그들의 실력을 파악할 수 있다고 하였다.[9] 이를 실천하기 위해
교수자가 쓰기 학습 과정에서 나타나는 학습자의 개별 수준에

---

9) 또한 조제희(2009: 16, 32)에서는 학습자들이 얼마나 정직하게 글을 쓰는지를
판별하기 위하여 교수자는 학생들 개개인의 글쓰기 실력을 파악하고 있어야
한다고 하면서 단순히 과제를 부여한 뒤 최종 원고만 제출받는 교수법
(Product-oriented pedagogy)에서는 표절을 범하더라도, 혹은 심증이 가더라도
이에 대한 조치를 할 수 없다고 하였다. 따라서 글쓰기 과정 지도 교수법
(Process-oriented pedagogy)을 통해 글쓰기를 가르치는 교수들은 마지막 원고
를 제출할 때까지의 전 과정에 관여하면서 표절을 범하지 않도록 지도해야
함을 강조하였다.

대해서 꼼꼼히 기록해 두어야 할 것이다.

자료 사용의 적절성 이해에 대한 변화

지금까지 자료 사용의 적절성 이해 능력의 발달 양상을 자료 사용 교육 이전과 이후의 결과를 비교하면서 살펴보았다. 다음은 위에서 살핀 선택형 문항의 결과와 짧은 문장 쓰기 문항에서 출처 제시 여부의 결과를 종합하여 학습 이전과 이후의 발달 양상을 함께 보인 것이다.

<표 20> 자료 사용의 적절성 이해에 대한 변화

구분		자료 사용 교육 이전	자료 사용 교육 이후
선택형 문항	적절한 자료 사용 사례 선택	9명 (52.9%)	15명 (88.2%)
	선택의 이유 이해	5명 (29.4%)	14명 (82.3%)
짧은 문장 쓰기 문항	자료 사용 시 출처 제시	3명 (17.6%)	12명 (70.6%)

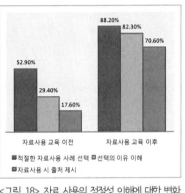

<그림 18> 자료 사용의 적절성 이해에 대한 변화

위의 결과를 통해 인용 학습 이후의 자료 사용에 대한 이해 능력 발달 양상을 쉽게 확인할 수 있다. 이상의 결과가 함의하는 바는 다음과 같이 정리할 수 있다.

첫째, 자료 사용 교육을 통해 출처에 대한 이해 및 인식은 전반적으로 긍정적인 발달 양상을 보였다. 활용한 자료에 대해 출처를 밝히는 것이 자연스럽게 받아들여지고 이것을 잘 실천할수록 쓰기에서의 정직성 준수 가능성이 높아진다. 이러한 점을 감안한다면 앞서 밝혀진 결과는 곧 자료 사용에 대한 학습이 글쓰기 윤리 준수의 가능성을 높일 수 있음을 입증한 것이라 볼 수 있다.

둘째, 단순히 자료 사용이 적절한 사례를 선택하는 것만으로는 학습자의 자료 사용에 대한 이해 정도를 파악하는 데에 한계가 있다. 즉, 적절한 사례를 선택했다고 해서 그 이유까지 명확히 이해하고 있는 것으로 간주할 수 없었기 때문이다.

셋째, 적절한 사례 선택과 더불어 선택의 이유를 제대로 이해한 학습자라 하더라도 스스로 자료를 사용하는 상황에서 출처를 제시한 경우는 매우 드물었다. 즉, 주어진 사례에서 옳은 것을 선택할 때의 인식과 스스로 글을 쓸 때 실현되는 출처에 대한 인식에는 큰 차이가 있다는 점이다. 그러나 자료 사용 교육 이후에는 그 차이가 상당히 좁혀진 것을 볼 때 자료 사용 교육 및 학습은 자료의 적절한 사용을 위해 매우 유의미하다는 점을 알 수 있었다.

본 절에서는 자료 사용의 적절성에 대한 학습자의 이해 정도 알아보기 위하여 단순한 설문이 아닌 실제 쓰기 사례를 바탕으로 다각도의 방법을 활용하였다. 또한 일회성의 조사가 아닌 자료 사용 교육 전후의 결과를 비교함으로써 그 발달 양상을 알아보았다. 그러나 역동적으로 발달해 가는, 개별 학습자마다 내재되어 다양한 양상을 띠고 있을 자료 사용의 적절성에 대한 인식 및 이해 정도를 완벽하게 파악했다고는 할 수 없을 것이다. 그럼에도 불구하고 본 연구는 이러한 양상들을 종적으로 분석하여 그 변화 과정을 살피고자 한 측면에서는 의미 있는 작업이었다고 본다.

1. 학습자의 자료 사용 전략 중에서, 그 출처를 명확히 밝히지 않고 일반적인 사실로 일반화시키는 유형으로 '과일반화 전략'이 있습니다. 그 대표적인 사례를 찾아보십시오.

2. 다음은 학습자들이 자료 사용에 대해 자주 던지는 질문입니다. 이에 대해 어떻게 답할 수 있습니까?

   • 출처만 밝힌다면 인터넷 포털 사이트의 자료는 어떤 것이라도 쓸 수 있나?

   • 자료에 있는 내용이 나의 의견과 거의 같을 때도 출처를 밝혀야 하나?

   • 매우 좋은 자료를 발견했는데 출처를 도무지 알 수 없다면 그 자료는 보고서에 활용할 수 없나?

   • 보고서에 인용할 수 있는 자료의 비중은 어느 정도까지 괜찮은가?

   • 기말 보고서에 참고문헌은 몇 편 정도가 적절한가?

   • 보고서에서 같은 자료를 여러 번 인용한다면 그때마다 출처를 밝혀야 하나?

3. 자료 사용의 적절성 이해를 위한 방법으로, '선택형' 문항과 '자료 기반 쓰기'의 사례를 들어 보고 각각의 장단점을 말해 보십시오.

추천논저

연구윤리정보센터 홈페이지(http://www.cre.or.kr/)에 소개된 논저 참조.

Barks, D.. & P. Watts(2001), "Textual borrowing strategies for graduate-level ESL writers". In D. Belcher & A. Hirvela(Eds.), *Linking literacies: Perspectives on L2 reading-writing connections*. Ann Arbor: University of Michigan Press. pp. 246~267.

Connor, & Kramer(1995), "Writing from Sources: Case Studies of Graduate Students in Business Management.", In D. Belcher & G. Irvena(Eds.), *Academic Writing in a Second Language: Essays on Research and Pedagogy*, Norwood: Ablex Publishing Group. pp. 155~182.

제**10**장

자료 사용의 연습 단계

✓ 자료의 출처를 표시할 때 나타나는 양상은 무엇인가?
✓ 자료의 내용을 통합할 때 나타나는 양상은 무엇인가?

　자료 사용 학습 후, 즉 자료 사용의 연습 단계에서는, 이전 단계보다 훨씬 다양하고 폭넓은 전략과 양상들이 발견되었다. 먼저 다음과 같이 우수한 전략을 가진 학습자일수록 자료 사용의 형식을 잘 준수할 뿐만 아니라 원문을 자신의 글에 가져오면서 그것에 관련된 필자의 의견이나 해석을 자연스럽게 통합하는 경향을 보였다.

"다양한 자료를 효과적으로 검색하는 것은 좋은 글을 쓰기 위해 반드시 필요한 작업이다"(정희모 외, 2008) 그러므로 학술적 글쓰기를 위해서 대학 신입생에게 학술정보 이용 교육은 반드시 필요하다.

위의 사례는 '출처 표시'와 '내용 통합' 능력이 모두 우수한 학습자의 대표적인 사례이다. 그러나 학습의 후반 시점이라고 해서 출처 표시와 내용 통합 능력이 고루 갖추어진 사례가 확연히 늘어난 것은 아니었다. 오히려 대부분의 학습자는 학습의 후반으로 갈수록, 즉 자료 사용에 대한 적극적인 시도를 하면 할수록 과도기적 양상들이 더 다양하게 나타났다는 점이 주목할 만하다. '출처 표시'와 관련된 사례와 '내용 통합'과 관련된 사례를 통해 각각의 과도기적 양상들을 살펴보도록 하겠다. 먼저 다음은 출처 표시와 관련된 과도기적 양상의 사례이다.

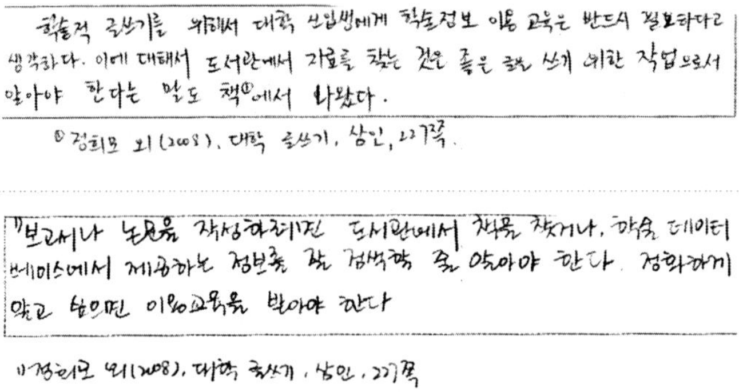

<그림 19> 출처 표시와 관련된 과도기적 양상의 사례

다음은 내용 통합과 관련된 과도기적 양상의 사례인데 자료에서 가져온 내용이 필자의 글과 다소 부자연스럽게 연결되었음을 알 수 있다. '출처 표시'와 관련된 사례들이 학습 전반에 두드러진 것에 비해 학습의 후반으로 갈수록 <그림 20>과 같은 '내용 통합'과 관련된 양상과 전략들이 훨씬 더 다양하게 나타나고 있었다.

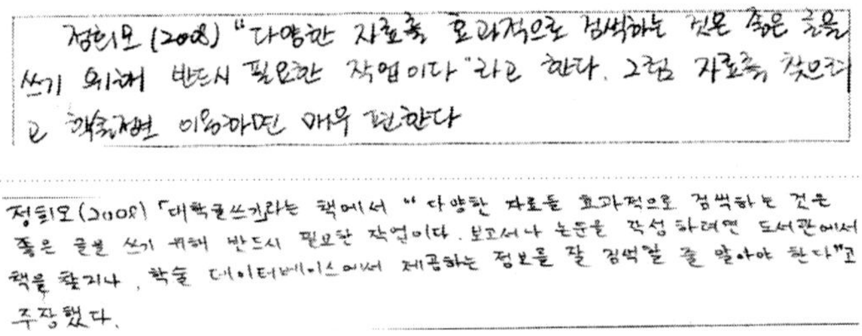

정희모 (2008) "다양한 자료들 효과적으로 범벅하는 것은 좋은 글을
쓰기 위해 반드시 필요한 작업이다"라고 한다. 그럼 자료를 찾으려
고 해축관 이용하면 매우 편하다

정희모 (2008) 「대학글쓰기」라는 책에서 " 다양한 자료를 효과적으로 범벅하는 건은
좋은 글은 쓰기 위해 반드시 필요한 작업이다. 보고서나 논문을 작성하려면 도서관에서
책을 찾거나 학술 데이터베이스에서 제공하는 정보를 잘 검색할 줄 알아야 한다"고
주장했다.

<그림 20> 내용 통합과 관련된 과도기적 양상의 사례

〈그림 19〉, 〈그림 20〉과 같은 사례들은 쓰기 학습의 과정에서
나타나는 발달의 모습을 여실히 보여 주는 긍정적인 양상이라는
측면에서 의미가 있다. 다음 〈그림 21〉은 자료 사용 학습 후 나타
난 자료 사용 사례를 분석함으로써 얻은 자료 사용 양상 및 전략
을 종합적으로 정리한 것이다. 음영 표시가 된 부분이 자료 사용
의 과도기적 양상에 해당하는 것이다. 음영 부분이 전체에서 차
지하는 비중이 눈에 띄게 많은 것은 그만큼 과도기적 양상들이
광범위하게 나타나고 있음을 의미하는 것이다.

자료의 출처 표시에서 나타난 특징

본 절에서는 학습 후반의 자료 사용 양상에서 가운데 출처 표시
를 중심으로 살펴본다. 사전 진단 쓰기와 학습의 초반 단계에서는
출처 누락 유형이 출처 제시 유형보다 압도적으로 많았다. 학습의
후반 단계에 이르러서는 대부분이 출처 제시 유형으로 바뀌었다
는 점이 큰 변화라 할 수 있다. 이 단계의 특징은 출처 표시 방법의
적절성을 기준으로 다시 세분화할 수 있었다는 점이다.

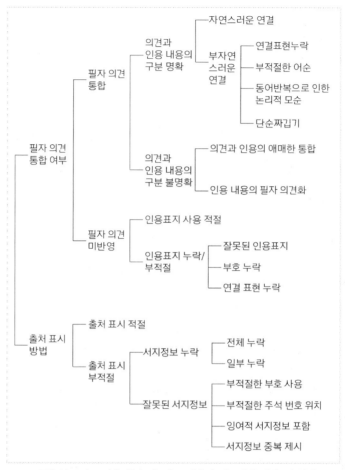

<그림 21> 자료 사용 학습 후-자료 사용의 과도기적 양상 및 전략

  출처 표시가 적절하지 않은 사례들을 중심으로 쓰기 학습 과정에서 나타나는 양상들의 특징을 포착해 보도록 하겠다. 특히 서지정보와 관련된 양상들이 많이 나타나는데 '서지사항을 밝히는 방법, 즉 '누구'의 글을 '어디'에서 가지고 왔는지를 표시하는 방법에 관한 사항은 정직한 글쓰기를 견인하기 위해 반드시 강조되어야 할 부분(최선경, 2009a: 318)'이라는 측면에서 면밀한 분석이 필요하다.

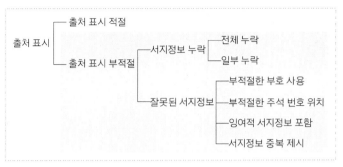

<그림 22> 자료 사용 학습 후 - 자료의 출처 표시 양상 및 전략

출처 표시가 부적절한 사례들을 검토한 결과, 크게 서지정보가 누락된 유형과 잘못된 유형으로 나뉘었다. 첫 번째로 '서지정보 누락 유형'은 전체 누락의 경우와 일부 누락의 경우로 구분되었다. 학습자들이 자주 누락시키는 서지정보로는 연도, 쪽수 등으로 밝혀졌다. 두 번째로, '잘못된 서지정보 유형'은 부호 사용이 부적절한 것, 주석 번호의 위치가 틀린 것, 잉여적 서지정보가 포함된 것, 동일 서지정보가 중복된 것 등이 확인되었다.

본 연구에서는 이러한 모든 유형들을 단순히 오류라고 판단하거나 부정적으로 보는 것이 아니라, 쓰기 학습 발달 과정에서 자연스럽게 나타날 수 있는 현상으로 본다. 다만, 여기에서 나타난 사례 및 유형을 통해 쓰기 학습 과정을 더욱 면밀히 이해하는 것은 더욱 효율적인 교수·학습을 위해 필요한 작업이다.

서지정보 누락

서지정보 누락 유형은 사전 진단과 학습 초반 단계에 비하면 확연히 감소하였다. 그러나 '전체 누락'의 경우와 '일부 누락'의 사례가 다소 남아 있었다. 또 서지정보 제시에 대한 인식 부재로 나타나는 '전체 누락' 유형보다는 서지정보에 대한 인식의 불충분함으로 인해 나타나는 '일부 누락'의 유형이 상대적으로 더 많았다. 먼저 서지정보 전체 누락의 유형을 살펴보도록 하겠다.

1) 서지정보 전체 누락

다음 사례는 학습자가 자신의 의견을 뒷받침 내용을 각주를 달아 참고텍스트에서 가져온 것이다. 그런데 전체를 원문에서 가져왔음으로 불구하고 참조주의 서지정보를 모두 누락하였기 때문에 전체가 마치 필자의 의견처럼 되어 있다.[1]

사례 26 서지정보 전체 누락 사례

원문	학생의 글
다양한 자료를 효과적으로 검색하는 것은 좋은 글을 쓰기 위해 반드시 필요한 작업이다. 보고서나 논문을 작성하려면 도서관에서 책을 찾거나, 학술 데이터베이스에서 제공하는 정보를 잘 검색할 줄 알아야 한다.	(S15) 좋은 글을 쓰기 위해 여러 가지 필요한 것이 있다.[3] --- [3] 다양한 자료를 효과적으로 검색하는 것은 반드시 필요한 작업이다. 보고서나 논문을 작성하려면 도서관에서 책을 찾거나, 학술 데이터베이스에서 제공하는 정보를 잘 검색할 줄 알아야 한다.

다음의 사례도 위와 비슷한 경우인데, 원문의 내용을 어순만 바꾸었을 뿐 하나의 문장 전체를 그대로 옮겼음에도 불구하고 출처를 남기지 않았다. 즉, 서지정보가 모두 누락되어 있다. 물론 일반적인 상식에 해당하는 내용인 경우에는 굳이 출처를 밝히지 않아도 무방하지만, 자료에서 가져온 문장 혹은 표현을 똑같이 옮기는 경우라면 출처를 구체적으로 남기는 것이 바람직하다.

---

[1] 각주 번호의 형식도 양괄호가 아닌 외괄호로 수정하는 것이 적절하다.

✎ 사례 27 서지정보 전체 누락 사례

원문	학생의 글
다양한 자료를 효과적으로 검색하는 것은 좋은 글을 쓰기 위해 반드시 필요한 작업이다.	좋은 글을 쓰기 위해 다양한 자료를 효과적으로 검색하는 것은 반드시 필요한 작업이다.

위의 두 사례를 쓴 학습자와 같이 자료의 특정 부분을 가져오면서 서지정보를 모두 누락하는, 즉 출처를 남기지 않는 쓰기 습관이 고착된다면 글쓰기 윤리의 준수는 어려워진다.

2) 서지정보 일부 누락

서지정보 일부 누락의 유형은 쓰기 학습 발달 과정에서 매우 빈번하게 볼 수 있는 현상이다. 출처 제시에 대한 인식을 바탕으로 서지정보를 의식하면서 실제 자신의 글에 그것을 표현할 때 필수 서지정보에 대한 판단 부족으로 인해 그 일부가 누락되기도 하는 것이다. 연도와 쪽수 정보가 누락된 유형, 그리고 쪽수 정보가 누락된 유형이 대표적이다.

(1) 연도, 쪽수 정보 누락

필수 서지정보 가운데 학문 목적 한국어 학습자들의 글에서 자주 누락되는 것은 학술자료의 연도와 쪽수이다. 상대적으로 저자의 이름은 빠뜨리지 않는 편이며, 잉여적으로 서명(책 제목)까지 내각주에서 함께 언급하는 사례가 많다.

사례 28 서지정보 일부(연도, 쪽수) 누락

(S4) 좋은 글을 쓰려면 많은 자료를 어떻게 효율성 있게 검색하는 것이 중요하다.(정희모, 대학글쓰기 참조)

(S6) 정희모의 대학 글쓰기에는, "다양한 자료를 효과적으로 검색하는 것은 좋은 글을 쓰기 위해 반드시 필요한 작업이다"라고 한다.

위에서 두 번째 사례의 경우, 서명이 필수 서지정보는 아니므로 생략해도 무방하며 굳이 반영하고자 한다면 다음과 같이 수정하는 것이 자연스럽다.

- 저자의 서명에는, "　"라고 한다.
→ 저자, 연도: 쪽수의 서명에서는, "　"라고 하였다.
→ 저자, 연도: 쪽수에서는 "　"라고 하였다.

(2) 쪽수 정보 누락

다음은 출처 표시 형식은 어느 정도 잘 준수했지만 쪽수가 명시되지 않은 사례이다. 실제로 쪽수 정보의 누락은 한국인 학습자에게서도 자주 나타나는 현상이며 쓰기 전략이 우수한 학습자들도 종종 놓치기 쉬운 부분이다. 그러나 자료의 특정 부분, 혹은 매우 중요한 내용을 그대로 옮겨 자신의 글에 반영했을 때 쪽수를 명시하는 습관은 글쓰기 윤리의 준수를 위해 매우 중요한 일이므로 강조할 필요가 있다.

✏ 사례 29 서지정보 일부(쪽수) 누락

> (S5) "다양한 자료를 효과적으로 검색하는 것은 좋을 글을 쓰기 위해 반드시 필요한
> 작업이다."(정희모 외, 2008) 그러므로 학술적 글쓰기를 위해서 대학 신입생에게
> 학술정보 이용 교육은 반드시 필요하다.

> (S2) 정희모 외(2008)는 보고서나 논문을 작성할 때 학술정보를 잘 검색할 줄 알아야
> 하기 때문에 자료들을 효과적으로 검색하면 좋은 글을 쓸 수 있다고 주장하였다.

서지정보의 잘못된 기술 형식

서지정보의 잘못된 기술 형식의 유형은 부호 사용이 부적절한 것, 주석 번호의 위치가 틀린 것, 잉여적 서지정보가 포함된 것, 동일 서지정보가 중복된 것 등이 있었다. 구체적인 사례 및 특징은 다음과 같다.

1) 부적절한 부호 사용

서지정보의 잘못된 기술 형식의 대표적인 예로는 부적절한 부호 사용을 꼽을 수 있었다. 학습자들의 사례를 분석한 결과, 각주 번호의 임의적 사용, 불필요한 부호의 삽입, 직접 인용 시 작은따옴표 사용, 내각주 괄호의 작위적 선택 등이 발견되었다.

✏ 사례 30 각주 번호 혼동

학생의 글	수정 방안
(S12) 다양한 자료를 효과적으로 검색하는 것은 좋은 글을 쓰기 위해 반드시 필요한 작업[①]이기 때문에 학술정보를 이용하는 것은 아주 중요하다. 참고 ① 정희모 외(2008), 대학 글쓰기, 삼인, 227쪽.	→ 각주 번호를 외 괄호로 바꿈

(S15) "다양한 자료를 효과적으로 검색하는 것은 좋은 글을 쓰기 위해 반드시 필요한 작업이다".[9]

📝 사례 31 불필요한 부호(-) 사용

학생의 글		수정 방안
(S12) 많은 정보나 자료를 효과적으로 검색하는 것은 글을 쓰는 데에 있어서 반드시 필요한 작업 (정희모 외-2008년 대학 글쓰기, 삼인, 227쪽)이기 때문에 학술정보를 이용하는 것은 아주 중요하다	→	이음줄(-) 삭제

📝 사례 32 직접인용 시 작은따옴표 사용

학생의 글		수정 방안
(S13) 정희모(2008)의 '다양한 자료를 효과적으로 검색하는 것은 좋은 글을 쓰기 위해 반드시 필요한 작업이다. 보고서나 논문을 작성하려면 도서관에서 책을 찾거나, 학술 데이터베이스에서 제공하는 정보를 잘 검색할 줄 알아야 한다.'[1)]는 말처럼 대학교 학생들은 반드시 학술정보 이용 교육을 받아야 한다.	→	작은따옴표를 큰따옴표로 바꿈

📝 사례 33 내각주의 괄호 형식이 부적절한 사례

학생의 글		수정 방안
(S11) 좋은 글을 쓰기 위해 다양한 자료를 효과적으로 검색하는 것이 필요하다. {정희모(2008) 대학글쓰기, 삼인, 227쪽}	→	큰괄호({ })를 작은괄호( )로 바꿈

위의 사례들은 글쓰기 윤리 준수에 대한 인식과 의지가 높아 실제 쓰기 상황에서 출처 표시에 대한 다양한 시도를 하면서 나타나는 현상이라 볼 수 있다. 따라서 매우 긍정적인 쓰기 발달의 과정을 거치고 있다는 근거가 되는 것이다.

위의 사례들은 실제 교수 시에도 유용한 자료로 활용할 수 있다. 학습자들에게 부적절한 부호 사용의 사례들을 보여 주고 한국어로 학술적 쓰기를 할 때 일반적으로 지켜지는 형식에서 벗어난 것을 찾아 적절하게 고쳐 보도록 함으로써 관찰과 발견 학습을 할 수 있다. 또한 부호 하나를 사용하더라도 임의로 하는 것이 아니라 학술적 쓰기에서의 관습에 맞게 따르는 것이 중요하다는 것을 깨달을 수 있을 것이다.

2) 주석번호의 부적절한 위치

학습자가 자료의 내용을 자신의 글에 가져오면서 출처 표시에 있어서 자주 혼동하는 것 가운데 하나는 주석의 위치이다. 주석번호는 인용한 내용의 가장 마지막에 다는 것이 원칙이나 이를 혼동하여 가장 앞에 번호를 붙이는 경우가 종종 발견된다.

✎ 사례 34

학생의 글		수정 방안
(S14) 좋은 글을 쓰기는 누구에게나 쉽지 않은 일이다. 하여 ¹⁾다양한 자료를 효과적으로 검색하거나 참조하는 것은 많은 도움이 된다. ——————— 1) 정희모 외(2008), 대학 글쓰기, 삼인, 227쪽.	→	각주 번호를 인용한 내용의 끝으로 옮김
(S17) 학술정보 교육을 통해 자료를 찾는 방법을 알 수 있다. ¹⁾좋은 글을 쓰기 위해 다양한 자료를 효과적으로 검색하는 것을 반드시 필요한다. ——————— 1) 정희모 외(2008), 대학 글쓰기, 삼인, 227쪽.		

위의 사례에서 나타나듯이 각주 번호의 위치가 잘못된 것 이외에 해당 학습자는 외각주의 형식 등에 있어서는 충분히 인식하고 있음을 알 수 있다. 그러나 아무리 인용의 형식이 잘 지켜졌다고

하더라도 인용의 범위를 명시하는 기능이 있는 각주 번호의 위치가 잘못된다면 의도하지 않게 글쓰기 윤리를 준수하지 못하게된다. 특히 문장이 길어지거나 하나의 문장 안에 인용한 내용과필자의 의견이 섞여 있는 경우, 각주 번호의 위치는 그것을 구분하는 결정적인 단서가 되므로 주의가 필요하다.

3) 잉여적 서지정보 포함

자료의 내용을 가져오면서 출처를 표시할 때는 해당 언어권의학술 담화에서 일반적으로 지켜지는 형식을 따라야 한다. 더 구체적으로는 분야별, 계열별로 정해진 형식을 준수하여야 하는데 학문 목적 한국어 학습자의 경우, 특히 전공 진입 전의 신입생이라면 가장 일반적인 형식을 알고 그것을 모방하는 것이 바람직하다.

사례 35

학생의 글		수정 방안
(S14) 보고서나 논문을 작성하려면 도서관에서 책을 찾거나, 학술 데이터베이스에서 제공하는 정보를 잘 검색할 줄 아는 것(정희모 외(2008), 대학 글쓰기, 삼인, 227쪽)도 매우 중요한 일이다.	→	서명, 출판사명 삭제

위의 다음 사례의 경우를 보면, 내각주로 서지정보를 밝힐 때는 저자, 연도, 쪽수만으로 충분함에도 불구하고 서명을 밝힘으로써 잉여적 서지정보를 반영한 것이 되었다. 그러나 글쓰기 윤리의 관점에서 본다면 심각한 문제가 되는 것은 아니다. 만약 서명을 꼭 밝혀야 하는 경우라면 외각주를 사용하는 것이 학술적 글쓰기에서 더 일반적인 형식이다.

4) 서지정보 중복 제시

학술적 글쓰기에 있어서 출처를 표시할 때 서지정보는 외각주나 내각주 가운데 하나의 방법을 택하는 것이 일반적이다. 그런데 학문 목적 한국어 학습자들의 글을 보면 이 두 가지 방법을 모두 활용하여 출처를 과잉으로 제시하는 경우가 있다.

✎ 사례 36

학생의 글		수정 방안
(S13) 정희모(2008)의 '다양한 자료를 효과적으로 검색하는 것은 좋은 글을 쓰기 위해 반드시 필요한 작업이다. 보고서나 논문을 작성하려면 도서관에서 책을 찾거나, 학술 데이터베이스에서 제공하는 정보를 잘 검색할 줄 알아야 한다.'[1]는 말처럼 대학교 학생들은 반드시 학술정보 이용 교육을 받아야 한다. 1) 정희모 외(2008), 대학 글쓰기, 삼인, 227쪽.	→	외각주나 내각주 중 택일

위의 사례는 본문에서 출처를 한 번 밝혔음에도 불구하고 다시 한 번 외각주의 형식으로 서지정보를 중복 제시하였다. 내각주에 쪽수 정보까지 제시하여 명확하게 출처를 밝힌 후 외각주를 삭제하거나, 외각주만 남기는 방법으로 수정이 필요하다. 이와 같이 서지정보를 중복 제시한 것은 서지정보의 누락 유형보다는 글쓰기 윤리의 측면에서 보면 긍정적인 사례라 볼 수 있다. 그러나 학술적 글쓰기에서 일반적으로 지켜지는 형식을 잘 알고 그것을 제대로 지킬 때 더욱 학술적 쓰기다운 글을 쓸 수 있음을 학습자들이 주지하도록 해야 한다.

자료의 내용 통합에서 나타난 특징

자료 사용 양상 가운데 내용 통합을 중심으로 살펴보면, 자료의 내용만을 언급하는가, 필자의 의견을 함께 통합하는가에 따라 크게 구분된다. 또 각각은 사례는 〈그림 23〉과 같이 세분화할 수 있었다.

<그림 23> 자료 사용 학습 후-내용 통합 양상 및 전략

내용 통합 양상에서 나타난 종합적인 특징을 정리하면 다음과 같다.

첫째, 우수한 전략을 가진 학습자자일수록 원문을 자신의 글에 가져오면서 그것에 관련된 필자의 의견이나 해석을 통합하는 경향이 있었다. 더불어 내용적인 부분에 대한 통합 전략을 가지고 있는 학습자의 경우 형식적인 측면의 오류가 별로 눈에 띄지 않았다. 다만, 상대적으로 미숙한 학습자일수록 원문의 내용과 필자 의견의 연결이 자연스럽지 못한 경향이 있었다.

두 번째로, 원문을 자신의 글에 가져올 때 필자 의견의 통합 없이 가져온 내용만을 언급한 경우, 담화 표지를 적절하게 사용한 사례와 그렇지 않은 사례로 나뉘었다. 또 필자 의견 통합이 있는 사례일수록 자료 사용의 형식을 잘 준수하고, 의견 통합이 없는 사례일수록 자료 사용의 형식에 미숙한 것으로 드러났다.

원문 내용과 필자 의견의 통합

본 절에서는 먼저 원문 내용과 필자 의견이 통합된 사례를 검토하고 그 특징을 살펴보고자 한다. 원문 내용과 필자 의견이 통합될 때 그 둘의 경계가 명확하지 않으면 글쓰기 윤리를 위반한 것이 된다. 자료 사용에 있어서 원문의 통합 여부와 학습자들이 쓴 사례를 살펴본 결과, 원문 내용과 필자 의견을 통합하면서 그 구분이 명확하게 나타난 것과 그렇지 않은 것으로 나뉘었다.

1) 원문 내용과 필자 의견의 구분 명확

원문 내용과 필자 의견의 구분이 명확한 사례는 다시 크게 두 가지로 분류할 있었다. 하나는 원문 내용과 필자 의견의 연결이 자연스러운 것, 다른 하나는 원문 내용과 필자 의견의 구분은 명확하지만 연결이 부자연스러운 것이다.

(1) 연결이 자연스러운 사례 유형

자신의 의견과 원문의 내용을 부분을 자연스럽게 연결할 줄 아는 학습자는 다음과 같은 표지들을 사용하였다. 본 연구에서 분석한 사례들에서는 다음과 같은 전략과 유형들이 확인되었다.

첫째는 자료를 먼저 인용하고 의견을 덧붙이는 것이고, 두 번째는 의견을 먼저 밝힌 후 그에 대한 근거를 자료에서 빌려오는 것이다. 세 번째는 의견을 피력한 후 필요한 자료를 인용한 후 다시 한 번 자신의 의견을 강조하는 유형이 있었다.

<표 21> 자료 사용 학습 후-원문 내용과 필자 의견의 통합 전략 및 유형

유형	특징
유형1 인용. 그러므로 의견. 인용. 하지만 ~기 때문에 의견.	원문을 먼저 인용 후 필자 의견을 덧붙이거나 해석
유형2 의견. 이에 대해서 인용도 ~고 했다	의견을 먼저 밝힌 후 그에 대한 근거로 원문 인용
유형3 의견. 왜냐하면 의견. 인용. 그래야 의견고 생각한다.	필자 의견을 먼저 밝히고 원문을 인용한 후 다시 한 번 자신의 의견을 강조

위의 〈표 21〉에서 살펴본 유형별 사례는 다음과 같다.

✏ 유형 01 인용. 그러므로 의견.

> (S5) 다양한 자료를 효과적으로 검색하는 것, 즉 도서관에서 책을 찾는 것, 학술 데이터베이스에서 정보를 검색하는 것은 논문을 작성하기 위해 필수적인 과정이다.[1] 그러므로 학술적 글쓰기를 위해서 대학 신입생에게 학술정보 이용 교육은 반드시 필요하다.
>
> ---
> 1) 정희모 외(2008) 참조

✏ 유형 01 인용. 하지만 ~기 때문에 의견.

> (S3) 다양한 자료를 효과적으로 검색하는 것은 좋은 글을 쓰기 위해 반드시 필요한 작업이다. 또한 보고서나 논문을 작성할 때에도 도서관에서 책을 찾거나, 학술 데이터베이스에서 제공하는 정보를 잘 검색하는 것은 필수이다.[1] 하지만 대부분의 대학 신입생들은 학술정보 이용에 대한 지식이 없기때문에 그들의 학술적 글쓰기를 위해서 대학의 학술정보 이용 교육은 반드시 필요하다.
>
> ---
> 1) 정희모 외(2008), 「대학글쓰기」, 삼인, 227쪽.

✏️ 유형 02 │ 의견. 이에 대해서 인용도 ~고 했다

> (S8) 학술적 글쓰기를 위해서 대학 신입생에게 학술정보 이용 교육은 반드시 필요하다고 생각한다. 이에 대해서 정희모 외(2008, 227)도 "다양한 자료를 효과적으로 검색하는 것은 글을 쓰기 위해 반드시 필요한 작업이다. 보고서나 논문을 작성하려면 도서관에서 책을 찾거나, 학술 데이터베이스에서 제공하는 정보를 잘 검색할 줄 알아야 한다"고 했다.

✏️ 유형 03 │ 의견. 왜냐하면 의견. 인용. 그래야 의견고 생각한다.

> (S13) 우리 대학교에 들어간 학생들의 대부분은 들어간지 오래됐음에도 아직까지 학술정보 이용 방법을 잘 모른다. 왜냐하면 학술정보 이용 교육을 안 받았기 때문이다. 이들이 학교에서 논문을 작성하려면 도서관에서 책도 찾고 학술 데이터베이스에서 제공하는 정보도 검색할 줄 알아야 된다.[1] 그래야 좋은 글을 쓸 수 있다고 생각한다.
>
> ────────────
> 1) 정희모 외(2008), 「대학글쓰기」, 삼인, 227쪽.

(2) 연결이 부자연스러운 사례 유형

다음으로 자료의 내용과 필자 의견이 명확히 구분되었으나 그 연결이 자연스럽지 않은 사례를 살펴보도록 하겠다. 그 예로는 '연결 표현 누락, 부적절한 어순, 동어 반복으로 인한 논리적 모순, 단순 짜깁기' 등의 유형이 발견되었다. 이와 같은 유형들은 자료 사용에 대한 적극적인 시도를 하고 있고 자신의 의견과 원문의 내용을 명확히 구분해야 하는 것도 알고 있지만 그 통합 방법에 있어 다소의 미숙함이 나타나는 것이다. 그러나 이러한 사례들은 쓰기 발달 단계에서 자연스럽게 나타나는 현상으로 현재의 수준을 보여 주는 것이고 그 다음 단계로 나아가기 위해 거쳐 가는 과정이라는 측면에서는 매우 긍정적이다. 다만 교수자는 이러한 양상들을 이해하고 지속적으로 관여하고 개입함으로써 발달이 촉진되도록 해야 한다. 미숙함이나 이해 부족으로 인한 사소한 실수들의 누적은 의도하지 않게 글쓰기 윤리의 준수를 방해하는 부정적인 요인들이 될 우려가 있기 때문이다. 각각의 유형에 해당하는 사례와 함께 수정 방안에 대한 예시도 보이도록 하겠다.

① 연결 표현 누락

자료 내용과 필자 의견을 통합할 때 그 사이에 연결 표현이 누락됨으로써 어색해진 사례이다. 첫 번째로 제시한 것은 인용된 부분을 통합하여 하나의 문장으로 구성하였으나 연결 부분이 빠져 있고, 주어와 서술어의 호응이 이루어지지 않는 문제점이 발견된다. 또한 '좋은 글을 쓰다'라는 표현이 문장의 앞뒤에서 반복되면서 논리적 모순이 드러나고 있으므로 이 부분이 수정되는 것이 좋겠다.[2]

✏️ 사례 37

학생의 글		수정 방안 예시
(S15) 좋은 글을 쓰기 위해 필요한 것 중 하나 "다양한 자료를 효과적으로 검색하는 것은 좋은 글을 쓰기 위해 반드시 필요한 작업이다".[9] ―――――― (9) 정희모 외(2008), 대학 글쓰기, 삼인, 227쪽	→	좋은 글을 쓰기 위해 필요한 것 중 하나는 "다양한 자료를 효과적으로 검색하는 것[9]"이다. ―――――― 9) 정희모 외(2008), 대학 글쓰기, 삼인, 227쪽
(S4) 학술적 글쓰기를 위해서 대학 신	→	(예시1) 학술적 글쓰기를 위해서

――――――
2) 수정 방안 예시에서 밑줄을 그은 곳은 학습자의 사례에서 특히 수정되어야 할 부분임을 뜻한다.

입생에게 학술정보 이용 교육은 반드시 필요하다. 정희모 외(2008) 대학 글쓰기에 나온 말에 따르면,	대학 신입생에게 학술정보 이용 교육은 반드시 필요하다. 이에 대하여 정희모 외(2008)에서는 다음과 같이 밝히고 있다. (…중략…)
'다양한 자료를 효과적으로 검색하는 것은 좋은 글을 쓰기 위해 반드시 필요한 작업이다. 보고서나 논문을 작성하려면 도서관에서 책을 찾거나, 학술 데이터베이스에서 제공하는 정보를 잘 검색할 줄 알아야 한다.'	(예시2) 학술적 글쓰기를 위해서 대학 신입생에게 학술정보 이용 교육은 반드시 필요하다. 학술정보 이용 교육의 중요성에 대해서 정희모 외(2008)에서는 다음과 같이 언급하였다. (…중략…)

다수의 문장, 또는 단락 전체를 인용할 경우 본문의 위아래를 한 행씩 띄고 인용할 내용을 한 칸 들여쓰기 하는 것이 일반적이다. 위에서 제시한 두 번째 사례는 자료에서 두 문장을 가져오면서 들여쓰기 했으므로, 그 형식은 적절하다고 할 수 있다. 다만, 인용할 내용을 지시하고 출처를 밝히면서 '~에 따르면'이라는 표현을 썼는데 문장을 끝맺지 않아 어색하다. 또한 서명은 필수적으로 밝혀야 할 서지정보는 아니다.

② 부적절한 어순

다음 사례는 의견과 인용된 부분의 순서가 바뀌거나 두 내용 사이에 연결 표지가 있어야 하는 경우이다. 아울러 각주 번호의 위치는 문장의 가장 앞이 아니라 뒤에 있어야 한다. 특히 학문 목적 한국어 학습자들은 각주 번호의 위치를 신중하게 고려하지 않고 임의로 붙이는 경우가 많은데, 각주 번호의 위치는 곧 인용한 부분이 어디임을 명시적으로 보이는 것인 만큼 매우 중요하다는 점을 인식할 필요가 있다.

사례 38

학생의 글		수정 방안 예시
(S17) 학술정보 교육을 통해 자료를 찾는 방법을 알 수 있다. [1]좋은 글을 쓰기 위해 다양한 자료를 효과적으로 검색하는 것을 반드시 필요한다. ——— 1) 정희모 외(2008), 대학 글쓰기, 삼인, 227쪽.	→	좋은 글을 쓰기 위해 다양한 자료를 효과적으로 검색하는 것을 반드시 필요한다(→ 필요하다)[1]. 대학 신입생들의 경우, 학술정보 교육을 통해 자료를 찾는 방법을 알 수 있다(.→ 배울 수 있다) ——— 1) 정희모 외(2008), 대학 글쓰기, 삼인, 227쪽.

③ 동어 반복으로 인한 논리적 모순

'-기 때문에'를 사용하여 인용과 의견을 통합하였으므로 그 연결은 자연스러워 보이는 사례이다. 그러나 두 내용 사이의 논리적 모순으로 인해 연결이 어색하게 느껴진다. 학술정보의 이용이 아니라 학술정보 이용 교육의 중요성을 언급하는 것이 적절하다. 또한 각주는 원번호보다 외괄호 번호를 써서 표시하는 것이 일반적이다.

사례 39

학생의 글		수정 방안 예시
(S12) 다양한 자료를 효과적으로 검색하는 것은 좋은 글을 쓰기 위해 반드시 필요한 작업①이기 때문에 학술정보를 이용하는 것은 아주 중요하다. ——— 참고 ① 정희모 외(2008), 대학 글쓰기, 삼인, 227쪽.	→	다양한 자료를 효과적으로 검색하는 것은 좋은 글을 쓰기 위해 반드시 필요한 작업[1]이기 때문에 **학술정보 이용 교육은** 매우 중요하다. ——— 1) 정희모 외(2008), 대학 글쓰기, 삼인, 227쪽.

다음은 자료의 내용을 그대로 가져오지 않고 필자가 자신의 말로 바꾸면서 본래 원문의 내용 전달이 명확하게 이루어지지

않은 사례이다. 그러나 학습자가 원문을 그대로 베끼지 않고 환언을 하려고 시도했다는 측면에서는 매우 긍정적이라 판단된다.

학생의 글	수정 방안 예시
(S2) 학술적 글쓰기를 위해서 대학 신입생에게 학술정보 이용 교육은 반드시 필요하다. 좋은 글을 쓰려면 학술정보를 효과적으로 <u>검색해야 되기</u> 때문에 도서관에서 책을 찾거나 학술 데이터베이스에서 제공하는 정보를 <u>잘 검색해야 한다.</u>[1]	학술적 글쓰기를 위해서 대학 신입생에게 학술정보 이용 교육은 반드시 필요하다. 좋은 글을 쓰려면 학술정보를 효과적으로 <u>검색해야 되기</u> 때문에 도서관에서 책을 찾거나 학술 데이터베이스에서 제공하는 정보를 <u>검색하는 방법에 대하여 잘 알고 있어야 한다.</u>[1]
──────── 1) 정희모 외(2008), 대학 글쓰기, 삼인, 227쪽.	──────── 1) 정희모 외(2008), 대학 글쓰기, 삼인, 227쪽.

선행절과 후행절에 반복된 '검색하다'라는 단어로 인해 논리적인 모순(검색해야 하기 때문에 검색해야 한다)이 생겼으므로 위와 같이 수정하는 것이 좋을 듯하다.

④ 단순 짜깁기

다음 사례는 좋은 글을 쓰는 것이 누구에게나 어렵다는 필자의 의견을 기술한 후, 학술정보 이용 교육의 중요성에 대한 내용을 인용한 것이다. 그런데 전자와 후자가 유기적으로 연결되지 않아 내용상 매우 어색한 글이 되었다. 즉, 단순한 '짜깁기'를 한 듯한 인상을 준다. 이는 외국인 유학생의 글에서 흔히 볼 수 있는 현상으로, 자신의 생각과 다른 자료에서 참고한 내용의 논리적 연결 고리 없이 비슷해 보이는 내용을 단순히 나열하여 짜깁기하는 일이 적지 않다.

사례 41

학생의 글	수정 방안 예시
(S14) <u>좋은 글을 쓰기는 누구에게나 쉽지 않은 일이다.</u> "다양한 자료를 효과적으로 검색하는 것은 좋은 글을 쓰기 위해 반드시 필요한 작업이다. 보고서나 논문을 작성하려면 도서관에서 책을 찾거나, 학술 데이터베이스에서 제공하는 정보를 잘 검색할 줄 알아야 한다."(정희모 외(2008), 대학 글쓰기, 삼인, 227쪽)	<u>좋은 글을 쓰기는 누구에게나 쉽지 않은 일이다.</u> **특히 외국인 신입생의 경우, 글쓰기에 필요한 학술 자료를 검색하는 일이 아직 익숙하지 않다.** 그러나 다양한 자료를 효과적으로 검색하는 것은 좋은 글을 쓰기 위해 반드시 필요한 작업인 만큼 보고서나 논문 작성을 위해 도서관에서 책을 찾거나, 학술 데이터베이스에서 제공하는 정보를 잘 검색할 줄 알아야 한다.(정희모, 2008: 227)

위의 수정 예시와 같이, 글쓰기의 어려움 가운데 하나로 학술 정보 검색을 꼽을 수 있음을 명시적으로 언급한다면 앞뒤 문장의 논리적 관계가 형성되어 자연스러워진다.

2) 원문 내용과 필자 의견의 구분 불명확

자신의 의견을 뒷받침하기 위하여 자료의 내용을 빌려 왔지만 그 연결이 부자연스러운 사례들에는 크게 두 가지 유형이 나타났다. 첫 번째 유형은 담화 표지가 전혀 없거나 혹은 다른 이유로 인해 자료의 내용과 필자 의견이 명확하게 구분되지 않는 것이고 두 번째 유형은 원문의 내용과 자신의 의견이 내용면에서 논리적으로 연결되지 않는다는 것이다.

(1) 필자 의견과 원문 내용이 한 문장으로 애매하게 통합

필자 의견과 자료의 내용을 통합하여 한 문장으로 만든 경우이다. 그런데 해당 문장의 가장 뒤에 각주가 있기 때문에 문장 전체의 내용을 원문에서 빌려온 것으로 보인다. 이와 동시에 필자의 의견과 원문 내용의 구분이 되지 않은 사례이다.

학생의 글	수정 방안 예시
(S10) 좋은 글을 쓰려면 먼저 무엇에 대해서 쓸 것인가를 잘 생각해 보고 다양한 자료를 효과적으로 검색할 줄 알아야 한다.[1] —————— 1) 정희모 외(2008), 대학 글쓰기, 삼인, 227쪽.	좋은 글을 쓰려면 먼저 무엇에 대해서 쓸 것인가를 잘 생각해 보아야 한다. 그리고 다양한 자료를 효과적으로 검색할 줄 알아야 한다.[1] —————— 1) 정희모 외(2008), 대학 글쓰기, 삼인, 227쪽.

위의 사례는 어느 정도 상식적인 내용을 담고 있으므로 글쓰기 윤리를 어긴 것으로 엄격하게 규정할 수는 없을 것이다. 다만, 출처를 밝힌다고 하더라도 필자 의견과 인용된 내용의 애매한 통합으로 인해 그 내용이 구분되지 않으면 글쓰기 윤리 위반이 될 수 있으므로 주의가 필요하다. 사례 42에서는 수정 방안과 같이 각주 바로 앞의 문장의 원문에서 가져온 것임을 알 수 있다.

(2) 원문 내용의 필자 의견화

학문 목적 한국어 학습자들이 인용을 할 때 자료에서 상당 부분의 내용을 가져옴에도 불구하고 가장 마지막 문장에만 인용 표시를 하는 경우가 종종 눈에 띈다. 다음 사례의 경우, 두 문장 모두가 자료에서 가져온 것임에도 불구하고 출처 제시가 첫 문장에만 해당되고 두 번째 문장은 필자의 글로 보인다는 점에 주목할 필요가 있다. 따라서 자신의 의견과 인용된 부분이 내용상으로는 자연스럽게 통합되도록 하되, 전자와 후자의 구분이 명확하게 이루어지지 않는다면 쓰기에서의 정직성을 위반하게 되는 것이므로 두 문장 모두가 원문에서 가져온 내용이라는 표지가 포함되도록 해야 한다.

 사례 43

학생의 글	수정 방안 예시
(S10) 정희모(2008)의 의하면 다양한 자료를 효과적으로 검색하는 것은 좋은 글을 쓰기 위해 반드시 필요한 작업이다. 보고서나 논문을 작성하려면 도서관에서 책을 찾거나, 학술 데이터베이스에서 제공하는 정보를 잘 검색할 줄 알아야 한다.	정희모(2008)의 의하면 다양한 자료를 효과적으로 검색하는 것은 좋은 글을 쓰기 위해 반드시 필요한 작업이다. 따라서 보고서나 논문을 작성하려면 도서관에서 책을 찾거나, 학술 데이터베이스에서 제공하는 정보를 잘 검색할 줄 알아야 한다는 것이 그의 주장이다.

필자 의견 미반영

지금까지 필자의 의견과 인용한 내용이 통합된 사례를 살펴보았다. 본 절에서는 필자의 의견 통합 없이 원문의 내용만 인용된 유형을 정리하였다. 필자의 의견 미반영 사례는 〈그림 24〉와 같이 '인용표지가 적절한 것'과 '인용표지가 누락되거나 잘못 쓰인 것'으로 구분할 수 있었다.

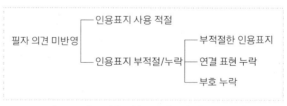

〈그림 24〉 자료 사용 학습 후 자료의 내용 통합 양상
-필자 의견 미반영 사례의 유형

1) 인용표지 사용 적절

다음은 필자의 의견은 나타나지 않았지만 자료에서 가져온 내용을 적절한 인용표지를 활용하여 나타낸 사례들을 정리한 것인데 인용표지를 효율적으로 사용하고 있음을 알 수 있다. 저자와 연도로 그 출처를 밝히고 언급된 내용이 무엇인지를 직접, 혹은 간접 인용의 방식으로 나타내고 있다. 이는 인용 교육에서 실시한 인용표지 학습의 효과라 볼 수 있다.

✏️ 사례 44

유형	학생의 글
(S2) 저자(연도)는 " "고 하였다	정희모외(2008)는 "다양한 자료를 효과적으로 검색하는 것은 좋은 글을 쓰기 위해 반드시 필요한 작업이다. 보고서나 논문을 작성하려면 도서관에서 책을 찾거나 학술 데이터베이스에서 제공하는 정보를 잘 검색할 줄 알아야 한다"고 하였다.
(S5) 저자(연도)는 ~고 주장하였다	정희모외(2008)는 보고서나 논문을 작성할 때 학술정보를 잘 검색할 줄 알아야 하기 때문에 자료들을 효과적으로 검색하면 좋은 글을 쓸 수 있다고 주장하였다.
(S10) 저자(연도)에 따르면 ~ 이다.	정희모(2008)에 따르면 다양한 자료를 효과적으로 검색하는 것은 좋은 글을 쓰기 위해 반드시 필요한 작업이다.

2) 인용표지 사용의 부적절 혹은 누락

위에서 살핀 바와 같이 인용표지 사용에 익숙한 경우, 원문에서 가져온 내용을 자연스럽게 자신의 글에 옮겨 오는 사례도 있지만 그렇지 못한 사례들도 많이 나타난다. 출처를 밝혀야 한다 거나 원문의 내용을 자신의 글과 구분해야 하는 것에 대해서는 인식하고 있으나 한국어의 학술적 담화에서 일반적으로 쓰이는 표지 등에 익숙하지 않기 때문에 인용표지 사용이 부적절하다거나 누락되어 있는 유형들이 나타난다. 그러나 이러한 현상은 쓰기 학습 단계에서 자연스럽게 나타나는 것으로서 고정적이지 않으며 끊임없이 발달의 과정을 거쳐 나간다는 차원에서는 긍정적이라 본다. 물론 이것은 교수자의 시의적절한 개입과 관여, 관리가 전제되었을 때에 가능한 일이다.

(1) 부적절한 인용표지

부적절한 인용표지가 사용된 유형은 외국인 학습자의 글에서 흔히 보이는 것으로서, 한국어 화자의 사례와는 차별화된 양상들로 볼 수 있다. 일반적으로 학술적 글쓰기에서 따라야 하는 형식에 대한 지식이 부족하거나 연습의 불충분함이 주된 원인이지만 개별 학습자마다의 부주의한 태도나 쓰기 습관에서 비롯될 수도 있다고 본다. 아래의 사례들은 필수 서지정보, 부호 사용, 한국어 표현(조사 등) 등에 대한 이해가 깊어지고 연습이 충분해질수록 극복할 수 있는 쓰기의 중간 과정을 보여 주는 것이다. 학습자가 쓴 사례와 수정해야 할 사항을 함께 나타내 보았다.

사례 45

학생의 글	수정 방안 예시
(S6) 정희모의 대학 글쓰기에는, "다양한 자료를 효과적으로 검색하는 것은 좋은 글을 쓰기 위해 반드시 필요한 작업이다"라고 한다.	(저자)의 (서명)에는, " "라고 한다 → 저자(연도)에서는 ~고 하였다.

학생의 글	수정 방안 예시
(S4) 학술적 글쓰기를 위해서 대학 신입생에게 학술정보 이용 교육은 반드시 필요하다. <u>정희모 외(2008) 대학 글쓰기</u>에 나온 말에 따르면, '다양한 자료를 효과적으로 검색하는 것은 좋은 글을 쓰기 위해 반드시 필요한 작업이다. 보고서나 논문을 작성하려면 도서관에서 책을 찾거나, 학술 데이터베이스에서 제공하는 정보를 잘 검색할 줄 알아야 한다.'	(저자)(연도)(서명)에 나온 말에 따르면, → 저자(연도, 쪽수)에 따르면 다음과 같다.
(S11) <u>정희모</u>가 "대학 글쓰기"(227쪽)에서 "다양한 자료를 효과적으로 검색하는 것은 좋은 글을 쓰기 위해 반드시 필요한 작업이다. 보고서나 논문을 작성하려면 도서관에서 책을 찾거나, 학술 데이터베이스에서 제공하는 정보를 잘 검색할 줄 알아야 한다."고 말하고 있다.	(저자)이/가 "서명"(쪽수)에서 ~. ~"고 말하고 있다. → (저자, 연도:쪽수)에서는 ~고 말하고 있다.

(2) 인용 표시구 누락

인용 표시구 누락은 부호와 연결표현 누락의 경우가 일반적인데 이 두 가지가 겹쳐 나타나는 경우도 적지 않다. 가령, 아래 표의 첫 번째 사례는 참고텍스트의 내용을 그대로 가져왔음에도 불구하고 간접인용의 형식을 취하고 있으므로 인용 표시구(큰따옴표)가 들어가야 하며 인용한 부분과 출처 사이에 연결표현이 들어가는 것이 자연스럽다.

✏ 사례 46

학생의 글	수정 방안 예시
(S9) 좋은 글을 쓰기 위해 반드시 필요한 작업은 다양한 자료를 효과적으로 검색하는 것이다. <u>정희모(2008)</u>	저자(연도) → <u>(저자, 연도:쪽수)</u>
(S17) <u>정희모(2008)</u> "다양한 자료를 효과적으로 검색하는 것은 좋은 글을 쓰기 위해 반드시 필요한 작업이다."라고 한다.	저자(연도) " "라고 한다. → 저자(연도)에서

	는 " "라고 한다. → 저자(연도)에 따 르면 " "라고 한다.
(S16) 정희모(2008) 「대학 글쓰기」라는 책에서 대학생은 학 술 데이터베이스에서 제공하는 정보를 잘 검색할 줄 알아야 한다고 주장했다.	(저자)(연도)(서명) 라는 책에서 ~고 주장했다 → 저자(연도)에서 는 ~고 주장했다

위의 사례들은 원문에서 가져온 내용의 출처를 밝히고자 시도했고 그것을 자신의 글에서 명확히 구분하는 과정에서 일반적으로 들어가야 할 인용 표시구가 누락된 것이다. 이를 극복하기 위해서는 인용표지에 대한 모범 사례들은 충분히 접하고 반복적인 연습과 훈련이 필요하다고 본다.

이상으로 본 절에서는 자료 활용에 있어서의 내용 통합 전략을 중심으로 살펴보았다. 자료 활용 사례는 먼저 필자의 의견과 자료에서 가져온 내용을 통합한 학습자와 의견의 제시 없이 원문에서 가져온 내용만을 제시한 사례로 나뉘었다. 전자는 참고한 내용과 자신의 의견을 자연스럽게 연결한 사례와 그렇지 않은 사례로 구분되었다. 또한 가져온 내용만을 제시한 사례의 경우는 인용표지 사용의 적절성 여부 및 서지사항 제시의 적절성 여부 등의 기준으로 세분화할 수 있었다. 지금까지 밝힌 내용을 종합해 보면, 원문의 내용을 자신의 글에 가져올 때, 인용(직접인용과 간접인용)의 형식과 각주(내각주, 외각주) 활용 등에는 어느 정도 익숙해져 있었지만 원문의 내용과 자신의 의견을 자연스럽게 연결하는 전략은 다소 부족함을 알 수 있었다. 자신의 의견과 원문의 내용을 적절하게 연결하지 못하는 원인은 두 가지로 해석할 수 있다.

첫째, 내용 자체를 충분히 이해하지 못했거나 그것에 대한 자신의 생각이 없이 기계적으로 내용을 가져왔기 때문이다.

둘째, 인용표지가 부적절하거나 누락된 것은 그것을 사용하고자 하는 학습자의 전략이 부족했기 때문이다. 물론 이미 앞서 거쳐 왔던 인용 학습 단계에서 인용표지에 대한 지식을 내면화하고 스스로 적용시키는 데에 있어서의 개인차도 배제할 수 없을 것이다.

자료 사용에 있어 원문의 내용을 적절하고 능숙하게 자신의 글에 통합하는 능력과 전략은 쓰기에서의 정직성 준수와 직결된다. 그러나 본 절에서 분석한 자료와 양상들에서 알 수 있었듯이 내용 통합 능력과 전략을 발달해 나가는 과정은 그리 단순하지 않다. 이런 의미에서 다양하고 복잡한 쓰기 발달의 양상들을 수집하고 분석하는 일은 학습자에 대한 이해의 폭을 넓혀 다음 단계로 발전해 나갈 수 있게 하는 데에 필요한 유용한 정보를 제공한다.

제3부 전체 요약: 자료 사용의 단계별 양상과 전략

다음으로 자료 사용 양상 및 전략을 분석한 제 3부의 결과를 종합적으로 정리하면 다음과 같다.

첫째, 자료 사용에 대한 '노출-내재화-연습 단계', 즉 자료 사용에 대한 '학습 전-학습 중-학습 후'의 단계에 기초해서 살펴볼 때 학습의 후반 시점이 될수록 자료 사용에 대한 인식이 높아지면서 적절한 방법으로 자료를 사용하려는 시도가 늘어났다.

둘째, 글쓰기 윤리 준수를 위한 자료 사용에 대한 이해가 불충분할 때에는 '자료의 출처 표시', '자료의 내용 통합'이 전혀 드러나지 않았으나, 자료 사용 학습 후 단계로 갈수록 '출처 표시', '내용 통합'에서의 과도기적 양상들이 점차 증가하였다. 그런데 '출처 표시'보다 '내용 통합'과 관련된 양상과 전략들은 더 늦게 나타나기 시작해서 후반으로 갈수록 더 다양화되는 경향을 보였다.

셋째, '출처 표시'와 관련된 양상 및 전략의 특징을 살펴보면, '자료의 출처를 전혀 인식하지 않는 단계 → 출처를 인식하지만 출처 정보에 대한 이해가 매우 부족한 단계 → 출처를 인식하고 출처 정보에 대한 이해를 넓혀가는 단계 → 출처 인식과 출처 정보에 대한 높은 이해를 바탕으로 출처 표시 방법에 익숙해지는 과도기적 단계 → 출처 인식과 출처 정보에 대한 높은 이해를 바탕으로 출처 표시 방법에 익숙해진 단계'에 따라 사례가 달리 나타난다. 학습 단계의 시기별, 학습자 개인별 변인 차이는 있으나 분명한 것은 외국인 유학생의 실제 자료 사용의 사례를 통해 '출처 표시'와 관련된 현 시점의 수준을 파악할 수 있다는 점이다. 이와 같은 긍정적인 발달의 과정을 거치면서 글쓰기 윤리의 준수 가능성도 높아지는 것으로 볼 수 있었다.

넷째, '내용 통합'과 관련된 양상 및 전략의 특징을 살펴보면, '다른 자료의 내용을 가져와서 필자 의견화하는 단계 → 다른 자료의 내용을 가져와서 출처 없이 과일반화하는 단계 → 다른 자료의 내용을 가져오면서 출처는 누락하였으나 자신의 의견이 아니라는 표지를 넣는 단계 → 다른 자료의 내용을 가져오면서 자신의 의견과 구분하고자 하였으나 그 경계가 불명확한 단계 → 다른 자료의 내용을 가져오면서 자신의 의견과 명확히 구분하였으나 연결이 부자연스러운 과도기적 단계 → 다른 자료의 내용을 가져오면서 자신의 의견과 명확히 구분하였고 연결이 자연스러운 단계 → 다른 자료의 내용을 가져오면서 자신의 의견과 명확히 구분하였고 연결이 자연스러우며 유창한 담화 표지 사용을 보이는 단계'로 발달하면서 다양한 사례들이 나타났다. 즉, 능숙한 학습자일수록 빌려온 자료의 내용과 자신의 의견을 명확히 구분하고 자연스럽게 연결하며 적절한 담화 표지를 사용할 수 있는 것으로 나타났다.

다음 〈표 22〉는 이상의 내용을 정리한 것이다.

<표 22> 자료 사용 양상 및 전략 분석 결과 요약

단계	학습 과정	양상	교육적 시사점
자료 사용 학습 전-자료 사용의 노출 단계	자료 목록 정리	1) 필수 서지정보의 누락 2) 불필요한 서지정보의 포함 3) 서지정보 단순 복사 후 옮김	• 서지정보에 대한 인식 불충분 • 서지정보 정리 형식에 대한 연습 부족
	자료 사용 사례의 구분	1) 대부분의 학습자(88.2%)는 학술지에서 적절한 자료 사용 사례를 쉽게 구분 2) 학습자가 찾은 자료 사용 사례의 형식과 유형(내각주, 외각주/직접인용, 간접인용)도 매우 다양	• 다수의 학습자는 서지정보, 각 주 번호 등으로 학술지에서 자료 사용 사례를 쉽게 구분하는 전략 있음. • 자료 사용 사례를 구분하지 못하는 소수의 학습자(12.8%)는 인용에 대한 인식이 전혀 없어 보임. 글쓰기 윤리의 준수 가능성도 낮을 것으로 예측할 수 있음.
자료 사용 학습 중-자료 사용의 내재화 단계	자료 사용의 적절성에 대한 이해 진단	1) 선택 문항 과반수의 학습자(52.9%)가 옳은 사례를 선택, 그러나 그 이유를 제대로 알고 있는 학습자는 더 적음(30% 미만) 2) 자료 기반 짧은 문장 쓰기 문항 - 스스로 짧은 문장을 쓸 때 출처를 밝힌 학습자는 더욱 적었음(17.6%) - 출처 누락 사례는 원문 내용을 필자 의견과 구분한 것(과일반화 전략)과 그렇지 않은 것(필자 의견화 전략, 원문 응용 전략)으로 구분되었음	• 적절한 자료 사용에 대한 이해 정도를 단순히 선택형 문항으로만 판별할 수 없음. • 적절한 자료 사용에 대한 인식과 실제 쓰기 현상에는 큰 차이가 있음.(52.9% > 30% 미만 > 17.6%) • 인식 제고만으로 글쓰기 윤리를 준수하기는 한계가 있음. 반복적인 연습이 필요함.
	자료 사용 교육	- 인용의 형식(표지, 각주 등), 자료 통합 중요성, 출처 표시 방법 등을 중심으로 진행 - 기존의 관련 자료는 모국어 화자를 위한 사례 중심으로 외국인	• 외국인 유학생의 실제 인용 오용 사례 수집하여 분석하여 수업에 반영할 필요 • 인용, 나아가 자료 사용에 대한 학습자들의 질문 내용도 수집되

		유학생의 눈높이에 맞는 것은 찾기 어렵다는 문제가 있음(자료 사용 사례의 문장 내용 자체가 지나치게 난해, 오히려 인용의 형식을 익히는 데 지장을 줌) - 학습자들은 단순히 인용의 형식에 그치지 않고 전반적인 자료의 사용에 대한 궁금증을 가지고 있음	어 교육 현장 및 교재 개발 등에 유용하게 활용해야 함
	자료 사용의 적절성에 대한 이해 발달	1) 선택 문항 - 적절한 자료 사용 사례 선정 (52.9% → 88.2%) 증가 - 더불어 적절한 자료 사례 선정에 대한 이해도 깊어짐(29.4% → 82.2%) 2) 자료 기반 짧은 문장 쓰기 문항 - 출처 제시 사례 급증(17.6% → 70.6%) - 다양한 출처 제시 유형이 나타남, 이것은 출처 제시가 적절한 것과 그렇지 않은 것으로 크게 구분되었음. - 반면, 출처 누락 사례 및 유형은 감소	• 자료 사용 교육 후 자료 사용의 적절성 이해 능력 매우 발달, 더불어 글쓰기 윤리 준수 가능성 제고 • 학습자의 글쓰기 윤리 인식과 실제 쓰기 현상의 괴리가 점차 줄고 있음 • 출처 표시에 대한 시도가 활발해지면서 나타나는 다양한 양상들은 완전하지는 않더라도 쓰기 발달 과정을 보여 주고 있는 것 • 개별 학습자마다의 발달 속도나 과정은 동일하지 않으나 나름대로의 발달 과정을 거치고 있음 • 출처 누락 → 출처 인식 및 출처 제시 시도 → 부적절한 출처 제시 → 적절한 출처 제시
자료 사용 학습 후-자료 사용의 연습 단계	자료의 출처 표시	- 자료 사용 학습 전, 자료 사용 학습 중 단계에 비해 출처 표시에 있어 사소한 실수들은 상대적으로 감소하고 그 형식에 익숙해짐. - 그러나 서지정보 누락 유형(전체 누락, 일부 누락)과 서지정보의 부적절한 제시 유형(부적절한 부호 사용, 부적절한 주석 번호 위치, 잉여적 서지정보 포함, 서지정보 중복 제시)과 같은 과도기적 발달 양상들은 증가	• 학습 단계의 후반으로 갈수록, 즉 자료 사용에 대한 적극적인 시도를 하면 할수록 다양하고 폭넓은 전략들이 나타남.
	자료의 내용 통합	- 이전 단계까지는 '출처 표시'와 관련된 사례들이 두드러졌으나 연습 단계에서의 자료 사용에서는 이러러서는 '내용 통합'과 관련된 양상과 전략들도 폭넓게	• 내용 통합 능력의 발달은 다른 요인에 비해 가장 늦게, 가장 오랜 기간에 걸쳐, 다양하고 복잡한 양상을 띠며 이루어짐 • 지속적인 훈련과 연습이 가장

나타남. - 우수한 전략을 가진 학습자자일 수록 원문을 자신의 글에 가져 오면서 그것에 관련된 필자의 의견이나 해석을 통합하는 경향 뚜렷. - 능숙한 학습자의 경우 형식적인 측면의 오류가 적고, 미숙한 학 습자일수록 원문 내용과 필자 의견의 연결이 부자연스러움. - '필자 의견과 원문 내용의 통합 전략(내용과 의견의 구분이 명 확한 것/불명확한 것)'과 '원문 내용 제시 전략(인용표지 사용 이 적절한 것/적절하지 않은 것)'으로 구분됨.	많이 요구됨 • 다양하고 복잡한 쓰기 발달의 양상들을 수집하고 분석하는 일 은 학습자에 대한 이해의 폭을 넓혀 다음 단계로 발전해 나갈 수 있게 하는 데에 필요한 유용 한 정보를 제공한다는 측면에서 의의가 있음.

이상의 결과들을 통해 국내 외국인 유학생의 쓰기에 있어서 글쓰기 윤리에 대한 연구가 본격적으로 이루어져야 하며, 그것은 '자료 사용'의 문제를 근간으로 시작되어야 한다는 점, '글쓰기 윤리에 대한 접근은, 학습자의 개인의 윤리적 문제로 간주하기보 다는 교육적 측면에서 학습자에 대한 이해를 넓히는 것에서 출발 해야 한다'는 점, 외국인 유학생의 자료 사용의 양상들에서 나타 난 불완전한 과도기적 현상들은, 결과 중심적으로 글쓰기 윤리에 대한 판단을 하는 것이 적절하지 않음을 주장하는 근거를 마련할 수 있었다.

1. 자료의 '출처 표시 능력'과 '내용 통합 능력' 중에서 쓰기 학습자에게 더 많은 연습과 훈련이 요구되는 것은 무엇이라고 생각합니까? 그 이유는 무엇입니까?

2. <그림 21>은 자료 사용에 대한 학습을 한 이후에 나타난, 자료 사용의 과도기적 양상 및 전략을 정리한 것입니다. 자료의 출처를 표시하였으나 그 방법이 적절하지 않은 사례로 어떤 것이 있었습니까?

3. 자료 사용에 있어서 내용 통합의 측면에서 보면, '원문과 필자의 의견을 통합하는 유형'과 '필자의 의견 없이 원문만을 가져오는 유형'이 있습니다. 각각의 차이점과 유의점은 무엇입니까?

추천논저

Keck, C.(2007), "University student textual borrowing strategies", Northern Arizona University, Ph. D.

Suh, S. J.(2008), "Plagiarism, textual borrowing, or something else?: An L2 student's writing-from-sources tasks", University of Maryland, College Park Ph. D.

Tomas, Z.(2011), "Textual borrowing across academic assignments: Examining undergraduate second language writers' implementation of writing instruction", The University of Utah Ph. D.

|제4부| 쓰기 발달과 윤리성

제11장   사전 진단과 사후 점검 쓰기의 '인식' 비교

제12장   사전 진단과 사후 점검 쓰기의 '능력' 비교

사전 진단과 사후 점검 쓰기의 '인식' 비교

✓ 자료 사용의 필요성을 인식하고 있는가?
✓ 자료 사용 시, 해당 자료의 출처를 인식하는가?
✓ 공신력 있는 자료의 선별 능력을 가지고 있는가?

자료 사용의 필요성 인식

외국인 유학생의 자료 사용에 대한 인식을 알아본 결과, 사전 진단(88%)과 사후 점검(100%)에서 대부분의 학습자가 주어진 자료를 한 번 이상 사용하는 것으로 밝혀졌다. 자료 사용에 대한 인식이 높다는 것은 선행 연구를 바탕으로 글쓰기를 해야 하는 학문 목적 쓰기에서 매우 중요하다. 다만, 자료를 자신의 글에 '어떻게' 반영하는가에 있어서는 사전 진단과 사후 점검에서 차이를 보였다. 사전 진단에서는 주어진 자료의 내용을 그대로 가져오면서 무의식적으로 베끼거나 단순 짜깁기 등을 하는 경향이 두드러졌으나 사후 점검에서는 이러한 경향이 상대적으로 감소하는 긍정적인 변화를 보였다.

그런데 여기에서 글쓰기 윤리를 위반한 것처럼 보이는 현상들은 학습자의 의도성과 무관하게 나타났다는 점에 주목할 필요가 있다. 사전 진단 단계에서, 외국인 유학생이 원문 내용의 상당 부분을 자신의 글에 그대로 옮기는 것이 바람직하지 않은 행위라는 것을 인식하지 못했기 때문이었다.

사전 진단 쓰기에서의 결과 분석

사전 진단 단계의 설문과 쓰기에서 자료 사용에 대한 인식이 모두 높게 나타났다. 먼저 설문 결과를 보면, 사전 진단 단계에서 외국인 유학생의 자료 사용의 필요성에 대한 인식은 높은 반면, 학술 DB에 대한 접근 경험은 매우 낮게 나타났다. 또 글을 쓸 때 필요한 자료를 충분히 읽어보는 편(14명, 82.3%)이라고 응답하기는 하였으나 학술 DB검색 경험이 없는(13명, 76.4%) 학습자가 압도적으로 많았다.

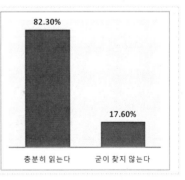

나는 좋은 글을 쓰기 위해 참고 자료[1]를……	
충분히 읽어보는 편이다	14명 (82.3%)
굳이 찾아보지 않는다	3명 (17.6%)

<그림 25> 사전 진단 설문-자료 사용에 대한 인식 및 태도

---

1) 학술 DB를 통한 접근 이외에도 단행본 등 모든 참고 자료를 망라하는 개념임을 앞서 설명한 바 있다.

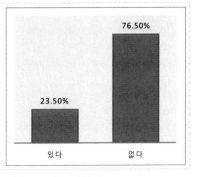

나는 보고서를 쓸 때 학술 DB를 이용한 경험이······	
있다	4명(23.5%)
없다	13명(76.4%)

<그림 26> 사전 진단 설문-학술 DB 이용 경험 유무

〈그림 25〉, 〈그림 26〉에서 볼 수 있듯이 자료 사용에 대한 인식은 높으나 학술 DB 이용 경험이 낮다는 사실은 학습자가 참고하는 자료의 가치에 대한 의문을 갖게 한다.[2]

다음으로 〈그림 27〉은 쓰기를 통해 자료 사용에 대한 인식 및 태도를 사전 진단해 본 결과이다. 전체 학습자(17명, 100%) 가운데 대부분 (15명, 88%)은 주어진 자료를 자신의 글에 적극적으로 반영하는 태도를 보였다. 반면, 자료의 내용을 전혀 가져오지 않고 자신의 배경지식 및 생각으로만 글을 작성한 학습자도 다소 있었다(12%, 2명). 이것은

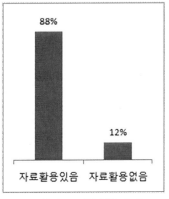

<그림 27> 사전 진단 쓰기
-자료 사용 여부

자료 사용에 대한 설문에서 나타난 것과 유사한 결과이다.

다음은 자료의 내용이 학습자의 글에 적극적으로 반영된 양상

---

2) 자료 사용 인식은 높으나 학술정보에 대한 접근이 낮다는 것은, 학습자가 사용하는 자료가 공신력 없는 자료일 가능성이 높음을 시사한다.

을 볼 수 있는 사례를 정리한 것이다. 왼쪽은 원문, 오른쪽은 그것이 학습자의 글에 어떻게 반영되었는가를 그대로 옮겨 온 것이다.

✎ 사례 47 사전 진단 쓰기에서의 자료 사용 사례

원문	학생의 글
[학생] 무엇보다도 중요한 것은 글을 완성하겠다는 본인의 '의지'이다. 아무리 글을 잘 써도 완성에 대한 나의 의지가 없으면 글은 완성될 수가 없다.	(S10) 글을 완성하겠다는 본인의 '의지'가 필요하다. 아무리 글을 잘 써도 완성에 대한 나의 의지가 없으면 글은 완성될 수가 없다.
[논문] 읽기를 통해 텍스트의 특성에 대한 관찰과 모방, 창조적 생성으로 이어지는 통합 교육은 글쓰기 교육에 매우 효과적이다.	(S11) 좋은 글을 많이 읽고 그것을 잘 관찰해서 모방하는 게 효과적이다고 생각합니다.
[신문] 상담을 해보면 글을 쓰는 능력이 앞으로의 자기 인생에서 필수능력이라는 점을 깨닫고 있다.	(S15) '글쓰기가 나의 대학생활에서뿐만 아니라 인생에서 필수적인 것'이라고 생각한다.
[신문] 대학에서 이뤄지는 시험이 대부분 글쓰기이기 때문에 글쓰기 능력이 좋으면 전체적인 학업 성적도 좋다고 봐야 한다.	(S15) 글쓰기는 대학생활에서 이뤄지는 시험이 대부분 글쓰기이기 때문에 글쓰기 능력이 좋으면 전체적인 학업 성적도 좋다고 볼 수 있다.
[논문] 읽기를 통해 텍스트의 특성에 대한 관찰과 모방, 창조적 생성으로 이어지는 통합 교육은 글쓰기 교육에 매우 효과적이다.	(S17) 왜냐하면 읽기을 통해 텍스트의 특성에 대한 관찰과 모방, 창조적 생성으로 이어지는 통합 교육은 글쓰기 교육에 매우 효과적이다는 게 설명할 수 있다.
[학생] 좋은 글은 사람들에게 읽힘으로써 많은 공감과 비판을 불러올 수 있는 글이다.	(S9) 좋은 글은 생각을 논리적으로 정리함으로서 사람들에게 공감을 불러오는 글이다.

위의 사례들은 주어진 자료를 적극적으로 사용한 것이기도 하지만, 한편으로는 원문의 내용을 거의 그대로 혹은 약간 수정하여 자신의 글에 반영했음을 보여 준다. 그러나 이러한 경향이 학습자의 의도에 의해서가 아니며 본격적인 학습이 시작되기 이전 시점의 결과임을 감안한다면 대부분의 학습자가 자료 활용에 대해 소극적이지 않다는 것만으로도 긍정적으로 해석할 여지가 있다. 왜냐하면 학술적 글쓰기에서의 가장 기본이 되는 것은 자료를 읽고 자신의 글에 반영하려는 '시도'이기 때문이다. 다만 이러한 경향이 쓰기 학습의 과정이나 사후 점검에서도 동일하게 나타난다면 매우 심각한 것으로 보아야 할 것이다.

사후 점검 쓰기에서의 결과 분석

사후 점검 단계의 설문과 쓰기에서 모두 학술자료 사용에 대한 적극적인 태도를 보였다. 다음의 내용들도 학술적 글쓰기에 있어서 자료 사용의 필요성 인식이 매우 높아졌음을 보여 준다.

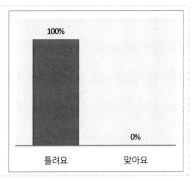

<그림 28> 자료 사용에 대한 필요성 인식

〈그림 28〉의 문항에서 보고서를 쓸 때 자신의 생각만으로 쓰는 것이 옳지 않은 이유를 물은 결과, 다음과 같은 응답이 나타났다.

- "보고서에는 자신의 생각을 뒷받침해 주는 글이 필요하기 때문에."
- "다른 사람의 글을 읽어야 더 새로운 아이디어도 생기고 도움이 된다."
- "자신의 논리를 뒷받침할 수 있도록 적절한 인용이 필요하다."
- "아는 것만으로는 보고서를 쓰기가 어렵고 독자를 설득하기도 어렵다."
- "자신의 관점을 증명하고 독자에게 신뢰를 주기 위해 다른 글도 필요하다."

한편, 사후 점검 쓰기에서도 모든 학습자(100%)가 주어진 자료를 적극적으로 자신의 글에 반영하려는 인식 및 태도를 보였다. 이것은 앞서 실시한 사전 진단에서 대부분(88%)의 학습자가 자료의 내용을 적극적으로 사용하는 경향을 보인 것과도 일치하는 결과이다.[3]

그런데 자료 사용에 있어서 사전 진단과 사후 점검 시 쓰기의 큰 차이점이 나타났다. 그것은 바로 단순한 짜깁기 및 베끼기가 감소했다는 점이다.[4] 이러한 변화를 쉽게 살펴보기 위하여 사전 진단과 사후 점검 단계에서 쓴 학습자의 글과 원문의 유사도를 다음과 같이 비교해 보았다.

---

3) 사전 진단에서는 88%(15명)의 학습자가, 자료 활용에 대한 인식이 더 높아진 최종 점검 단계에서는 모든 학습자(17명, 100%)가 주어진 자료에서 각자 필요한 내용을 찾아 자신의 글에 반영하였다. 사전 진단과 사후 점검 쓰기의 전반적인 비교는 11~12장에서 다루기로 한다.

4) 원문의 출처를 밝히게 되었다는 것이 좋은 예가 될 것이다. 이에 대해서는 다음 절에서 구체적으로 알아보기로 한다.

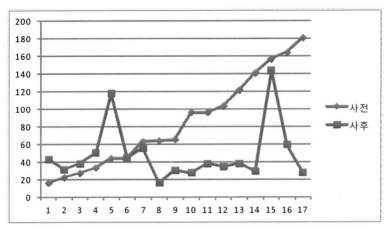

<그림 29> 사전 진단 쓰기와 사후 점검 쓰기의 절대유사도(원문-학생 글) 변화

〈그림 29〉[5]를 보면, 사후 점검(48.7)에서는 사전 진단(84.7) 쓰기에 비해 원문과 학생 글의 유사도가 큰 폭으로 감소했음을 알 수 있다.[6] 이것은 출처 없이 원문의 내용을 그대로 베끼는 현상이 줄었음을 의미하는 것으로, 자료 사용에 대한 인식에 있어서 긍정적인 변화가 나타났음을 입증하는 근거가 된다.

---

5) 웹서비스 형태로 제공되고 있는 DEVAC(http://devac.cs.pusan.ac.kr) 프로그램을 통해 얻은 결과이다. 원문과 학생의 글을 각각 비교하여 문서 간의 유사도를 알아보았다. 가로축은 학습자마다 일련번호를 붙인 것이고 세로축은 절대유사도 값을 의미한다. 이러한 결과를 통해 개별 학습자마다의 변화 정도를 알아볼 수 있다. 유사도가 다소 증가한 학습자(S1~S5)도 있기는 하나 S1~S4의 경우 그리 높은 정도가 아니므로 큰 문제가 되지 않는다. 다만 사후 점검 쓰기에서 절대유사도가 높게 나타난 학습자(S5, S15)의 경우는 그 원인을 주의 깊게 분석할 필요가 있다.

6) 여기서의 절대유사도 수치는 원문과 유사하게 쓴 정도를 보여 주는 것으로, 대략 하나의 문장에서 10어절 정도가 유사할 때 절대유사도는 80~100이 된다.

자료의 출처에 대한 인식

자신의 글에 사용한 자료의 출처를 의식하고 그것을 밝혀야 한다는 인식이, 사전 진단 단계에서는 매우 낮았던 반면 사후 점검 단계에서는 상당히 높게 나타났다. 사전 단계에서는 자료를 적극적으로 활용하면서도 그 출처를 밝히지 않는 경향이 강했다. 반면 사후 점검 단계에서는 자료를 적극적으로 활용하면서도 그 출처를 밝히려는 시도를 하게 된 것이 사전 진단과의 큰 차이점이다. 이것은 글쓰기 윤리의 준수 가능성이 높아졌다는 점에서 매우 긍정적인 변화이다.

사전 진단 쓰기에서의 결과 분석

사전 진단에서 출처 제시에 대한 설문 조사 결과, 보고서를 쓸 때 자신이 참고한 자료의 출처를 반드시 밝힌다고 응답한 학습자(6명, 35.3%)보다 그렇지 않다(11명, 64.7%)고 응답한 학습자가 2배 정도 많았다. 이것은 아직 학문 목적 한국어 학습자가 글쓰기 윤리에 대해 학습하지 않은 단계로, 원문의 출처 표시를 하는 것이 얼마나 중요한가를 아직 이해하지 못한 시점이기 때문인 것으로 보인다.

한편 사전 진단 쓰기의 분석 결과, 대부분의 학습자가 자료 사용에 적극적인 태도를 보이고 있지만 그 출처에 대한 인식은 거의 하지 않는 것으로 드러났다. 앞서 제시한 〈그림 5〉의 사례에서 알 수 있듯이 대부분의 학습자는 주어진 읽기자료에서 내용의 상당 부분을 그대로 가져오거나 자신의 말로 조금씩 바꾸어 글에 반영하면서도 그 출처를 인식하는 학습자는 드물었다. 즉, 아무런 인용 표시도 남기지 않음으로써 원문에서 가져온 아이디어나, 표현 등이 학습자 자신의 의견과 구분되지 않았다. 주어진 자료

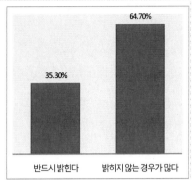

나는 보고서에 참고 자료를 인용할 때
출처를……

| 반드시 밝힌다 | 6명(35.3%) |
| 밝히지 않는 경우가 많다 | 11명(64.7%) |

<그림 30> 자료의 출처에 대한 인식 및 태도

를 자신의 글에 적극적으로 반영한 학습자(15명, 88%) 중에서 그 출처를 밝히고자 시도한 학습자는 단 2명(12%)에 그쳤다.

<표 23> 자료 사용 및 출처 제시 여부

	자료 사용 있음	자료 사용 없음	전체
출처 제시 있음	12%		
출처 제시 없음	66%	88%	12%	100%

<그림 31> 출처 제시 여부

〈표 23〉과 〈그림 31〉의 결과에서 볼 수 있듯이 대부분의 학습 자는 자료의 사용에는 적극성을 띄는 반면 그 출처를 누락하는 경우가 많다. 그러나 본격적인 쓰기 학습이 시작되기 전 시점에 서의 이러한 경향은 학습자의 도덕성이나 고의성과는 무관하게 나타난 것임에 주목할 필요가 있다.[7]

사후 점검 쓰기에서의 결과 분석

사후 점검에서의 설문 결과, 〈그림 32〉에서 볼 수 있듯이 대부분의 학습자(94%)는 '깜빡 잊고 출처를 밝히지 않는 것도 잘못'이라고 응답했다.[8]이것은 '참고한 자료의 출처를 밝히지 않는 경우가 많다'(64.75%)고 한 사전 진단의 응답과 대조적인 결과이다.

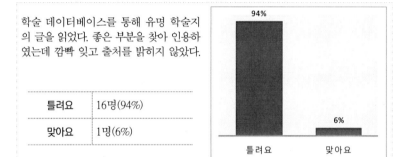

학술 데이터베이스를 통해 유명 학술지의 글을 읽었다. 좋은 부분을 찾아 인용하였는데 깜빡 잊고 출처를 밝히지 않았다.

| 틀려요 | 16명(94%) |
| 맞아요 | 1명(6%) |

〈그림 32〉 자료의 출처에 대한 인식

또한 사전 진단보다 사후 점검에서는 '출처 없이 베껴 쓰기'에 대한 심각성을 더욱 크게 인식하게 되었음을 〈그림 33〉을 통해 확인할 수 있다.

---

7) 교수자는 이러한 현상을 부정적인 시각으로 볼 것이 아니라 학습자가 그 다음 단계로 나아가기 위한 발판이 되도록 해야 한다. 즉, 학습의 과정을 통해 이러한 문제가 극복되면서 긍정적인 발달을 할 수 있어야 한다.

8) 단 1명을 제외한 모든 학습자가 잘못임을 알고 있었다. 이 1명은 한국어 능력이 가장 저조한 중국어권 학습자였다. 이 경우는 언어권보다는 개인적인 한국어 능력의 불충분함으로 이러한 응답을 한 것으로 보인다.

시험에서의 부정행위는 나쁜 것이지만 참고 자료의 출처를 밝히지 않고 몇 단락을 그대로 베껴 쓰는 것은 그렇게 심각하게 생각할 필요가 없다.

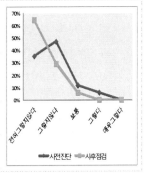

	전혀 그렇지 않다	그렇지 않다	보통	그렇다	매우 그렇다
사전 진단	6명 (35.3%)	8명 (47.1%)	2명 (11.8%)	1명 (5.9%)	0명 (0%)
사후 점검	11명 (64.7%)	5명 (29.4%)	1명 (5.9%)	0명 (0%)	0명 (0%)

<그림 33> 자료의 출처 누락에 대한 심각성 인식

그러나 실제로 자료를 적극적으로 자신의 글에 반영하는 태도를 지닌 것과 그것의 출처를 인식하는 것은 별개의 문제임을 간과할 수 없다. 자료를 적극적으로 사용하는 경우, 그 출처의 제시 여부에 따라 글쓰기 윤리 준수의 결과가 달라지기 때문이다. 사후 점검 쓰기를 분석한 결과, 1명9)을 제외한 대부분(94%, 16명)의

<표 24> 자료 사용 및 출처 제시 여부

	자료 사용 있음	자료 사용 없음	전체
출처제시 있음	94%		
출처제시 없음	6%	100%	0%	100%

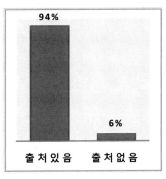

<그림 34>
자료의 출처 제시에 대한 필요성 인식

9) 이 학습자의 경우는 자료에 전적으로 의존하여 대부분의 내용을 짜깁기하였음에도 불구하고 출처를 전혀 밝히지 않았다. 이 학습자는 출석률이 매우 저조(전체의 1/3 가량 결석)하여 수업의 내용을 제대로 숙지하거나 주어진 과제를 성실히 수행하지 못했음을 밝혀 둔다.

학습자는 자신이 사용한 자료의 출처를 밝혔다.

실제로 사후 점검 쓰기에서 출처를 표시한 사례들을 살펴보면 다음과 같다. 이것은 적극적인 자료 사용에 비해 그 출처를 의식하지 않고 단순 짜깁기가 많았던 사전 진단 쓰기의 결과와 확연히 대조적인 양상이다.

✐ 사례 48 사후 점검 쓰기-출처 표시 사례

원문10)	학생의 글
또한 이 분석을 통해 **학문 목적 외국인 유학들이 학업 관련 말하기뿐만 아니라 일상생활 말하기에도 어려움을 많이 느끼고 있음을 확인하였다.**	(S16) 윤지원(2010)에 따르면 **"학문 목적 외국인 유학생들이 학업 관련 말하기 뿐만 아니라 일상생활 말하기에도 어려움이 많이 느끼고 있음을 확인하였다."**라고 밝혔다.1) 1) 윤지원(2010), 외국인 유학생의 한국어 말하기 실태 분석 연구, 시학과 언어학 19, 168쪽~129쪽
강의 시간 내에 이루어지는 다양한 말하기 유형 중 특히 발표하기는 교수나 동료와의 학문적 의사소통으로서 의미가 크다.	(S17) 강의 시간 내에 이루어지는 다양한 말하기 우형 중 특히 발표하기는 교수나 동료와의 학문적 의사소통으로서 의미가 크다.1) 따라서 말하기가 수업 할 때 매우 중요하다. 1) 최은지·정명숙(2007) 외국인 유학생의 학문적 발표에 대한 인식 조사, 이중언어학 35.305쪽
내가 아는 것을 글로 쓰지 못한다면 진정으로 알았다고 할 수 없고 글로 쓴 것을 쉽게 말할 수 없으면 그 또한 진정으로 안다고 할 수 없다는 게 지금의 내 생각이다.	(S2) 유정아(2009)에 따르면 **'내가 아는 것을 글로 쓰지 못한다면 진정으로 알았다고 할 수 없고 글로 쓴 것을 말할수 없으면 그 또한 징정으로 안다고 할수가 없다.** 따라서, 글쓰기와 말하기는 둘다 중요한 역할을 하고 있다'라고 했다. 하지만 학교 어학당에서는 글쓰기를 매우 중요시 하기 때문에 말하기는 거의 하지 않는 경우가 많다.

특히 학업과 관련해서는 수업 시간에 발표를 하는 것이 유학생에게 매우 어려운 일일 것이다.

…한국어 능력 시험(TOPIK) 3, 4급을 합격한 학습자들임에도 불구하고 말하기에 많은 어려움을 겪고 있고 또 말할 기회가 별로 없다고 말하는 것을 보며 실제 유학생들이 실생활에서 누구와 어디에서, 얼마나 한국어로 말하고 있는지에 대한 질문에서 시작하였다.

(S12) 실제로 외국인은 말하기에 대해 어떤 점에서 어려움을 느끼고 있는지 살펴보자 한다. 첫째는 미리 생각을 내놓지 않으면 아주 말하기가 어렵다라는 점이다. **특히 학업과 관련해서는 수업 시간에 발표하는 것이 유학생에게 매우 어려운 일일 것이다.**[1] 둘째는 **한국어 능력 시험(TOPIK) 3,4급을 합격한 학습자들임에도 불구하고 말하기에 많은 어려움을 겪고 있고 또 말할 기회가 별로 없다**라는 점이다.[2]

---

1) 외국인 유학생의 글(2010)
2) (2010), 윤지원 외, 외국인 유학생의 한국어 말하기 실태 분석 연구, 168쪽-169쪽.

강의 시간 내에 이루어지는 다양한 말하기 유형 중 특히 발표하기는 교수나 동료와의 학문적 의사소통으로서 의미가 크다.

(S15) 그러므로 최은지외(2007:305쪽)에 따르면 "**강의 시간 내에 이루어지는 다양한 말하기 유형 중 특히 발표하기는 교수나 동료와의 학문적 의사소통의 의미가 크다.**" 나는 지금 한국에서 한국어를 1년 동안 배우고 한국어능력시험(TOPIK·토픽) 3급을 합격해서 대학교에 입학했다.

본 연구는 **대학에 입학한 학문 목적의 유학생이 언어 교육원에서 1년 이상의 교육 과정을 이수하거나 한국어 능력 시험(TOPIK) 3, 4급을 합격한 학습자들임에도 불구하고 말하기에 많은 어려움을 겪고 있고 또 말할 기회가 별로 없다**고 말하는 것을 보며 실제 유학생들이 실생활에서 누구와 어디에서, 얼마나 한국어로 말하고 있는지에 대한 질문에서 시작하였다.

(S8) 그러나 윤지원 외(2010)는 "**대학에 입학한 학문 목적의 유학생이 언어 교육원에서 1년 이상의 교육 과정을 이수하거나 한국어 능력 시험(TOPIK) 3, 4급을 합격한 학습자들임에도 불구하고 말하기에 많은 어려움을 겪고 있고 또 말할 기회가 별로 없다**"다 하였다. 이에 대해서 대부분 유학생이 학교에서 선생님과 대화를 많이 못하는 것은 물론이고 다른 한국인과 교류할 기회가 없으면 말을 못 할 수 밖에 없다고 생각한다.

---

10) 사후 점검 시에 제시한 자료 가운데 학습자가 자신의 글 속에 반영한 부분만을 옮긴 것이다. 각 출처는 오른쪽에 제시한 학습자의 글에 나타나 있으므로 생략하기로 한다.

이상의 결과를 종합해 볼 때, 외국인 유학생의 한국어 학습자의 자료 출처에 대한 인식은 고정적이지 않으며 긍정적으로 변화하고 있다. 이것은 만약 어느 특정 시점의 결과물만 가지고 학습자의 글쓰기 윤리 준수 여부를 단정 짓는 것은 한계가 있음을 입증하는 근거가 된다.

1. '사전 진단 쓰기' 단계의 학습자의 자료 사용 사례는, 그 방법이 다소 부적절하더라도 주어진 자료를 적극적으로 활용하려는 시도 자체는 긍정적으로 볼 수 있습니다. 그러나 동일한 현상이 '사후 점검 쓰기'에서 여전히 나타난다면 어떻겠습니까? 학습의 시점에 따라 자료 사용에 대한 차별화된 관점이 필요한 까닭에 대해 말해 보십시오.

2. '사전 진단 쓰기'와 '사후 점검 쓰기'에서 학습자의 자료 출처에 대한 인식은 어떤 변화 양상을 보였습니까? 만약 이러한 변화에 주목하지 않고 특정 시점의 결과물만을 토대로 학습자의 글쓰기 윤리 준수 여부를 판단한다면 어떤 문제를 초래할 수 있습니까?

추천논저

Hsu, A. Y.(2003), "Patterns of plagiarism behavior in the ESL classroom and the effectiveness of instruction in appropriate use of sources", University of Illinois at Urbana-Champaign.

Power, L. G.(2009), "University students' perceptions of Plagiarism", *Journal of Higher Education* 80-6, pp. 643~662.

제12장

사전 진단과 사후 점검 쓰기의 '능력' 비교

✓ 자료 선별 능력에는 어떤 변화가 있었는가?
✓ 자료 출처 표시 능력에는 어떤 변화가 있었는가?
✓ 자료 내용 통합 능력에는 어떤 변화가 있었는가?

자료 선별 능력

인터넷의 발달로 어떤 자료라도 손쉽게 구할 수 있는 시대가 된 요즈음, 방대한 자료 가운데 학술적 가치를 지닌 자료를 가려 사용하는 것은 매우 중요한 일이다. 학문 목적 한국어 학습자는 글의 수준이나 내용, 문체 등이 부담 없고 친근하며 쉽게 읽히는 자료의 내용을 자신의 글에 반영하는 경향이 큰 것으로 나타났다.

그런데 흥미로운 사실은 인식 조사와 실제 쓰기의 결과에서 드러난 차이점이다. 설문에서는 학술자료에 대한 가치를 높이 평가하지만 실제 글쓰기에서는 그것을 인식하지 않고 읽기 쉬운 자료를 이용한다는 것이다. 글을 쓸 때 어떤 순서로 검색하는 것이 좋은가를 조사한 결과, 약 60%의 학습자가 학술지를 1순위로 꼽은 것과 달리 실제 글을 쓸 때 참고하는 자료로 우선순위를 두는 것은 학술지가 아니었다. 다만 글쓰기 윤리 인식과 자료 사용 능력 조사 결과에서 다소 공통된 경향을 보인 것은, '다른 학생의 글'을 참고할 가치가 있는가에 대한 판단 부분이다. 인식 조사에서는 높은 순위로 꼽지 않았으나 '다른 학생의 글'을 참고하는 것에 대해 64.7%(11명)의 학습자가 큰 거부감 없이 받아들였다. 사전 진단 쓰기에서도 '다른 학생의 글'을 자신에 글에 반영한 학습자가 60%에 달했다.

자료 선정에 대한 사전 진단과 사후 점검 결과를 비교한 결과, 특정 자료 유형을 선정하는 경향은 두드러지지 않았으나 사전 단계에 비해 사후 점검 시에 공신력 있는 자료(단행본, 학술지)의 활용 비율이 상당히 증가하였다. 그러나 사전 단계(59%)와 사후 단계(68%)에서 모두 '다른 학생의 글'을 자신의 글에 반영한 경우가 많은 것을 볼 때, 외국인 유학생이 글을 쓸 때 자료 선정에 대한 명확한 기준을 가지고 있다고 단정 짓기는 어려웠다.

사전 진단 쓰기에서의 결과 분석

참고 자료의 선호도 혹은 참고 자료로서 적절한 것을 순서대로 선택하게 한 결과, 절반 이상(10명, 58.8%)의 학습자가 '학술지/소논문'을 첫 번째로 꼽았다. 반면 '인터넷 포털 사이트'를 1순위로 꼽은 학습자(5명, 29.4%)도 적지 않았다. 이것은 실제 학습자가 글쓰기를 할 때의 인터넷 자료의 이용도가 높은 것과도 무관하지 않은 결과이다. '신문'과 '다른 학생의 글'은 상대적으로 후순위를 차지했다.[1]

글을 쓸 때 다음 자료 중에서⋯⋯의 순서로 검색하는 것이 좋다(순서대로 번호를 쓸 것).	
학술지/소논문	10명(58.8%)
인터넷 포털사이트	5명(29.4%)
신문	1명(5.8%)
다른 학생의 글	1명(5.8%)

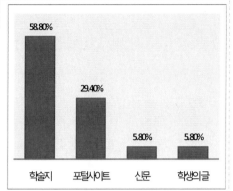

<그림 35> 선별 1순위로 꼽은 자료 유형

한편, 순위상으로는 높지 않았으나 '다른 학생의 글'도 참고 자료에 반영하는 것이 좋다고 생각하는 학습자(11명, 64.7%)가 상당히 많았다. 이는 '다른 학생의 글'을 자신의 글에 반영하는 것에 대해 큰 거부감이 없음을 시사한다.

다음으로 사후 점검 쓰기 결과를 살펴보면, 학술적 가치 여부에 관계없이 학습자들은 다양한 유형의 자료를 선정하여 자신의 글에 통합한 것으로 나타났다. 학습자에게 제시한 자료의 출처는 크게 공신력이 있는 것(학술지, 신문)과 없는 것(학생 글, 포털 사이트)으로 구분된다. 다만 학습자에게는 별도의 언급 없이 자신의 글에 필요하다고 판단되는 것을 활용하라고 알려 주었다. 〈표 26〉과 〈그림 36〉은 학생들이 선정한 자료의 유형을 정리한 결과이다. 원문과 학습자가 쓴 글을 대조함으로써 어떤 자료에서 내

---

1) 그럼에도 불구하고 앞서 〈그림 25〉의 결과에서도 살펴보았듯이 학술 DB를 이용해 본 경험이 있는 학습자는 드물었다. 즉, 학술적 가치에 대해서는 알고 있지만 그것을 검색해 본 경험은 불충분했다. 이러한 점을 감안한다면 학습자들이 실제로 글을 쓸 때 자신이 가지고 있는 인식과 실제에 어떤 괴리가 나타나는지 살펴볼 필요가 있겠다.

용을 가져왔는지를 알아본 것이다.

<표 25> 사용한 자료의 유형

공신력 여부	자료	반영 인원
없음	학생 글	59%(10명)
	포털 사이트	18%(3명)
있음	학술지	12%(2명)
	신문	82%(14명)

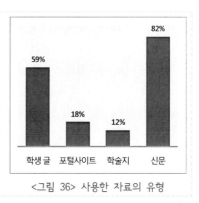

<그림 36> 사용한 자료의 유형

위의 〈표 25〉에 밝힌 숫자는 해당 자료를 한 번이라도 활용한 학습자의 수를 의미한다. 가령, 17명의 학습자 가운데 다른 '학생의 글'을 자신의 글에 반영한 경우가 10명임을 뜻한다. 위의 결과에서 어떤 자료를 학습자들이 선호하는가에 대해 순위를 매기는 것은 큰 의미가 없어 보인다.[2] 다만, 학습자가 주어진 자료의 출처를 먼저 의식하면서 그것이 학술적 글쓰기에 활용할 만한 가치가 있는 것인가에 대해 판단을 하는가를 중심으로 검토해 보았다.

그 결과, 〈표 25〉에 나타난 바와 같이 공신력 여부에 관계없이 학습자들은 다양한 유형의 자료를 선정하여 자신의 글에 통합함을 알 수 있었다.[3] 학습자가 자료의 신뢰도에 대한 인식을 하거

---

[2] 이것은 주어진 자료의 난이도나 내용과도 관련성이 크기 때문에 여기에서 나타난 결과 및 순위를 일반화하기는 어렵다. 이번 조사에서 신문을 참고한 학습자가 가장 많게 나타난 것은 주어진 자료가 칼럼이나 사설과 같이 시사성이 짙은 내용이 아니라 인터뷰 내용을 정리한 형식의 기사였기 때문일 가능성을 배제할 수 없다.

[3] 이것은 신뢰도가 높은 자료를 접했을 때 비의도적인 표절이 더 자주 일어난다는 Bink, Marsh, Hicks, & Howard(1999: 293~308)의 논의와는 다소 차이가

나 그것에 대한 판단을 하고 있는 것으로는 보기 어려우며 주어진 자료 가운데 쉽고 편하게 읽히는 자료를 자신의 글에 가져오는 경향을 엿볼 수 있었다. 그런데 이러한 경향이 학습의 과정이 아닌 최종 보고서를 작성할 때에도 나타난다면 심각한 문제가 된다. 학문 목적 학습자들이 다른 학생(동료, 선후배)이 쓴 글 가운데 좋은 글이라고 판단되는 것에 대해 큰 문제의식을 느끼지 않고 자신의 글에 가져올 가능성이 매우 높기 때문이다.

자료를 검색하고 선정하는 단계에서 내용을 모두 읽어 보기 전에 자신의 글에 반영할 만한 가치가 있는 것을 미리 선별하는 능력과 전략이 개발된다면, 실제 학문 목적 학습자가 보고서 등을 작성하는 과정에서 크게 도움이 될 것이다. 즉, 자료의 선별 능력이 쓰기 학습의 과정에서 자연스럽게 습득되도록 하는 것 또한 글쓰기 윤리의 준수에 있어서 중요한 문제임을 알 수 있다.

사후 점검 쓰기에서의 결과 분석

사후 점검 쓰기에서 학습자가 자신의 글에 사용한 자료의 유형을 분석한 결과는 〈표 26〉과 같다.[4]

있는 결과이다. 그는 학습자에게 같은 주제(교통사고 줄이는 법)에 대해 쓴 전문가와 아마추어(대학 1학년)의 글을 제시하고 자신의 생각을 쓰게 했을 때 신뢰도가 높은 자료, 즉 전문가의 글을 표절하는 빈도가 무의식적으로 더 높게 나타났다고 하였다.

[4] 개별 학습자마다 주어진 자료 가운데 평균 2~4개의 자료를 활용하였다. 여기에 나타낸 수치는 개별 학습자마다 활용한 자료 유형의 수를 모두 반영한 것이다.

<표 26> 사용한 자료의 유형

공신력 여부	자료	반영 인원
없음	학생 글	68%(11명)
있음	단행본	47%(8명)
	학술지	68%(11명)
	신문	18%(3명)

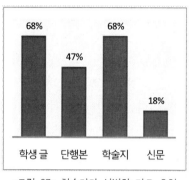

<그림 37> 학습자가 선별한 자료 유형

위의 결과에서 나타나듯이 학습자들은 전반적으로 공신력 있는 자료(논문, 단행본, 신문)를 많이 사용하였다. 또한 자료 선별에 대한 전략도 개발되었는데 그 예로, 최종 점검 시에 학생들이 글을 쓰는 모습을 관찰한 결과, 어느 학습자는 자료를 받자마자 출처를 먼저 확인한 후 공신력이 없다고 판단되는 글에 표시(×)를 한 후 해당 자료는 전혀 읽지 않고 나머지 자료만을 활용하였다. 이와 같이 주어진 자료를 모두 읽기 전에 자신의 글에 반영할 만한 가치가 있는 것을 선별하는 전략은 실제 학문 목적 학습자가 스스로 보고서 등을 작성하는 과정에서 학술자료를 선정할 때 매우 유용하게 전이될 수 있다. 이러한 사후 점검 결과는 자료의 공신력 유무에 대한 인식을 하지 않는 것으로 분석되었던 사전 진단 결과에서 상당히 달라진 것이다.

한편, 사후 점검 분석 결과 놀라운 점은 공신력 있는 자료의 사용도 많았지만 주어진 읽기 자료 가운데 '학생이 쓴 글'을 활용하는 비율도 여전히 높았다는 것이다.

원문	학생의 글
특히 **학업과 관련해서는 수업 시간에 발표를 하는 것이 유학생에게 매우 어려운 일일 것이다.**	(S6) 연구자료[1]를 보면 **"학업과 관련해서는 수업시간에 발표를 하는 것이 유학생에게 매우 어려운 일일 것이다"**알 수 있다. _____ 1) 2010년도 2학기 외국인 유학생의 글
글쓰기는 언어적 요소로만 자신의 생각을 표현하지만, 말하기는 언어적 요소 이외에도 비언어적 요소가 매우 중요한 역할을 한다.	(S2) 2010년도 1학기 한국인 학생의 글에 의하면 **글쓰기는 언어적 요소로만 자신의 생각을 표현하지만 말하기는 언어적 요소 이외에도 비언어적 요소가 매우 중요하다**고 했다. 따라서 말하기도 중요하지만 생활속에서 쓰는 언어도 외국인 유학생이 한국에서 생활하면서 배워야 하는 것이라고 생각한다.

　위의 첫 번째 사례는 유학생의 경험이 담긴 내용을 가져와서 자신의 주장을 뒷받침한 것이고 또 두 번째 사례는 비언어적 요소의 중요성에 대한 한국인 학생의 글을 인용한 것이다. 그런데 일반적으로 예상할 수 있는 일이거나 상식적인 내용에 대한 근거를 '학생이 쓴 글'에서 찾아 글 속에 반영하는 것은 자신의 글의 신뢰를 확보하는 데에 도움이 되지 않는다. 이보다는 좀 더 공신력을 인정받을 수 있는 자료를 선정하는 것이 바람직하다.

　이와 같이 사후 점검 쓰기에서도 '학생이 쓴 글'의 활용 정도가 여전히 높게 나타난 것은 학문 목적 학습자들의, 친근한 자료 혹은 이해하기 쉬운 자료를 활용하는 성향 때문으로 해석된다. 학술적 글쓰기에서 가치 있는 자료가 무엇인가에 대한 인식은 사전 진단에 비해 사후 점검의 시점에서 두드러지게 높아졌으나 글의 수준이나 내용, 문체 등을 볼 때 비슷한 학생의 입장에서 쓴 글을 쉽게 읽고 활용할 때에도 부담을 덜 느낀 것으로 보인다. 다만 이러한 양상을 통해 실제로 학술적 보고서를 쓸 때 어떻게 나타날 까를 짐작해 보면, 학문 목적 학습자들이 다른 학생(동료, 선후배)이 쓴 글 가운데 좋은 글이라고 판단되는 것에 대해 큰 문제의식을 느끼지 않고 자신의 글에 가져올 가능성이 낮지 않음을 알 수 있다. 자료의 선별 문제는 글쓰기 윤리의 준수와도 매우 관련이 높으므로 주의를 기울여야 한다.

자료 출처 표시 능력

출처 표시는 글쓰기 윤리의 준수에 있어서 가장 중요한 문제라 해도 과언이 아니다. 앞선 논의(Campbell, 1990; Keck, 2006; Shi, 2004)[5]들에서 표절의 유형을 분류할 때 그 첫 번째 기준으로 출처 표시 여부를 적용한 것도 그 때문이다. 그런데 출처 표시는 그 방법에 있어서 다양한 양상들이 나타나므로 이를 면밀히 분석해야 한다.

출처 표시에 있어서 사전 진단과 사후 점검에서의 결과에서는 확연한 차이가 나타났다. 사전 진단에서는 참고 자료를 적극적으로 활용했음에도 불구하고 그 출처를 밝힌 학습자가 12%(2명)에 불과하였기 때문에 출처 표시 전략에 있어서 포착할 만한 특징은 발견되지 않았다. 반면, 사후 점검 쓰기에서는 참고 자료의 내용을 빌려오면서 출처를 밝힌 학습자가 급증(94%)하였고 그러한 과정에서 다양한 전략과 양상들이 확인되었다.

---

5) 가령, Shi(2004: 196~197)을 보면, 원문을 참조해서 쓴 학생의 글을 글쓰기 윤리 준수 정도에 따라 유형을 분류할 때 주된 기준(Major Categories)으로 출처 제시 여부를 적용하였다. 출처를 제시한 사례를 R(with reference to the author)로 분류하고 그렇지 않은 사례를 N(with no reference)로 분류하였다. 최근 영어 교육 분야의 성화은(2011)에서도 이 방법을 따랐다.

사전 진단 쓰기에서의 결과 분석

전체 학습자 중 절반 이상은 참고 자료를 자신의 글에 반영할 때 필자가 조금 고쳐서 활용하더라도 출처를 밝혀야 한다(9명, 52.9%)가 응답했다.

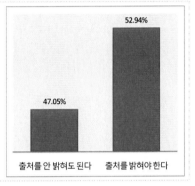

참고 자료의 내용을 내가 조금 고쳤다면……	
그 출처를 밝히지 않아도 된다	8명(47%)
고쳐도 그 출처를 밝혀야 한다	9명(52.9%)

<그림 38> 출처 제시의 엄격성에 대한 인식

이처럼 설문에서는 출처 표시에 대해 어느 정도 엄격한 태도를 보였음에도 불구하고 실제 사전 진단 쓰기에서는 원문의 출처를 밝힌 학습자는 12%(2명)에 불과했다. 물론 출처 표시 방법에 있어서 다소의 미숙함은 보였으나 자료의 출처를 밝히고자 시도했다는 측면에서는 출처를 제시하지 않은 학습자에 비해 우수한 필자라 할 수 있다. 사전 진단 쓰기에서 나타난 능숙한 학습자의 출처 표시 전략 사례는 다음과 같다.

~기자의 말씀을 따르면 ~	(S16) • "글·사진" 김창석 기자의말씀을따르면 "글쓰기는 읽기, 사고력을 전제로 하기 때문에 사고력을 형성하고 지식을 구성하는 데 핵심적인 구실을 한다".
~기자는 ~고 주장도 했다.	• 그래서 김창석 기자는 "글쓰기는 모든 학문의 기초를 이룬다"고 주장도 했다.
어떤 교수님의 말씀을 따르면~	• 어떤교수님의말씀을따르면 글쓰기 능력이 늘어나려면 글을 많이 써야 되는 게 아니라 책을 많이 읽어야 한다.
~교수님이 ~라고 말한다.	(S17) • 정희모 교수님이 '글쓰기는 읽기, 사고력을 제로 하기 때문에 사고력을 형성하고 지식을 구성하는 데 핵심적인 구실을 한다'라고 말한다.

사후 점검 쓰기에서의 결과 분석

출처 표시 여부는 글쓰기 윤리의 준수와 직결된다. 일부(12%)의 학습자만이 출처를 표시한 사전 진단 결과와는 달리 사후 점검에서는 대부분(94%)의 학습자가 출처를 표시하여 긍정적인 변화를 보였다. 그러나 실제로 글쓰기 윤리의 준수는 출처 표시 여부뿐만 아니라 적절한 출처 표시 방법을 따를 때 가능하다. 이러한 점을 감안할 때 외국인 학습자들이 출처 표시를 시도하는 과정에서 다양한 전략과 과도기적 양상들을 분석할 필요가 있다.

다음은 사후 점검 쓰기에서의 출처 표시 양상을 나타낸 것으로서 앞서 제시한 〈그림 9〉, 〈그림 22〉와 비교해 보면 그 변화가 더욱 잘 드러난다.

<그림 39> 사후 점검 쓰기에서의 출처 표시 양상 및 전략

　외국인 유학생의 자료 사용에 있어서 출처 표시 능력의 전반적인 발달 과정을 살펴보면, 먼저 출처를 전혀 인식하지 않고 누락하던 단계를 극복한 후 출처를 인식하기 시작하지만 출처 표시가 미숙했던 단계를 거쳐, 사후 점검 쓰기 단계에서는 출처 표시에 있어서 다양한 각주 및 인용 전략을 보임을 확인할 수 있었다. 그럼에도 불구하고 사후 점검 쓰기에서의 출처 표시에서도 여전히 과도기적 발달 양상이 남아 있었는데 이것은 출처 표시에 대한 인식이나 연습이 상대적으로 부족했던 학습 초반이나 중반에 보였던 것에서 한 단계 더 발전한 양상이었다.

　이와 같이 자료 사용에 있어서 출처 표시 능력이 끊임없이 발달하고 있으므로 그 과정에서 나타나는 다양한 유형들을 단순히 오류로 보거나 부정적인 관점에서 해석할 것이 아니라 쓰기 학습 발달의 자연스러운 과정으로 보아야 한다. 다음으로 사후 점검 쓰기에서 나타난 출처 표시 양상 및 전략의 사례들을 살펴보도록 하겠다.

1) 적절한 출처 표시 사례에서 나타난 전략

사후 점검 쓰기에서 출처 표시가 적절한 사례를 분석한 결과, 다양한 각주(외각주, 내각주)와 인용(간접 인용, 직접 인용)의 유형을 적극적으로 사용하는 전략이 발견되었다.

✏️ 사례 51 외각주·간접인용 사례(S4)

학문 목적의 유학생들이 언어 교육원에서 1년 이상의 교육 과정을 이수하거나 한국어 능력 시험 3, 4급을 합격한 학습자들임에도 불구하고 말하기에 많은 어려움을 겪고 있고, 또 말할 기회가 없다고 한다.[1]

---

1) 윤지원 외(2010), 『외국인 유학생의 한국어 말하기 실태 분석 연구』, 시학과 언어학 19, 168쪽~129쪽

✏️ 사례 52 외각주·직접인용 사례(S1)

"말은 그 사람의 능력을 보여주는 강력한 수단"[3]이기 때문이다.

---

3) 백미숙(2006), 스피치특강, 커뮤니케이션북스, 2쪽~4쪽

✏️ 사례 53 내각주·직접인용 사례(S8)

윤지원 외(2010)는 "대학에 입학한 학문 목적의 유학생들이 언어 교육원에서 1년 이상의 교육 과정을 이수하거나 한국어 능력 시험(TOPIK) 3, 4급을 합격한 학습자들임에도 불구하고 말하기에 많은 어려움을 겪고 있고 또 말할 기회가 별로 없다"고 하였다.

위의 사례에서 나타나듯이 인용과 각주의 형식과 방법에 익숙해지는 것은 곧 글쓰기 윤리 준수를 가능하게 한다. 많은 선행 연구에서 글쓰기 윤리의 실천과 표절 예방을 위한 자료 사용 연습의 중요성을 강조하고 있는 것도 이 때문이다.

2) 출처 표시가 부적절한 사례에서 나타난 과도기적 발달 양상

다음은 부적절한 출처 표시 사례에서 나타난 과도기적 발달 양상을 정리한 것이다. 크게 서지정보와 관련된 것, 각주의 사용과 관련된 것으로 구분할 수 있었다.

(1) 서지정보 누락

다음은 필수 서지정보에 대한 이해 부족으로 서지정보를 누락한 사례이다.

> ✏️ **사례 54** 서지정보 전체 누락 사례
>
> (S9) <u>조사에 따르면</u>, 외국인 유학생들은 일상적인 주제를 다루는 이야기를 친구들과 자주 나누며 대화시간이 매우 짧은 결과를 낳았다.
>
> (S17) <u>한 기사를 의하면</u> 토픽 시험 중에 말하기 평가를 도입하는 방인이 추진되는데 대규모 응시자를 대상으로 하는 표준화되고, 신화할 만항 평가도구가 없어 도입을 미워 왔다.

> ✏️ **사례 55** 서지정보 일부 누락 사례
>
> (S16) <u><세계일보>에</u> 따르면 "현행 토픽은 어휘·문법, 쓰기, 읽기, 듣기의 4개 영역으로 구성돼 있다"라는 사실이 밝혔다.

위의 사례들을 살펴보면 자료에서 가져온 자료의 서지정보 전체를 누락한 경우와 일부를 누락한 유형이 있다. 그 첫 번째는 주어진 자료에 출처가 명시되어 있음에도 불구하고 '조사에 따르면', '한 기사에 따르면'과 같은 애매한 표현을 사용하여 서지정보 전체를 누락한 것이다. 두 번째는 위의 마지막 사례처럼 신문 기사에서 게재 날짜 및 기사 제목 등 서지정보의 일부를 누락한 것이다.

이상의 과도기적 양상들은 출처를 명확히 표시하는 일이 학문 목적 한국어 학습자에게 있어서 단기간에 형성되는 습관이나 능력이 아님을 입증하고 있다. 다른 자료의 내용을 가져오면서 출처를 명확히 밝히지 않는 것은 글쓰기 윤리를 위반하는 것이 되는 만큼, 필수 서지정보에 대한 내용을 강조하고 지속적으로 연습할 필요가 있다.

(2) 서지정보 중복

다음은 서지정보를 중복하여 제시한 사례이다.

✎ 사례 56

과도기적 발달 양상	수정 방안
윤지원의 연구 결과에 의하면 유학생들이 학업 관련 말학뿐만 아니라 일상생활 말하기에도 어려움을 많이 느끼고 있는 것을 볼 수 있다.[1] ─────────── 1) 윤지원, 윤지원 외(2010), 「외국인 유학생의 한국어 말하기 실태 분석 연구」, 『시학과 언어학 19』, 168쪽~129쪽	→	주저자 이름이 중복되지 않도록 삭제, 외각주나 내각주 중 택일

본문 속에 저자를 밝혔으므로 외각주에 다시 제시하지 않아도 된다. '윤지원(2010)에 의하면 ~ '으로 수정하는 것이 자연스럽다. 또한 공동 저자를 밝히는 형식이 다소 특이한데 주저자 외의 저자를 밝히려는 의도에서 '윤지원, 윤지원 외'로 표시한 것으로 보인다. 쪽수 정보도 원문에서 잘못 옮긴 것을 알 수 있다.

(3) 내각주 형식이 부적절한 사례

다음으로 각주 형식을 부적절하게 적용한 사례들을 살펴보았다. 먼저 첫 번째 사례는 괄호를 삭제하고 서지정보를 앞에 밝히거나(윤지원 외(2010)에서는~) 인용한 부분의 끝으로 서지정보를 옮겨야 한다.

과도기적 발달 양상		수정 방안
(윤지원 외:2010) "학문 목적 외국인 유학생들이 학업 관련 말하기뿐만 아니라 일상생활 말하기에도 어려움을 많이 느끼고 있음을 확인했다". 그러므로 말을 잘하는 것은 자신의 생각을 잘 전달하는 것이고, 이는 곧 원활한 "대인관계를 결정짓는다" 백미숙 (2006)	→	윤지원 외(2010) 에서는 ~

위의 두 번째 사례는 문장 전체의 내용을 자료에서 가져왔음에도 불구하고 마지막 두 어절에만 큰따옴표를 표시하고 내각주를 붙인 것이 부적절한 사례이다. 또한 문장과 출처 사이에 어떠한 인용표지도 포함하지 않은 것이 부자연스럽다.

(4) 각주의 중복 사용

다음은 각주를 중복 사용함으로써 부적절한 양상을 보인 사례이다. 아래의 첫 번째 사례처럼 동일한 단행본을 같은 페이지에서 반복해서 인용할 경우, 출처를 두 번 제시하지 않고 줄여서 표기하는 것이 일반적이다. 각주 1번과 2번을 나란히 표기하지 않고 각주 2번은 '위의 책'이라고 바꾸는 것이 적절하다.

 사례 58

과도기적 발달 양상		수정 방안
"말은 인간이 사용하는 의사소통의 방법 중 가장 보편적으로 사용하는 수단이 바도 발이다. 사람들은 말을 이용하여 자기의 생각이나 견해를 이야기하고, 정보를 주고받고, 감정이나 느낌을 표현한다."[1] …중략… 한국에서 아주 좋은 속담이 있다. ③ "가는 말이 고와야 오는 말이 곱다"[2]라는 말로 올바르게 하는 말의 규칙을 하나의 속담으로 표현하였다. …중략…	→	각주 2번을 '위의 책'으로 수정
1)2) 백미숙(2006), 스피치특강, 커뮤니케이션북스, 2쪽~4쪽		

유정아는 말하는 것처럼 "입 밖으로, 말로 생각을 내놓지 않으면 자신의 생각이 무엇인지, 자신도 확실히 가능하지 못하는 경우가 허다하다"라고 나도 생각한다.[2]

외각주나 내각
주 중 택일

---

2) 유정아, 「유정아의 서울대 말하기강의」, 『문학동네』, 2009, 14~15쪽

위의 두 사례는 저자명이 본문과 외각주에 반복해서 제시되었으므로 둘 중 하나의 방법을 택하는 것이 적절하다.

이상으로 살펴본 바와 같이 사후 점검 단계에서 학문 목적 한국어 학습자의 출처 표시 전략은 사전 진단 단계보다 월등히 향상된 양상을 보였다. 또한 출처 제시 방법에 있어서 다양한 전략이 나타났다. 그러나 학습자마다의 개인차를 감안할 때 동일한 기간에, 모든 학습자가 출처 제시 능력을 완벽하게 갖추었다고는 할 수 없었으며 과도기적 양상들이 여전히 남아 있었다.

자료 내용 통합 능력

글쓰기 윤리를 준수하지 못하는 주요 원인 중의 하나는 다른 자료에서 가져온 내용을 자신의 글에 적절하게 통합하지 못해서이다. 따라서 출처를 표시하는 것과 더불어 참고 자료의 내용을 자신의 글에 통합하는 방법이 강조되어야 한다.[6] 사전 진단 쓰기

---

6) 여기에서 의미하는 '내용 통합'이란 참고 자료에서 가져온 내용을 자신의 글에 얼마나 자연스럽게 연결하는가를 말한다. 내용 통합은 크게 두 가지 문제로 구분될 수 있었는데 그 첫 번째는 출처의 표시와 관련된 것이다. 본문 속에 참고 자료의 출처를 언급하면서 필자의 글에 자연스럽게 연결하는가이다. 두 번째는 참고 자료에서 가져온 자료의 내용과 필자의 의견이 명확하게 구분되면서도 적절히 통합되었는가의 문제이다.

에서는 가져온 내용을 그대로 베끼고 출처를 남기지 않아 진정한 의미에서의 내용 통합이 이루어지지 않은 반면, 사후 점검 쓰기에서는 자료의 내용과 자신의 글을 능숙하게 구분하는 경향을 보였다. 그리고 이 과정에서 다양한 내용 통합 전략과 과도기적 양상들이 발견되었다.

사전 진단 쓰기에서의 결과 분석

사전 진단 쓰기에서는 내용 통합 전략이 눈에 띄게 드러나지 않았다. 자료의 활용 정도는 높았으나 대부분의 학습자는 빌려온 내용에 대한 흔적을 남기지 않았기 때문이다. 물론 이것은 학습자의 의도성과는 무관한 것이었고 학습의 초기 단계임을 감안할 때 부정적인 입장에서 볼 필요는 없다. 본 연구에서는 사전 진단 쓰기에서 나타난 현상이 사후 점검에서 어떻게 변화되는가에 관심을 두었다.

사후 점검 쓰기에서의 결과 분석

참고 자료의 사용에 대한 스스로의 능력을 점검하게 한 문항들에서 사전 점검과 사후 점검 설문 결과는 다음과 같은 긍정적인 변화를 보였다. 약 94%의 학습자가 자료의 활용 방법을 알고 있는가에 대한 질문에 '보통' 이상이라고 응답하였다.

나는 의도하지 않은 표절을 피하기 위한, 참고 자료의 효율적인 활용법에 대하여 알고 있는가?

	전혀 그렇지 않다	그렇지 않다	보통	그렇다	매우 그렇다
사전 진단	0명 (0%)	6명 (35.3%)	8명 (47.1%)	1명 (5.9%)	2명 (11.8%)
사후 점검	0명 (0%)	1명 (5.9%)	4명 (23.5%)	5명 (29.4%)	7명 (41.2%)

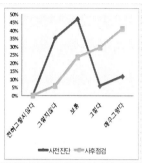

<그림 40> 자료 사용 능력에 대한 인식 변화

그리고 사후 점검 쓰기를 분석한 결과, 참고 자료에서 가져온 내용과 필자의 의견을 통합하는 전략이 두드러지게 발달하였음을 알 수 있었다. 사전 진단 단계와 쓰기 학습의 과정에서 나타났던 과도기적 발달 양상들이 그 수준에 머무르지 않고 점차 극복되고 있었다. 특히 참고 자료에서 가져온 내용을 자신의 글과 명확히 구분하는 전략은 물론, 가져온 내용에 대한 필자의 의견을 보태는 전략을 사용하게 되었다. 쓰기 학습 과정에서 보였던 과도기적 발달 양상의 유형들도 상당히 감소하였다.

1) 원문 내용과 필자 의견의 통합 전략 발달

사후 점검 쓰기에서는 다양한 인용표지를 사용하여 인용한 내용을 필자의 의견과 자연스럽게 통합하는 전략이 다양하게 나타났다. 인용표지의 사용, 의견 통합 능력과도 직결되는 것으로, 능숙한 학습자일수록 자신의 의견과 참고 자료의 내용을 명확히 구분하면서도 조화롭게 통합하는 전략을 가지고 있었다. 다음은 사후 점검 쓰기 사례에서 나타난 인용표지를 유형화한 것이다.

사례 59

유형	학생의 글
인용. 따라서 의견.	강의 시간 내에 이루어지는 다양한 말하기 유형 중 특히 발표하기는 교수나 동료와의 학문적 의사소통으로서 의미가 크다.[1] 따라서 말하기가 수업 할 때 매우 중요하다. <hr> 1) 최은지·정명숙(2007) 외국인 유학생의 학문적 발표에 대한 인식 조사, 이중언어학 35.305쪽
출처는 인용고 하였다. 이에 대해서 의견고 생각한다.	윤지원 외(2010)는 "대학에 입학한 학문 목적의 유학생들이 언어 교육원에서 1년 이상의 교육 과정을 이수하거나 한국어 능력 시험(TOPIK) 3, 4급을 합격한 학습자들임에도 불구하고 말하기에 많은 어려움을 겪고 있고 또 말할 기회가 별로 없다"고 하였다. 이에 대해서 대부분 유학생이 학교에서 선생님과 대화를 많이 못하는 것은 물론이고 다른 한국인과 교류할 기회가 없으면 말을 못 할 수 밖에 없다고 생각한다.
출처에 따르면 인용라고 밝혔다. 이에 대해 필자도 의견아/어 봤다.	윤지원(2010)에 따르면 "학문 목적 외국인 유학생들이 학업 관련 말하기 뿐만 아니라 일상생활 말하기에도 어려움이 많이 느끼고 있음을 확인하였다."라고 밝혔다.[1] 이에 대해 필자도 한국에서 유학하는 동안 많이 겪어 봤다.
"인용"는 말처럼 ~아/어야 의견~게 된다.	"실제 발표에서 긴장하지 않고 잘할 수 있도록 꾸준한 연습과 준비가 필요하다"[1]는 말처럼 꾸준히 연습을 해야 꾸준히 고침을 받아야 좋은 발표를 할 수 있게 된다. <hr> 1) 2010년도 2학기 외국인 유학생의 글에서

위의 유형과 사례들은 외국인 유학생의 내용 통합 전략을 이해하는 데에 매우 유용하다. 또한 향후 학문적 글쓰기에서 자료 사용에 대한 교수·학습을 위한 기초 자료로 활용할 수 있을 것이다.

2) 내용 통합의 과도기적 발달 양상

사후 점검 쓰기 단계에서 보인 과도기적 양상은 학습 단계에서의 사례와 달리 그리 심각한 수준은 아니었다. 가령, 인용의 방법을 혼동하면서 연결이 어색해진 정도의 사례가 눈에 띄었다.

✏️ 사례 60

과도기적 발달 양상		수정 방안
한 2010년도 2학기 외국인 유학생이 학업과 관련해서는 수업 시간에 발표를 하는 것이 유학생에게 매우 어려운 일일 것이다고 말했다.	→	직접인용이나 간접인용 중 택일

사후 점검 쓰기 단계라고 해서 내용 통합 능력을 완벽하게 갖추었다고는 볼 수 없다. 외국인 유학생이 다양하고 폭넓은 자료를 읽고 그것을 자신의 글에 반영하는 적극적인 시도를 하면 할수록 내용 통합에 있어서의 과도기적 양상들은 더욱 자주 나타날 것이기 때문이다.

본 연구에서는 통제된 쓰기 상황에서의 쓰기 자료를 분석 대상으로 삼았기 때문에 관찰할 수 있는 양상들도 제한적이었다. 실제로 참고 자료의 수와 수준을 학습자가 자유롭게 선택하여 보고서를 쓰게 되는 비통제적 상황에서라면 더욱 다양한 과도기적 양상들이 나타날 것으로 짐작된다. 이러한 실제 사례들의 체계적인 수집과 분석 또한 향후 반드시 진행되어야 할 과제이다.

제4부 전체 요약: 쓰기 발달과 윤리성

지금까지 제4부에서 외국인 유학생의 자료 사용 능력 발달과 윤리성에 대한 사전 진단과 사후 점검 쓰기의 변화를 분석한 결과를 요약하면 다음과 같다.

첫째, 자료 활용에 대한 인식은 설문과 실제 쓰기에서 모두 높게 나타났다. 대부분의 학습자는 사전 진단 쓰기(88%)와 사후 점검 쓰기(100%)에서 자료를 활용하는 양상을 보였다. 다만, 사전 진단에서는 주어진 자료의 내용을 그대로 가져오면서 무의식적으로 베끼기나 단순 짜깁기 등을 하는 경향이 두드러졌으나 사후 점검에서는 이러한 경향이 상대적으로 감소하였고 원문을 자신의 글에 활용하고 그것을 통합하는 방법적인 측면에서 긍정적인 변화를 가져왔다. 사후 점검에서는 사전 진단에 비해 원문과 학생의 글의 유사도가 절반 이상 감소하였다. 이것이 쓰기 발달을 보여 주는 결정적인 근거는 아닐지라도 적어도 원문을 필자 스스로 내면화하지 않고 그대로 옮겨 오는 현상이 사후 점검 단계에서 대폭 줄어들었음을 보여 준다는 측면에서는 주목할 만하다.

둘째, 자신의 글에 활용한 자료의 출처를 의식하고 그것을 밝혀야 한다는 인식이, 사전 진단 단계에서는 매우 낮았던 반면 사후 점검 단계에서는 상당히 높아진 것을 알 수 있었다. 다시 말하면, 사전 단계에서는 자료를 적극적으로 활용하면서도 그 출처를 밝히지 않는 경향이 강했다면 사후 점검 단계에서는 자료도 적극적으로 활용하면서 그 출처를 밝히려는 시도를 하게 되었다. 이것은 글쓰기 윤리 준수의 측면에서 매우 긍정적인 발달의 모습이다.

〈그림 41〉을 통해 학습 과정의 시점에 따라 자료의 출처에 대한 인식이 달라지고 있음을, 혹은 긍정적으로 발달할 수 있음을 알 수 있다. 또한 출처를 밝히지 않은

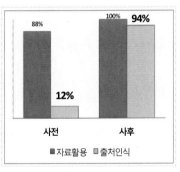

〈그림 41〉 사전 진단 쓰기와 사후 점검 쓰기에서의 자료 사용 및 출처 인식 변화

학문 목적 한국어 학습자의 쓰기를 바라보는 우리의 관점이 학습의 시점에 따라 유연할 필요가 있다는 시사점을 얻을 수 있다. 즉, 어떤 자료를 보고 상당 부분을 자신의 글에 옮겨 온 현상이 학습의 초기에 발견된 것인가, 후기에 나타난 것인가에 따라 글쓰기 윤리에 대한 기준이 달라져야 한다. 학습자의 쓰기 학습은 지속적인 현재진행형이고 그 과정에서 다양한 양상들이 나타나는 것은 자연스러운 것이기 때문이다. 다만, 이와 같이 이상적인 쓰기 발달의 단계를 거치기 위해서는 체계적인 교수 계획 및 내용을 바탕으로 교수자의 세심한 배려와 체계적인 관리, 그리고 글쓰기 윤리에 개념에 대한 열린 관점이 적용되어야 한다.

셋째, 자료 사용과 출처 제시에 대한 인식이 높다 하더라도 학술 자료로서 무가치한 것을 자신의 글에 반영한다면 글쓰기 윤리를 위반하게 되기 쉽다. 즉, 공신력이 확보되지 않은 자료는 그것의 출처나 가치를 신뢰할 수 없기 때문에 그러한 자료를 바탕으로 한 글쓰기 역시도 긍정적으로 보기 어렵다. 이에 자료 선정에 대한 사전 진단 쓰기와 사후 점검 쓰기 결과를 비교해 본 결과, 특정 자료 유형을 선정하는 경향이 두드러지지는 않음을 알 수 있었다. 다만, 사전 단계에 비해 사후 점검 시에 공신력 있는 자료(단행본, 학술지)의 활용 비율이 상당히 증가한 것은 사실이다. 그러나 사전 단계(59%)와 사후 단계(68%)에서 모두 '다른 학생의 글'을 자신의 글에 반영한 학습자가 많은 것을 감안할 때, 자료 선정에 대한 명확한 기준을 가지고 있거나 적용하는 것으로는 보이지 않는다. 즉, 학문 목적 한국어 학습자는 글의 수준이나 내용, 문체 등이 부담 없고 친근하며 쉽게 읽히는 자료의 내용을 자신의 글에 반영하는 경향이 있는 것으로 볼 수 있다.

넷째, 자료 사용 인식, 자료 출처 인식, 자료 선별 능력이 전제되었다고 해도 그것을 실제 자신의 글에 가져온 자료의 출처를 표시하는 방법을 알지 못하면 의도하지 않게 글쓰기 윤리를 위반할 가능성이 있다. 그런데 사전 진단 쓰기에서는 자료를 활용하면서 그 출처를 제시한 학습자가 12%(2명)에 불과하였기 때문에 그 방법이나 전략의 양상들이 눈에 띄게 드러나지 않았고 포착할 만한 특징이 없었다. 반면, 사후 점검 단계에서는 원문을 가져오면서 출처를 제시한 학습자가 급증(94%)함과 동시에 그러한 과정에서 다양한 양상들이 발견되었다.

다섯째, 능숙한 학습자일수록 참고 자료에서 가져온 내용과 자신의 의견을 자연스럽게 통합하는 능력을 갖추고 있다. 사전 진단 쓰기에서는 출처를 밝힌 사례가 거의 없었고 참고한 내용과 필자의 의견에 대한 구분이 명확하지 않았다. 때문에 내용 통합에서의 전략 및 과도기적 양상 거의 드러나지 않았다. 사후 점검 쓰기에서는 출처 표시의 필요성 및 방법, 글쓰기 윤리에 대한 전반적인 이해 능력이 제고되었고 다양한 인용표지를 활용하여 필자의 의견과 자료의 내용을 통합하는 전략이 두드러졌다.

이상의 결과들은 학습자의 쓰기가 발달하는 모습을 보여 주는 '살아 있는' 근거이며 다음 단계로의 발달을 위한 단초로서의 기능을

<그림 42> 사후 점검 시 자료 사용 전략

하고 있는 것이다. 〈표 27〉은 제4부의 결과를 간략하게 정리한 것이다.

〈표 27〉 자료 사용 능력 발달과 윤리성-사전 진단 쓰기와 사후 점검 쓰기의 종합 비교

	사전 진단	사후 점검
자료 사용의 필요성 인식	- 자료 사용의 필요성에 대한 인식이 높은 편이며 실제 쓰기 결과에서도 모두 자료 사용 비율(88%)이 높게 나타남. - 그러나 베끼기, 단순 짜깁기 두드러짐.	- 자료 사용의 필요성에 대한 인식이 사전 진단 시보다 높아졌으며 실제 쓰기에서는 모든 학습자(100%)가 자료 사용에 적극성을 보였음. - 단, 베끼기, 단순 짜깁기 현상은 감소하였음. 그 근거로 사후 점검에서 사전 진단 시보다 원문과의 유사도가 절반 정도 감소한 것을 들수 있음.
자료 출처에 대한 인식	- 전반적으로 낮은 편임. - 출처에 대한 인식(35.3%)보다 실제 쓰기에서 자료 출처 제시 비율(12%)이 더 낮음.	- 출처에 대한 인식이 눈에 띄게 발달함. - 자료 출처에 대한 인식과 실제 쓰기에서 출처 제시 비율이 모두 확연히 증가함(94%).
자료 선별 능력	- 자료 선별에 인식과 실제 쓰기의 차이가 매우 큼. - 참고할 자료의 우선순위 1위로 학술지를 꼽았음에도(59%) 실제 쓰기에서는 자료 선별 기준이 드러나지 않음. - 다른 학생의 글을 자신의 글에 반영하는 자연스럽게 받아들이며(64.7%) 실제 쓰기에서도 학생의 글 사용 비율이 높았음(59%).	- 글쓰기 윤리 인식과 실제 쓰기에서의 괴리가 좁혀짐. - 공신력 있는 자료 사용이 증가함. - 그러나 다른 학생의 글을 자신의 글에 참고하는 비율은 여전히 높음(68%).
자료 출처 표시 능력	- 자료를 사용하면서도 출처를 밝힌 사례가 거의 없었으므로(12%) 출처 표시에서의 전략 및 과도기적 양상도 거의 볼 수 없음.	- 자료의 출처에 대한 인식이 높아지고 출처 표시를 적극적으로 시도함에 따라, 출처 표시에 있어서 다양한 전략과 과도기적 발달 양상들이 나타남. - 다양한 인용 형식과 각주 활용 양상이 발견됨.
자료 내용 통합 능력	- 출처 없이 자료의 내용만을 그대로 옮기는 경우가 많았음, 때문에 내용 통합에 있어서의 전략 및 과도기적 양상도 거의 나타나지 않았음.	- 필자 의견과 자료 내용의 구분이 명확해짐. - 인용표지를 활용하여 필자의 의견과 자료의 내용을 통합하는 전략이 다양하게 나타남.

1. '다양하고 폭넓은 자료를 읽고 그것을 자신의 글에 반영하는 적극적인 시도를 하면 할수록 내용 통합에 있어서의 과도기적 양상들은 더욱 빈번하게 나타난다'라는 연구 결과가 함의하는 바는 무엇이라고 생각합니까?

2. 원문 내용과 필자 의견을 적절하고 바르게 통합하는 능력과 전략 발달이 있기까지 학습자에게 요구되는 연습의 양과 시기는 어느 정도라고 생각합니까? 외국인 유학생과 한국인 학습자의 경우, 어떤 차이점이 있다고 생각합니까?

추천논저

곽동철(2007), 「학술논문에서 표절의 유형과 올바른 인용 방식에 관한 고찰」, 『한국문헌정보학회지』 제41권 3호, 한국문헌정보학회, 103~126쪽.

Pennycook, A.(1996), "Borrowing others' words: text, ownership, memory and plagiarism", *Teaching of English to Speakers of Other Languages(TESOL) Quarterly* 30-2, pp. 201~230.

Sara, C. W., & Parker, K.(2012), "Source text borrowing in an integrated reading/writing assesment", *Journal of Second Language Writing* 21, pp. 118~133.

Silva, T.(1997), "On the ethical treatment of ESL writers", *TESOL* 31-2, pp. 359~363.

Spack, R.(1997), "The acquisition of academic literacy in a second language: A longitudinal case study", *Written Communication* 14, pp. 3~62.

|제5부| 글쓰기 윤리 교육

제13장   학문 목적 쓰기 교육에의 함의
제14장   자료 사용의 윤리성 연구의 후속 과제 및 전망
제15장   언어 교육에서의 글쓰기 윤리 문제에 남은 과제
제16장   요약

학문 목적 쓰기 교육에의 함의

✓ '외국인 유학생'에게 있어서 글쓰기 윤리가 갖는 사회적 함축은 무엇인가?
✓ 글쓰기 윤리 연구가 넓은 의미의 자료 사용을 중심으로 전개되었을 때의 이점은 무엇인가?

'외국인 유학생'에게 있어서 글쓰기 윤리의 사회적 함축

'외국인 유학생'은 사회문화적 관습과 규범이 L1의 환경과 동일하지 않은 '한국의 대학'에서 '한국어'라는 낯선 언어로, 익숙하지 않은 '학문 사회'에 첫 발을 내딛은 '학습자'의 입장에 서 있다. 따라서 학습의 도구가 되는 언어가 다를 뿐 외국인 유학생과 한국인 대학생에게는 학업의 과정에서 느끼는 어려움에는 큰 차이가 없을 것이라는 전제는 타당하지 않으며, 외국인 유학생의 상황을 전적으로 이해하고 그들을 배려할 필요가 있다는 것이 본 연구의 입장이었다. 글쓰기 윤리에 대한 인식 제고 및 실천은 모든 학습자와 연구자에게 강조되어야 하는 것이지만 특히 '외국인 유학생'에게 있어서 글쓰기 윤리는 더욱 가치 있게 다루어져야 한다. 그 까닭은 '학습자 개인'의 성공적인 유학생활을 위해서 뿐만 아니라 '학문 목적 쓰기 분야', 그리고 거시적으로는 '대학 기관', '국가' 차원에 이르기까지 외국인 유학생에게 있어서 글쓰기 윤리가 갖는 다음과 같은 사회적 함축으로부터 찾을 수 있다.

학습자 개인의 성공적인 유학 생활과 글쓰기 윤리

외국인 유학생 '개인'의 성공적인 유학 생활을 위하여 글쓰기 윤리는 반드시 강조되어야 한다. '글쓰기 윤리'는 정직한 학문 수행의 바탕이 되는 것으로서 모든 계열과 분야를 막론하고 지켜져야 하는 것이다. 특히 미래의 국제적 재원들로 성장할 외국인 유학생들에게 있어서 '글쓰기 윤리' 인식의 제고와 실천은 유학 생활의 성패를 좌우한다고 해도 과언이 아니다. 왜냐하면 글쓰기 윤리를 위반함으로써 얻은 최종 결과물은 학습자의 학업 능력 신장에 기여한 바가 없기 때문이다. 설령 크고 작은 부당한 방법을 이용하여 단기간의 성과를 낸 것이 좋은 학점으로 이어지는 일이 있다고 해도 그것은 외국인 유학생 개인의 실력을 축적하는 데에는 도움이 되지 않는다. 그럼에도 불구하고 한국어 능력의 불충분함, 수강 과목에 대한 내용지식의 미흡함, 결과 중심의 평가 분위기, 한국 학생에게 뒤처진다는 생각과 경쟁심 등으로 인해 외국인 유학생들이 글쓰기 윤리를 지키지 못하는 일이 빈번하게 나타나고 있다.[1]

---

1) 여기서 언급한 글쓰기 윤리 위반 실태는 공시적인 조사를 통해 흔히 지적되고 있는 것이다. 그러나 실제로 본 연구에서 중점을 둔 것은 단순히 '현상' 자체만이 아니라 그 이면의 모습들이었음을 다시 한 번 밝혀 둔다. 다만, 본 절에서는 외국인 유학생에게 있어서 글쓰기 윤리가 더욱 강조되어야 하는 근거를 들기

실제로 외국인 유학생들을 대상으로 그들의 글쓰기 윤리 위반에 대한 직·간접적인 경험을 조사한 결과에서도 윤리적 논란을 일으킬 수 있는 여러 가지 사례가 발견되고 있다. 외국인 유학생의 약 70%는 이전 보고서의 재사용, 자료의 짜깁기 및 베끼기, 출처 없이 자료 사용하기와 같은 크고 작은 글쓰기 윤리 위반 경험이 있는(이윤진, 2011b: 175) 것으로 밝혀진 것이 그 예라 할 수 있다. 그러나 이와 같은 글쓰기 윤리 위반 경험을 통해 외국인 유학생이 얻을 수 있는 것은 가시적인 성과 이외에 그 어떤 것도 없으며 무의미한 학업을 형식적으로 이어가는 것과 다름없다.

따라서 학습자 개개인의 한국에서의 유학 생활의 의미가 퇴색되지 않도록 하고, 유학 생활을 통해 진정한 의미에서의 자신의 역량을 키우기 위해서는 글쓰기 윤리가 반드시 강조되어야 하는 것이다.

학문 목적 한국어 쓰기 교육의 주요 연구 주제

'학문 목적 한국어 쓰기 교육' 분야의 한 갈래로서 글쓰기 윤리는 향후 본격적인 연구 주제로 다루어져야 한다. 일반 목적 쓰기 영역에서의 폭넓은 연구 성과에 이어 2000년대에 들어서면서 지금까지 학문 목적 쓰기에 대한 다양한 논의들은 한국어 쓰기 교육 연구가 괄목한 만한 발전을 하는 데에 기여해 왔다. 그러나 우리의 관심은 '글을 잘 쓰는 방법'이 무엇인가에 쏠려 있었고 '글을 쓰는 과정에서 성실하고 정직하게 글을 쓰는 방법'이 무엇인가, 현재 외국인 유학생이 '글쓰기 윤리를 준수하는 글을 쓰고 있는가'에 대해서는 진지한 성찰을 하지 못했던 것이 사실이다.

위하여 '현상' 자체에서 거론되는 문제점들을 예로 든 것이다.

이제는 외국인 유학생이 글쓰기를 통한 학문적 의사소통 능력의 신장이라는 궁극적인 목표에 도달하도록 하기 위해 학문 목적 쓰기 분야에서 글쓰기 윤리의 문제를 중심으로 그간의 글쓰기에 대한 논의를 전면적으로 검토해 보아야 할 때이다. 특히 외국인 유학생이 글을 쓰기 위한 준비 단계에서 어떻게 자료를 찾고 선택하며 그것을 어떻게 다루어 가는지, 최종적인 글쓰기 결과물에 그 자료들은 어떻게 실현되는지에 대하여 그 과정을 좀 더 면밀히 추적해 보아야 한다.

이를 통해 글쓰기의 윤리를 준수하지 않은 글은 결국 학습자의 쓰기 능력을 보여 주는 지표가 될 수 없음을 실증적으로 밝히는 작업이 필요하다. 글쓰기 윤리를 준수하는 글을 쓰기 위해 무엇을 어떻게 해야 하는가에 대한 구체적인 내용도 마련되어야 한다. 이와 같이 이제는 학문 목적 쓰기에서 글쓰기 윤리의 내용을 더욱 폭넓게 다룸으로써 학문 목적 쓰기 연구의 지평을 넓히고 질적 도약을 꾀해야 할 시점이 되었다.

대학 기관 측면에서의 글쓰기 윤리

외국인 유학생을 유치한 '대학 기관'의 측면에서 볼 때 글쓰기의 윤리는 결코 학습자와 교수자의 몫으로만 간과해서는 안 될 문제이다. 왜냐하면 외국인 유학생의 글쓰기 윤리 인식의 함양과 준수는 학습자 개인의 노력과 의지만으로 가능한 것이 아니며, 교수자 한 사람의 책임과 역량만으로도 이루어질 수 있는 것이 아니기 때문이다.

실제로 글쓰기 윤리의 문제는 학습자, 교수자, 대학 기관의 관계가 복합적으로 얽혀 있으며 여기에서 조화로운 합의점을 찾을 때 이상적인 방안을 모색할 수 있게 된다. 글쓰기 윤리를 위반한 학습자를 그대로 방임함으로써 상대적인 피해를 입게 되는 다른 학습자가 생기지 않도록 하는 일, 글쓰기 윤리 문제와 관련하여 교수자가 학습자를 관리하면서 겪게 될 곤란한 갈등의 상황 등을 미연에 방지하고 공정하게 중재하는 일을 해야 하는 것이 바로 대학 기관의 역할이다. 따라서 글쓰기 윤리를 위반한 학습자에 대해 대학 기관이 취하고 있는 관대함 혹은 민감함의 정도와 태도는 학습자의 글쓰기 윤리 인식의 정착과 실천에 절대적인 영향을 미치게 된다. 물론 글쓰기 윤리에 대한 체계적인 지침과 규정의 마련은 처벌이 아닌 예방 차원에서도 중요한 기능을 한다. 이러한 측면에서 본다면 현재 외국인 유학생의 글쓰기에서 가장 심각한 문제로 지적되고 있는 글쓰기 윤리 위반 현상들은 상당 부분 대학 기관의 관리 부실로 인해 나타났다고 해도 과언이 아닐 것이다. 외국인 유학생이 비윤리적인 학습자가 되지 않도록, 또 대학에 건전한 학문 풍토가 자리 잡을 수 있도록 대학 기관은 글쓰기 윤리의 문제를 신중하게 다루어야 한다.

대학 기관에서 외국인 유학생의 글쓰기 윤리의 문제를 소홀히 해서는 안 되는 또 하나의 중요한 이유로, 국내 대학의 전반적인 학업 분위기 조성에 미치는 영향을 간과할 수 없을 만큼 외국인 유학생의 수가 급증하고 있음을 들 수 있다. 자칫 '나 하나쯤이야' 라는 안일한 생각이 '나 하나 때문에'로 이어질 수 있다. 다시 말하면 외국인 유학생의 글쓰기 윤리 문제에 대한 방임은 결국 대학 기관뿐만 한국 사회 전반의 심각한 문제로 확산될 우려를 낳는다. 이것은 곧 대학 기관에서 외국인 유학생을 유치한 본래 목적을 상실하게 되는 일이 될 것이며 국내의 대학 기관에서 충분한 대비 없이 단기간에 많은 외국인 유학생을 수용했다는 책임도 면하기 어려워질 것이라는 측면에서 매우 심각하다.

이와 같이 '글쓰기 윤리의 문제는 학습자나 교수자만의 몫이 아니라는 것', 또 '국내 외국인 유학생의 급증', 이 두 가지를 대학 기관에서 글쓰기 윤리 문제에 적극적으로 개입해야 하는 까닭으로 꼽을 수 있다. 단 대학 기관의 엄격한 관리와 처벌 규정의 제정 및 적용은 글쓰기 윤리에 대한 충분한 교육과 계도가 먼저 이루어진 후에 점진적으로 시행되어야만 한다. 그렇지 않을 경우 오히려 과도한 부작용만을 초래할 수 있다는 점을 간과해서는 안 될 것이다.

국가적 차원에서의 글쓰기 윤리

'국가적 차원'에서 보면 외국인 유학생은 모국과 한국의 가교 역할을 하는 민간 외교관이라 할 수 있다. 이들이 경험한 한국의 문화, 사회 현상 및 분위기는 자연스럽게 자신의 나라에 전파된다. 이러한 측면에서 외국인 유학생의 한국에서의 경험과 그들이 한국에 대해 가지고 있는 인식의 잠재적인 '파급 효과'는 막대하다. 이는 곧 외국인 유학생 한 사람 한 사람이 한국에서 글쓰기 윤리에 얼마나 엄격한 혹은 관대한 학업 분위기를 경험하고 돌아갔는가는 결국 한국의 학업 풍토에 대한 대외적 이미지 형성과 직결됨을 의미한다. 따라서 학습자 개인, 학문 목적 한국어 쓰기 교육 분야, 대학 기관의 측면뿐만 아니라 '국가적 차원'에서도 외국인 유학생의 글쓰기 윤리의 문제를 진지하게 고찰할 필요가 제기되는 것이다.

글쓰기 윤리 문제와 관련하여 정부의 적극적인 지원과 대책 마련이 절실하다. 이러한 의미에서 최근 연구 윤리 혹은 학습 윤리라는 범주 안에서 글쓰기 윤리에 초점을 둔 성과가 정부의 지원하에 활발히 이루어지기 시작한 것은 매우 바람직한 현상이라 할 수 있다. 그 대표적인 예로 들 수 있는 것은 한국연구재단에서 운영하는 '연구윤리정보센터'라는 온라인 사이트(http://www.cre.or.kr)이다. 해당 사이트에서는 연구 윤리, 학습 윤리, 글쓰기 윤리와 관련된 최근의 논의 및 정보를 무료로 제공하고 있다. 그러나 한 가지 아쉬운 점은 아직 외국인 유학생에 초점을 둔 논의의 필요성은 부각된 바가 없으며 현재까지는 한국인 학습자와 연구자를 중심으로 한 성과가 주를 이루고 있다는 점이다.

따라서 앞으로는 국가적 차원에서 외국인 유학생의 글쓰기 윤리의 문제에 적극적인 관심을 가지고 그 대안을 마련해야 할 것이며 이를 기반으로 외국인 유학생의 학습 윤리, 연구 윤리에 대한 논의로 폭을 넓혀가야 할 것이다. 이러한 지원과 노력이야말로 '국가적 차원'에서 국내의 외국인 인재를 양성하여 그들이 진정한 민간 외교관으로 활약할 수 있도록 하기 위해 전제되어야 하는 것이다.

'학문 목적 쓰기' 분야에서의 글쓰기 윤리 연구의 방향

본 연구는 '글쓰기 윤리'가 모든 영역의 글쓰기에서 강조되어야 하지만 그 중에서도 '학문 목적 쓰기'에서 더욱 가치 있게 다루어져야 함을 주장하였다. 그리고 학문 목적 쓰기에서 글쓰기 윤리에 대한 연구는 '과정 중심'의 '쓰기 발달' 연구 방법으로, '자료 사용'에 초점을 두어 전개되어야 한다는 입장에서 논의를 전개하였다. 본 연구에서 밝힌 전반적인 결과를 바탕으로 본 절에서는 향후 '학문 목적 쓰기' 분야에서의 글쓰기 윤리 연구가 나아가야 할 방향에 대해 살펴보고자 한다. 그 첫 번째로 '과정 중심의 쓰기 발달 연구 방법론을 적용해야 한다는 것'과, 두 번째로 '넓은 의미의 자료 사용을 중심으로 한 연구를 지향해야 한다는 것'을 중심으로 정리하도록 하겠다.

과정 중심의 쓰기 발달 연구 지향하기

학문 목적 쓰기에서 글쓰기 윤리가 강조되어야 하는 중요한 이유 가운데 하나는, 자료를 사용하여 스스로 재구성해 가는 이러한 일련의 글쓰기 과정들이 교실이라는 통제된 상황에서만 이루어지지 않는다는 데에 있다. '과정 중심의 쓰기'를 수행하면 할수록, 한 편의 글을 쓰는 기간이 길어지면 길어질수록, 학습자들은 통제된 공간인 교실보다는 통제되지 않은 쓰기 상황에 더 빈번하게 노출된다. 다시 말하면 즉흥적, 일회적으로 작성할 수 있는 글보다는 교수자의 도움을 받는다고는 해도 상당 부분은 학습자 스스로가 전체 쓰기 과정을 주도적으로 이끌어가게 되는 것이다.

'과정 중심의 글쓰기' 자체가 매우 이상적인 글쓰기 모형임에는 의심의 여지가 없다. 그러나 문제는 수업 이외의 시간을 할애하여 개별적인 자율 과제로 쓰기를 수행하는 상황에서, 학습자인 동시에 필자의 입장에 놓이는 외국인 유학생이 '잘 쓴 글', '글쓰기 윤리를 준수한 글'을 동시에 요구받을 때 과연 이 두 가지 조건을 모두 충족하는 모범적인 학습자가 얼마나 될 것인가에 있다. 이에 대한 질문의 답은 상당히 회의적일 수밖에 없다. 다시 말하면 '과정 중심(Process-oriented)'의 글쓰기라 해도 체계적인 관리가 전제되지 않고 '결과 중심(Product-oriented)'의 평가를 하는 상황이라면 '글쓰기 윤리를 준수한 글'보다는 '잘 쓴 글' 혹은 '잘 써 보이는 글'의 유혹을 뿌리치지 못하는 학습자가 많을 것이라는 예측은 실제 상황과 크게 다르지 않기 때문이다.

따라서 외국인 유학생의 글쓰기의 문제를 논의함에 있어서 기말 보고서와 같은 결과물에만 비중을 두는 것은 적지 않은 한계점을 낳게 된다. 무엇보다도 글쓰기의 윤리의 문제에 있어서 '의도성', 글쓰기의 '미숙성', 그 밖의 여러 가지 문제들이 전혀 고려될 수 없다는 점이 결과 중심으로 글쓰기 윤리 연구를 전개할 때의 취약점이다. 다시 말하면 그간 외국인 유학생의 글쓰기에서 가장 심각한 문제로 '자료 사용의 윤리성 위반'이 지적되어 왔지만 이 것이 실제 학습자의 의도에 의한 것이었는지 글쓰기의 미숙성 때문인지 또 다른 원인에 의한 것인지를 밝힐 수 없었다. 이러한 점을 고려해 볼 때 향후 외국인 유학생의 글쓰기 윤리의 연구에 있어서 가장 이상적인 연구의 방법은 '글쓰기의 과정과 결과를 함께 분석하는 것'이라 할 수 있다. 통제된 상황과 비통제 상황에 서의 글쓰기 과정과 결과를 아울러 살핌으로써 외국인 유학생의 글쓰기 윤리의 문제를 공시적, 통시적으로 접근해야 한다. 이를 통해 현상, 그리고 원인, 해결 방안을 함께 모색할 수 있을 것이다. 그러나 글쓰기의 과정과 결과물을 함께 살피는 것이 불가능하다 면 '결과물보다는 글쓰기의 과정을 더 면밀히 살펴보는 것'이 우 선되어야 한다. 글쓰기의 윤리 문제는 글쓰기의 과정 속에서 학습 자에 대한 이해를 넓히는 것으로부터 더 구체적으로 접근할 수 있기 때문이다. 본 연구가 쓰기 학습 과정에서의 자료 사용의 윤 리성의 문제에 초점을 둔 것도 이러한 이유에서였다.

글쓰기 윤리 연구에서 과정 중심의 접근은 쓰기 발달 연구와 매우 밀접한 관계에 놓여 있다. 왜냐하면 학습의 과정에서 나타 나는 글쓰기의 과정들을 면밀히 추적해 보면, 우리가 그간 부정 적인 시선으로만 보아왔던 현상들이 실제로는 학습의 단계에서 자연스럽게 거쳐 가는 과정들이었음을 규명할 수 있기 때문이다. 이러한 사실을 밝힘으로써 얻을 수 있는 것은 '현상 그 자체에 대한 이해'뿐만 아니라 '그것을 바라보는 관점의 폭을 넓혀주고' '앞으로의 처방에 대한 유용한 자료를 구축할 수 있다'는 사실이 다. 이에 본 연구는 일정 기간 동안의 외국인 유학생의 쓰기 학습 과정을 종단적 접근 방법으로 질적인 분석을 한 것이었다.

본 연구의 분석 결과, L2학습자의 글쓰기 윤리의 문제를 '중요한 발달 단계(an essential development)'와 '긍정적인 배움의 과정(positive effect of the learning process)'이라 한 Howard(1995)의 주장과 '광범위한 전략(widespread strategy)'으로 본 Pecorari(2003)의 의견을 뒷받침할 수 있는 근거를 확보할 수 있었다. 본 연구의 8~12장이 외국인 유학생의 자료 사용 양상과 자료 사용 능력의 발달을 중점적으로 살핀 부분에 해당한다. 그러나 본 연구에서는 통제된 상황에서의 학습 과정에서 나타난 쓰기에 초점을 두었으며 학기 말에 제출하는 최종 결과물까지 아울러 분석하지 못했다는 한계가 있다. 향후 논의에서는 '학습의 과정'과 '학습의 최종 결과물'에서의 자료 사용의 양상을 아울러 살펴봄으로써 외국인 유학생의 글쓰기 윤리에 대한 인식과 행위를 전반적으로 파악할 수 있는 근거를 마련해야 할 것이다.

이를 위하여 향후 보고서 쓰기의 과정과 결과물을 모두 분석 대상으로 삼을 때 유용하게 활용할 수 있는 방안을 한 가지 제시하고자 한다. 다음 사례는 자율 과제로 주어지는 보고서 쓰기에서 학습자가 글쓰기 윤리를 실천할 수 있도록 하기 위하여 교수자와의 지속적인 상호작용이 중요함을 잘 보여 주고 있다. 〈표 28〉과 〈표 29〉는 실제 글쓰기 과정에서의 학습자와 교수자와의 상호작용 사례 가운데 그 일부분을 간략하게 정리하여 옮긴 것이다.[2] 먼저 〈표 28〉은 교수자가 학습자의 모든 글쓰기 단계에 적

---

2) 이윤진(2012: 385~388)을 바탕으로 한 것이다. 2011년도 1학기 외국인 유학생 대상의 글쓰기 수강생 가운데 한 명의 사례를 보인 것으로, 보고서는 약 5주 정도의 기간에 걸쳐 완성하였으며 교수자와의 면담은 의무가 아니라 학습자 자신의 글쓰기 과정과 속도에 맞게 자발적으로 할 수 있도록 하였다. 다만 주제 선정 및 목차 구성, 초고 작성에 대해서는 반드시 교수자와 1회 이상의 상호작용을 갖도록 공지하였다. 아울러 최종 보고서 제출에 이르기까지의 과정을 교수자에게 투명하게 공개하지 않을 경우 평가에 불이익이 있을 수 있음을

절히 관여함으로써 개별 학습자의 능력 및 상황을 파악하고 과정 중심의 평가를 하기 위하여 작성한 것이다.

<표 28> 쓰기 학습 과정에서의 교수자·학습자 간 상호작용 사례

차수	단계	교수자 메모
1차	주제 탐색 및 선정	– 연구의 필요성, 연구 목적, 연구 방법 등을 간략하게 써 오게 하여 그것에 대한 학습자의 생각을 들어보고 학술적 보고서로서 진행 가능성과 적절성 여부를 함께 이야기함. – '외국인 유학생의 어려움'이라는 넓은 화제를 선정해 왔음 → 범위를 좁혀 좀 더 구체화할 것을 요구하였음. 글로 쓰고자 하는 '외국인 유학생의 어려움' 가운데 가장 문제가 되는 것이 무엇이냐는 질문에 자신이 속한 공대의 경우 대부분의 강의가 영어로 진행되는데 중국인 유학생은 강의 내용을 잘 알아듣지 못하여 수업 내용을 따라가기 어렵다고 함. 이에 '중국인 유학생의 영어 강의에 대한 인식'이 어떠한지를 살펴봄으로써 문제의 심각성을 조사해 보는 것으로 화제를 좁힐 수 있었음.
2차	목차 구성	– 학습자가 구상해 온 목차 및 논점의 방향을 함께 살펴봄. – 학습자는 영어 강의에 대한 제도 수정 쪽으로 결론을 구상하고 있었음. → 학습자 스스로 제도를 수정하는 것은 현실적으로 불가능한 일이므로, 그것보다는 현재 중국인 유학생으로서 영어 강의 수강에 어떤 문제가 있는지 살펴보고 어떤 방법으로 이를 극복할 수 있는가에 대한 현실적인 대안을 찾아볼 것을 제안함(가령, 입학 전 영어 학습의 중요성, 수강 신청 시 영어 강의 여부 참고, 중국인과 차별된 한국인의 영어 발음에 익숙해지기 등).
3차	참고 자료 검색 및 선정	– 참고 자료를 어떻게 검색해야 하는지 어떤 키워드로 접근해야 하는지 막막해함. → 중국인 학습자와 관련 있는 것이 아니더라도 현재 국내 대학의 영어 강의 현황에 대해 먼저 개괄적으로 알아볼 것을 조언하였음. 또 직접적으로 연관된 소논문이 눈에 띄지 않으면 신문 기사 등을 참고해도 좋다고 알려 줌. 중국인 유학생의 인식에 대해서는 설문이나 인터뷰 방법이 적절하겠으나 연구의 범위 및 편의성 등을 고려하여 그 대상을 자신의 소속 학교 재학생으로 좁힐 것을 권하였음.
4차	초고 작성	– 초고 작성 중임. – 학습자 스스로 자신의 보고서가 어떤 의의를 갖는지 확신하

사전에 알려 줌으로써 글쓰기 윤리의 실천을 자연스럽게 유도하였다.

차수	단계	내용
		지 못하고 있음. → 설문 내용과 결과 제시 부분이 유기적으로 연결되지 못하기 때문임을 지적함. 설문 조사를 통해 자신이 궁금한 내용을 알아보았지만 그것이 보고서에 어떻게 반영되어야 하는지, 꼭 필요한 설문 문항이었는지에 대해 신중한 고려가 부족했음.
5차	ppt발표	– 문제제기는 잘 되었으나 전체 연구에서 도출한 결과가 무엇인지, 연구의 의의가 무엇인지 명확히 전달되지 않았음. → 연구의 목적과 결과가 호응되고 있는지 검토하고 연구를 통해 알게 된 결과를 짧게 요약하여 말할 수 있는지 확인해 볼 것을 당부하였음.
		– 최종 보고서 제출 * 제출 전까지 1~2번의 수정 기회를 갖도록 함.

위의 〈표 28〉과 같이 쓰기 학습의 과정에서 단계별 상호작용은 교수자로 하여금 학습자의 수준과 역량, 글쓰기 진행 상황을 파악할 수 있게 하므로, 학습자의 글쓰기 윤리의 실천에도 긍정적인 영향을 미치게 된다. 학습자에게 글쓰기 윤리를 요구하기 이전에 교수자 역시도 글쓰기 교육에 있어서 지켜야 할 윤리를 준수해야 할 것이고, 그 대표적인 예가 바로 글쓰기 과정에 대한 철저한 관리와 학습자와의 상호작용이라 할 수 있다. 〈표 28〉이 개별 학습자에 대한 내용을 별도로 기록하는 것이라면 〈표 29〉와 같이 전체 학습자의 진행 상황을 한눈에 알아볼 수 있도록 기록하여 과정 중심의 글쓰기를 독려하는 것도 좋은 방법이다.

〈표 29〉 보고서 쓰기 진행 상황 점검표 및 작성 사례

이름	주제 선정	참고 자료 목록 선정 및 검토	목차 및 개요 구상	초고 작성	ppt 발표	1차 수정	~차 수정	최종고 제출
가	✓	✓						
나	✓	✓	✓					
다	5/12	5/19	5/24	6/2	6/7			

단순히 진행 여부를 표시(✓)하는 것도 가능하지만 학습자 '다'의 사례처럼 각 단계를 수행한 날짜를 기록해 둔다면 단기간에 갑작스런 결과물이 나오는 일을 사전에 예방할 수 있다는 장점이 있다. 뿐만 아니라 〈표 29〉는 단기간에 완성된, 과정이 불투명한 최종 결과물에 대하여 왜 그것이 신뢰할 수 없는 글쓰기인지를 학습자에게 납득시킬 수 있는 근거로 활용할 수 있다. 또 학습자의 전반적인 글쓰기 과정을 관리하고 피드백을 제공해야 하는 교수자의 입장에서도 매우 유용한 정보가 된다. 〈표 28〉, 〈표 29〉를 적극적으로 활용하여 과정 중심의 글쓰기를 하도록 한 후 최종 결과물까지를 함께 분석 대상으로 삼는다면 외국인 유학생의 글쓰기 윤리에 대한 문제에 좀 더 본질적으로 접근하는 것이 가능해질 것이다. 더 나아가 글쓰기의 과정과 결과물을 모두 분석 대상으로 삼는 향후 연구에서는 다음과 같은 두 가지 가설을 상정해 볼 수 있을 것이다.

[가설1] 글쓰기의 과정이 불투명하고 그 과정이 성실하지 못한 학습자는 최종 결과물에서도 글쓰기 윤리 위반 현상이 심각하게 나타날 가능성이 높다.
[가설2] 글쓰기의 과정이 투명하고 성실한 학습자일지라도 여러 가지 이유로 인하여 글쓰기 윤리 위반으로 보이는 다양한 양상이 나타날 가능성이 있다.

위와 같은 가설에 대한 현상을 면밀히 들여다보고 그 원인을 규명하는 일도 후고에서 폭넓게 이루어져야 한다. 본 연구에서 도출한 8~12장의 결과는 위의 [가설2]를 입증하는 근거의 일부가 될 수 있을 것이다. 향후에는 [가설1]과 관련한 논의도 전개될 필요가 있다. 그럼에도 불구하고 실제 외국인 유학생 대상의 쓰기 교수 현장의 현실을 감안할 때 과정 중심적인 접근과 적용이 그리 간단한 일은 아닐 것이다. 따라서 외국인 유학생들이 자율적으로 작성해서 제출하는 보고서 등이 글쓰기 윤리를 준수하는 산출물이 되도록 하기 위하여 교수자는 무엇을 어떻게 해야 하는가, 그것은 교육적으로 실현 가능한 것인가에 대한 심도 있는 고찰도 반드시 이루어져야 할 것이다.

이상으로 학문 목적 쓰기에서 글쓰기 윤리에 대한 연구가 과정 중심의 쓰기 발달 연구 방법론을 따라야 함을 확인하였다. 다음으로는 학문 목적 쓰기에서 글쓰기 윤리에 대한 연구가 넓은 의미의 '자료 사용'을 중심으로 이루어져야 함을 제안하고자 한다.

넓은 의미의 자료 사용을 중심으로 한 연구 전개하기

본 연구에서는 '자료(Source)'와 '자료 사용(Source use)'을 학문적 쓰기에 있어서 매우 핵심이 되는 개념으로 보았으며 향후 글쓰기 윤리에 대한 연구가 넓은 의미의 '자료 사용'에 초점을 두어야 한다는 입장에서 논의를 전개하였다. 아울러 '자료 사용'을 단순히 자료에서 '내용을 빌려오는 행위' 정도로 미시적 관점에서 보는 것이 아니라, 학문적 쓰기를 통한 소통을 가능하게 하는 모든 행위와 이와 관련된 인식까지를 망라하는 개념으로 볼 필요가 있음을 주장하였다.

'자료'란 학습자가 자신의 글에 참고하는 모든 유형의 읽기 자료, 즉 비학술자료까지를 망라하는 개념이며 '자료 사용'이란 학습자가 '자신의 관점을 뒷받침하는 자료를 사용할 필요가 있음을 깨닫는 것', '주어진 과제의 특성과 목적에 맞게 학술적 가치가 있는 자료를 탐색하고 선정하는 일', '그것을 분석하여 정리한 후 자신의 글에 적절한 범위 내에서 바르게 가져오는 일', '정당한 방법에 따라 자료의 출처를 표시하고 내용을 자연스럽게 통합하는 일'을 말한다. 이와 같이 '자료(Source)'의 개념을 폭넓게 보아야 하는 것은 실제 외국인 유학생이 쓰기에 활용하는 자료가 학술자료에만 국한되어 있지 않기 때문이다. 그리고 '자료 사용'에 대한 능력은 학문 목적 쓰기를 더욱 학문 목적 쓰기답게 만들어 주는 것이며, 자료 사용 능력이 곧 글쓰기 윤리의 준수 여부를 판단하는 주된 근거가 되는 것임을 확인하였다.

따라서 외국인 유학생이 '글쓰기를 통한 유창한 학문적 의사소통 능력'을 갖추기 위해, 또 그것이 글쓰기 윤리에 위배되지 않은 온전히 학습자 자신의 성과일 수 있도록 하기 위해서는 '자료 사용 능력'을 반드시 갖추어야 하는 것이다. 외국인 유학생이 대학에서 요구받는 이른바 '학문 목적 쓰기'가 '일반 목적 쓰기'와 크게 다른 차별화된 점은 '자료 사용에 대한 능력'을 반드시 필요로 한다는 것이다. 다시 말하면 자료 사용 능력의 신장은 학문적 쓰기 능력을 위한 근간이 되고 이것은 글쓰기 윤리의 실천을 가능하게 한다는 측면에서 그 가치가 매우 크다. 그런데 외국인 유학생의 자료 사용에 대한 능력은 일회적인 학습으로, 혹은 단기간에 길러지는 것이 아님에도 불구하고 그들의 쓰기 산출물에서 나타나는 자료 사용의 부적절함은, 공시적인 현상 자체로만 쓰기 윤리의 위반으로 비추어지는 일이 적지 않았다. 또 그것은 '학습의 과정에서 나타나는 과도기적 현상'이 아닌 '학습자 개인의 쓰기 윤리 인식'의 부족함으로 치부되면서 정작 우리가 더 면밀히 들여다보아야 할 외국인 유학생의 쓰기 학습 과정에서 나타나는 자료 사용과 쓰기 윤리 간의 연관성을 포착하지 못하는 과오로 이어지게 된 것이다.

이러한 문제에 대한 해결책 모색의 첫걸음은 먼저 학문적 쓰기와 자료 사용, 자료 사용과 쓰기 윤리 사이의 접점과 연결고리를 찾아, '자료 사용'의 개념을 포괄적으로 정의하는 것이어야 한다는 것이 본 연구의 주장이었다.[3] 다음과 같은 항목들이 '자료 사용 능력'을 가늠하는 기제가 될 수 있을 것이다. 4장에서 정리한 내용을 본 연구에서의 자료 분석 결과를 반영하여 더욱 구체화한 것이다.

(1) 학문적 쓰기에서 관련 자료를 적극적으로 사용하였나? 혹은 그럴 필요성을 인식하고 있는가?[4]

(2) 학문적 쓰기에 있어서 다른 자료에서 가져온 내용이 있을 때 그것의 출처를 의식하였는가? 혹은 출처를 드러내야 할 필요성을 알고 있었는가?

(3) 학문적 쓰기에서 필요한 자료를 선별할 때 학술적 가치가 있는 자료와 그렇지 않은 자료를 구분할 수 있는가?

(4) 학문적 쓰기에 있어서 다른 자료의 내용을 빌려왔을 때 해당 자료의 출처를 목표 언어권에서의 학문 공동체의 관습에 맞게 바르게 표시할 수 있는가? 이를테면 필수 서지정보를 알고 있으며 다양한 각주의 형식 등에 익숙해져 있는가?

(5) 학문적 쓰기에 있어서 자신의 글에 다른 자료의 내용을 가져왔을 때 적절한 방법을 알고 있는가? 빌려온 내용과 필자의 글은 명확히 구분되며, 그 둘은 자연스럽게 통합되었는가? 이 때 담화 표지, 학문적 쓰기에서의 표현과 문법 등을 적절히 사용할 수 있는가?

---

3) 이와 같은 개념 정립의 배경에는 앞서 Harris(2011)와 같은 논저의 영향이 컸음을 밝힌다. '자료 사용'을 단지 쓰기의 수단이나 일부로 보지 않고 오히려 모든 글쓰기가 효율적인 '자료 사용'의 범주 안에서 가능하다는 입장을 따른 것이다. 즉, 자료 사용에 대한 지식과 방법을 잘 아는 것이 곧 좋은 글을 산출하는 결과로 이어질 수 있음을 강조하고자 하였다.

4) 자료 사용에 대한 적극적인 인식 및 태도를 가지고 있는 것 자체는 긍정적이지만 과도한 자료 사용은 도리어 쓰기 윤리를 위반하는 것이 된다. 따라서 '자료의 내용을 정당한 범위 내에서 사용하였는가'도 여기에 포함되어야 할 내용이다. 다만 본 연구에서는 쓰기 학습의 과정을 중심으로 자료 사용의 필요성을

이상의 자료 사용 능력의 다섯 가지 주요 기제를 토대로 본 연구에서 외국인 유학생의 학습의 시점에 따른 쓰기 자료를 분석해 본 결과, 자료 사용 능력의 발달 속도와 정도에서 각각 차이가 드러났다. (1)~(3)은 인식의 변화만으로 비교적 쉽게 긍정적인 발달 양상을 보였지만 (4)~(5)는 오히려 학습 초반에는 드러나지 않던 과도기적 양상들이, 학습의 시점이 후반으로 갈수록 점차 다양화되다가 다시 줄어드는 경향을 보였다. 이러한 결과를 통해 자료 사용의 교수 및 학습에 있어서 '인식'의 변화만으로 글쓰기 윤리의 실천이라는 결과를 기대하기 어렵다는 시사점을 도출할 수 있었다. 또한 자료 사용에 있어서 학습자가 무엇을 얼마나 더 어려워하고 익숙해지는 데에 시간이 더 많은 시간을 필요로 하는지, 그 양상과 전략은 어떻게 나타나는가에 대한 정보를 수집할 수 있었다.

가령, 자료의 출처를 표시하는 것(4)과 자료의 내용을 통합하는 것(5)은 언어의 기술적인 측면과 내용에 대한 이해 측면이 복합적으로 맞물려 있어 '부호 사용' 하나도 소홀히 할 수 없음을 확인할 수 있었다. 앞서 제시한 사례 26과 같이 원문에서 가져온 자료의 내용을 자신의 글에 표시할 때 큰따옴표를 누락하거나 서지정보 전체를 빠뜨려 출처 표시를 하지 않은 것은, 자료와 필자의 글을 명확히 구분하지 않은 것이 되고 이로 인해 결국 '출처 표시'의 문제와 더불어 '내용 통합'의 문제도 안게 되는 것이다.

인식하는가 여부에 더 비중을 두었으므로 '적절한 사용 사용의 범위'에 대해서는 구체적으로 다루지 않았다. 그러나 향후 학습자가 산출한 보고서의 결과물을 분석 대상으로 삼을 때 이에 대해서도 반드시 고려해야 할 것이다.

사례 26 서지정보 전체 누락 사례

원문	학생의 글
다양한 자료를 효과적으로 검색하는 것은 좋은 글을 쓰기 위해 반드시 필요한 작업이다. 보고서나 논문을 작성하려면 도서관에서 책을 찾거나, 학술 데이터베이스에서 제공하는 정보를 잘 검색할 줄 알아야 한다.	(S15) 좋은 글을 쓰기 위해 여러 가지 필요한 것이 있다.[3] ───────── [3] 다양한 자료를 효과적으로 검색하는 것은 반드시 필요한 작업이다. 보고서나 논문을 작성하려면 도서관에서 책을 찾거나, 학술 데이터베이스에서 제공하는 정보를 잘 검색할 줄 알아야 한다.

출처 표시와 내용 통합의 문제가 별개일 수 없음을 보여 주는 또 다른 예로, 사례 34 와 같이 각주 번호의 부적절한 위치를 들 수 있다. 자료에서 빌려온 내용의 가장 끝 부분에 위치해야 할 각주 번호를 오히려 자료의 가장 앞부분에 표시하는 행위는 자칫 가벼운 실수로 보이기 쉽지만 이 역시도 필자의 의도와 무관하게 자료의 가져온 내용에 대해 출처 표시를 잘못함으로써 심각한 글쓰기 윤리 위반이 될 수 있다. 각주 번호는 자료에서 가져온 내용의 범위와 위치를 명시하는 기능이 있는데 이것을 제대로 표시하지 못함으로써 필자 의견과의 경계가 모호해지기 때문에 내용 통합의 측면에서도 문제를 안게 되는 것이다. 특히 문장이 길어지거나 하나의 문장 안에 인용한 내용과 필자의 의견이 섞여 있는 경우는 더욱 많은 주의를 요한다.

학생의 글	수정 방안
(S14) 좋은 글을 쓰기는 누구에게나 쉽지 않은 일이다. 하여 ¹⁾다양한 자료를 효과적으로 검색하거나 참조하는 것은 많은 도움이 된다. —————— 1) 정희모 외(2008), 대학 글쓰기, 삼인, 227쪽.	→ 각주 번호를 인용한 내용의 끝으로 옮김
(S17) 학술정보 교육을 통해 자료를 찾는 방법을 알 수 있다. ¹⁾좋은 글을 쓰기 위해 다양한 자료를 효과적으로 검색하는 것을 반드시 필요한다. —————— 1) 정희모 외(2008), 대학 글쓰기, 삼인, 227쪽.	

　　반면 학문적 쓰기에서의 관습을 이해하고 담화 표지 등을 적극적으로 사용하는 전략을 가진 학습자일수록 자료 사용의 유창성이 돋보였다. 앞서 〈표 21〉에 학습자들이 사용한 담화 표지의 유형 및 사례를 정리하였으며 다음은 그 가운데 하나의 사례를 다시 옮긴 것이다. 다음 사례는 자신의 의견을 언급하고 자료의 내용을 가져온 후 다시 자신의 의견을 덧붙인 것으로, 출처 표시에서 뿐만 아니라 내용 통합에 있어서도 능숙함을 보였다.

　　의견. 왜냐하면 의견. 인용. 그래야 의견고 생각한다.

> (S13) 우리 대학교에 들어간 학생들의 대부분은 들어간지 오래됐음에도 아직까지 학술정보 이용 방법을 잘 모른다. 왜냐하면 학술정보 이용 교육을 안 받았기 때문이다. 이들이 학교에서 논문을 작성하려면 도서관에서 책도 찾고 학술 데이터베이스에서 제공하는 정보도 검색할 줄 알아야 된다.¹⁾ 그래야 좋은 글을 쓸 수 있다고 생각한다.
>
> ——————
> 1) 정희모 외(2008), 「대학글쓰기」, 삼인, 227쪽.

이상에서 살펴본 같이 크든 작든 자료 사용에 있어서 나타나는 문제는 모두 글쓰기 윤리와 직결되어 있음을 본 연구의 분석 결과를 통해 확인할 수 있었다. '정당한 방법에 따라 자료의 출처를 표시하고 내용을 자연스럽게 통합하는 일'은 특정 학문 공동체의 관습을 이해하고 그것을 지키려는 인식과 능력이 전제되어야 한다. 그리고 본 연구에서는 '글쓰기 윤리를 준수하는 글쓰기를 하는 것'도 학문 공동체의 관습을 따르는 것 가운데 하나가 되며, 어떻게 출처를 표시하고 내용을 통합해야 하는가를 알면 알수록 글쓰기 윤리의 준수의 가능성이 높아짐을 밝혔다. 단 '정당한 방법에 따라 내용을 자연스럽게 통합하는 일'을 뜻하는 '내용 통합 능력'의 경우 그 '수준'과 '정도'를 어디까지로 보는가에 따라서도 연구의 내용과 방법이 달라질 것이다.

본 연구에서는 외국인 유학생의 글쓰기 윤리의 문제가 모두 '자료 사용'에 있다고 단정할 수는 없겠으나 적어도 '전공 진입 전 단계'의 외국인 유학생, 특히 저학년일수록 글쓰기 윤리 문제의 상당 부분은 익숙하지 않은 '자료 사용'으로부터 기인한다는 점을 부각시키고자 하였다. 물론 '자료 사용'이라는 용어가 자칫 단순히 자료의 내용을 가져오는 것 자체를 의미하는 '기술적인' 부분이 부각될 가능성도 배제할 수는 없을 것이다. 그러나 본 연구의 분석 결과, 글쓰기가 미숙한 학습자일수록 '출처 표시'와 같은 기술적인 부분에, 글쓰기가 능숙한 학습자일수록 '자료 사용'에 있어서 세부적인 '내용 통합'의 부분에서 글쓰기의 윤리 문제가 나타난다는 점을 발견할 수 있었다. 향후에는 전공 진입 후의 외국인 학부생, 외국인 대학원생, 외국인 연구자로 그 분석 대상의 폭을 넓혀감으로써 향후 한국어 L2학습자의 자료 사용의 문제를 더욱 거시적이면서도 체계적으로 조망해 볼 수 있을 것이다.

1. 글쓰기 윤리 문제는 학습자와 교수자만의 책임이 아니라 기관의 역할과 개입도 중요합니다. 하지만 처벌 위주의 규정 및 관리는 오히려 부작용을 초래할 수 있으므로 주의해야 합니다. 이러한 까닭은 무엇이며 학습자, 교수자, 기관이 어떻게 연계되는 것이 바람직하다고 생각합니까?

2. 학습자의 글쓰기 윤리 문제가 과정 중심의 쓰기 발달의 관점에서 다루어져야 하는 까닭은 무엇입니까? 만약 쓰기 결과를 기반으로 글쓰기 윤리를 논의한다면 어떤 문제가 대두될 수 있습니까?

3. 자료 사용의 문제는 언어권별(한국인, 유학생) 학습자에 따라 접근 방식이 어떻게 차별화되어야 합니까? 또한 전공 진입 전 단계에서 학부(저학년, 고학년), 대학원과정(석사, 박사), 전문 연구자 수준의 단계로 나아갈수록 자료 사용의 문제를 접근하는 방식에서 고려해야 할 점은 무엇입니까?

추천논저

서수현·정혜승(2013), 「교육대학교 학생들의 쓰기 윤리에 대한 경험과
　　　　인식」, 『작문연구』 제18권, 175~207쪽.
손화철(2007), 「한국 대학의 연구윤리교육 실태 분석」, 새한철학회 학술
　　　　대회 발표논문집.
안동근(2009), 「연구자의 글쓰기 윤리와 사회적 책임」, 한양대학교 전문
　　　　직윤리연구소 워크숍 자료집
황은성 외(2011), 『연구윤리의 이해와 실천』, 한국연구재단 교육과학기
　　　　술부 공편.
Pickard, J.(2006), "Staff and student attitudes to plagiarism at University
　　　　College Northampton", *Assessment & Evaluation in Higher Education*
　　　　31-2, pp. 215~232.

자료 사용의 윤리성 연구의 후속 과제 및 전망

✓ 자료 사용의 '인식'에 대한 연구의 과제와 전망은 어떠한가?
✓ 자료 사용의 '실태'에 대한 연구의 과제와 전망은 어떠한가?
✓ 자료 사용의 '교육'에 대한 연구의 과제와 전망은 어떠한가?
✓ 자료 사용의 '제도'에 대한 연구의 과제와 전망은 어떠한가?

글쓰기에 있어서 '어떤 자료를 어떻게 이용하는가'는 곧 글쓰기 윤리 준수의 문제와 직결된다. 글쓰기 윤리를 실천하기 위해서는 '자료 사용의 윤리성'이 확보되어야 하기 때문이다. 본 장에서는 글쓰기 윤리의 쟁점과 이 글의 8장과 12장에서 밝힌 결과를 기반으로 외국인 유학생을 대상으로 한 '자료 사용의 윤리성'에 대해 향후 논의되어야 할 연구 과제를 살펴보고 이와 관련된 제언을 하고자 한다. 앞서 밝힌 바와 같이 글쓰기 윤리에 대한 선행 연구에서 주요 쟁점으로 다루고 있는 글쓰기 윤리의 '인식', '실태', '교육', '제도'의 네 가지 측면을 중심으로 기술하도록 하겠다.

자료 사용의 인식에 대한 연구

외국인 유학생의 자료 사용의 윤리성에 대한 연구의 첫 번째 쟁점은 '인식'에 관한 것이다. 글쓰기 윤리와 자료 사용에 대한 학습자의 인식을 알아보는 것은 쓰기의 실태를 살펴보는 것 못지않게 유의미한 일이다. 왜냐하면 인식과 행위의 결과가 늘 일치하는 것은 아니지만 '인식은 행위에', '행위는 인식에' 분명히 긴밀한 영향을 주고받고 있기 때문이다. 뿐만 아니라 사회적, 문화적, 언어적 배경이 한국과 다른 사회 집단의 구성원이었던 외국인 유학생이, 한국의 대학이라는 학문 공동체에서 요구하는 윤리 범위 안에서 글쓰기를 하기 위해서는 무엇보다도 '글쓰기 윤리와 자료 및 자료 사용에 대한 인식'이 어떠한가를 파악하는 일이 중요하다.

향후 글쓰기 윤리와 자료 사용의 윤리성에 대한 인식에 초점을 둔 연구의 과제는 다음과 같이 정리해 볼 수 있다.

- 외국인 유학생이 생각하는 글쓰기 윤리의 개념은 무엇인가? 이것은 표준화될 수 있는 개념인가?
- 외국인 유학생은 스스로를 글쓰기 윤리에 민감하다고 생각하는가, 둔감하다고 생각하는가? 지금까지 받은 글쓰기 윤리와 관련된 교육 및 학습 경험은 무엇인가?
- 외국인 유학생의 글쓰기 윤리에 대한 인식은 교수자, 대학 기관에서 가지고 있는 글쓰기 윤리 인식과 어떤 차이를 보이는가? 이것은 어떻게 극복될 수 있는가?
- 학습자 변인별로 글쓰기 윤리에 대한 인식의 차이를 보이는가? '언어권별', '학년별', '전공 진입 전과 진입 후의 시기별', '전공 분야 및 계열별', '학위과정별', '쓰기 단계별', '한국어 수준별' 차이가 나타나는가? 이 중 글쓰기 윤리 준수와 가장 큰 상관이 있는 것은 무엇인가? 그 까닭은 무엇인가?

- 글쓰기 윤리에 대한 인식의 차이는 극복할 수 있는 것인가? 그 방법은 무엇인가? 글쓰기 윤리에 대한 인식은 어느 시점을 기준으로 어떻게 변화하는가?
- 자료 사용의 윤리성을 위반한 사례와 유형에는 어떤 것이 있는가?
- 자료 사용의 윤리성 위반의 범위는 어디까지로 볼 수 있는가? 자료 사용의 필요성 인식, 자료의 출처 인식, 자료의 선별에 대한 인식은 어떠한가?
- 글쓰기 과정과 글쓰기 결과물에서 자료 사용의 윤리성에 대한 기준은 어떻게 달라야 하는가?

　이상과 같은 연구 과제에서 가장 강조되어야 하는 것은 학습자, 교수자, 기관이 각각 가지고 있는 '글쓰기 윤리에 대한 인식의 개념'을 알아보고 그것의 차이가 있음을 규명하는 일이다. 또한 그것을 극복하는 방안을 마련하는 작업이 반드시 이루어져야 한다. 동일한 글쓰기 윤리 위반 행위에 대해 다른 입장을 취하는 것 역시도 글쓰기 윤리에 대한 인식의 차이에서 비롯되는 것임을 인정해야 하기 때문이다. 다만 글쓰기 윤리에 대한 인식에 초점을 둔 연구의 한계점은, 인식 자체가 글쓰기 행위로 온전히 실현되는 것이 아니므로 인식 조사의 결과, 혹은 인식에 대한 연구의 결과만으로 글쓰기 윤리의 실천이라는 목표에 도달할 수 없다는 것이다.

　위와 같은 한계를 보완하기 위하여 본 연구의 9장에서는 자료 사용의 적절성 이해에 대한 진단의 방법으로 '적절한 사례 선택하기, 선택의 이유 쓰기, 자료를 사용하여 직접 글을 써 보기'의 세 가지로 분석해 보았고 글쓰기 윤리에 대한 인식과 실제에 괴리가 있음을 확인하였다. 그 결과, 선택형 문항에서 과반수의 학습자(52.9%)가 적절한 사례를 택했으나 그 이유를 제대로 알고 있는 학습자는 더 적게 나타났고(30% 미만) '자료 기반 짧은 문장 쓰기'에서 자료를 적절하게 사용한 학습자는 더욱 감소(17.6%)한 것이다. 다음으로 글쓰기 윤리에 대한 인식과 실제 쓰기의 차이를 확인한 또 하나의 예로, 사전 진단 쓰기의 분석 사례를 들 수 있다. 앞서 〈그림 30〉, 〈표 23〉에서 확인한 바와 같이 설문 조사에서 자료를 사용하면서 출처를 반드시 밝힌다고 한 응답자는 35%였으나 실제 쓰기에서는 12%의 학습자만이 자료의 출처를 밝힌 것이다. 이상의 연구 결과로부터 얻을 수 있는 시사점은 글쓰기 윤리 및 자료 사용의 윤리성에 대한 인식을 알아보는 것이 단순히 한 가지의 연구 방법론으로 가능하지 않으며, 연구 방법에 따라 상이한 결과를 도출할 수 있다는 점이었다.

한편 향후 글쓰기 윤리 및 자료 사용의 인식에 초점을 둔 논의에서는 먼저 외국인 유학생이 글쓰기에 있어서 적절한 '자료'의 유형 및 범위를 어디까지라고 인식하는지, 적절한 자료 사용이란 무엇이고 부적절한 자료 사용이 무엇이라고 생각하는지, 이것이 글쓰기 윤리의 준수와 어떤 관련성이 있다고 생각하는지, 실제 자료 사용의 사례를 보고 어떤 것이 글쓰기 윤리 위반인가를 판단할 수 있는지, 위반·사례의 이유는 무엇이라고 생각하는지를 살펴볼 필요가 있다. 즉, '자료 및 자료 사용에 대한 인식'을 주요 쟁점으로 삼는 논의에서는 외국인 유학생의 자료 사용에 대한 인식 및 관점과 글쓰기 윤리의 연관성을 다각도로 접근해야 한다. 더 나아가 외국인 유학생에게 글쓰기를 가르치는 교수자 그리고 외국인 유학생의 글쓰기를 관리하는 기관의 담당자의 글쓰기 윤리에 대한 인식을 조사하고, 이것이 외국인 유학생의 인식과 어떤 차이가 있는지, 그로 인해 발생하는 갈등 상황은 없는지, 그것을 해결하는 방안은 무엇인가에 대해서도 논의되어야 한다.

향후 논의가 더욱 구체화된다면 다양한 변인에 따른 인식의 차이, 이것이 쓰기 실태에 미치는 영향에 대해서도 살펴볼 수 있다. 이를테면 '언어권별', '학년별', '전공 진입 전과 진입 후의 시기별', '전공 분야 및 계열별', '학위과정별', '쓰기 단계별', '한국어 수준별' 등으로 다각도로 알아볼 수 있을 것이다. 무엇보다 중요한 것은 글쓰기 윤리에 대한 인식의 조사가 특정 시점을 중심으로만 이루어지는 것이 아니라 '인식은 여러 변인에 의해 끊임없이 변한다'는 전제하에 통시적으로도 조망해 보아야 한다는 점이다. 이러한 측면에서 본 연구의 8~10장에서 학습 과정에서의 자료 사용의 양상 및 전략을 중심으로 보고, 11~12장에서는 자료 사용 능력의 발달을 윤리성에 초점을 둔 것도 공시적인 현상과 통시적인 변화를 아울러 살피고자 함이었다.

끝으로 다양한 변인에 따른 자료 사용의 인식 차이가 실제 쓰기 행위에 미치는 영향은 무엇인지, 그것을 교수·학습에 어떻게 적용할 수 있는가도 후고에서 다룰 수 있는 주요 쟁점이 될 것이다. 또한 아직은 특정 언어권의 학습자가 눈에 띄게 많은 국내 대학의 상황에서는 다소 시기상조인 듯하나 향후에는 외국인 유학생의 '이문화 간 표절(Cross-cultural plagiarism issues)'(Mundava & Chaudhuri, 2007) 문제에도 관심을 기울여야 한다.

자료 사용의 실태에 대한 연구

외국인 유학생을 대상으로 한 글쓰기 윤리와 자료 사용에 대한 두 번째 쟁점으로, '실태'에 초점을 둔 것을 들 수 있다. 앞서 살핀 '인식'에 대한 쟁점이 글쓰기 윤리에 대해 '어떻게 생각하고 있는가'에 관심을 둔 것이라면 실태에 초점을 둔 연구는 글쓰기의 윤리가 '실제 글쓰기에서 어떻게 실현되는가'와 같은 '행위'에 관심을 갖는 것이라 할 수 있다. 따라서 '인식'과 '행위'라는 두 가지 쟁점은 각각이 별개의 연구 내용이 되기도 하지만 연구의 목적에 따라 동시에 논의되기도 하는 것이다.

이에 본 연구의 11~12장에서도 쓰기 자료 분석을 통해 쓰기 '실태'를 중점적으로 살폈으나, 사전 쓰기와 사후 쓰기 단계에서 두 번의 설문 조사 결과를 반영하여 '인식'과 '실태'의 차이를 비교하고자 하였다. 그 결과, 설문에서는 글쓰기 윤리에 대한 인식이 높게 나타났던 학습자도 실제 쓰기 자료에서는 그것을 실천하지 못한 경우가 많다는 것을 밝힘으로써 인식과 쓰기 실태는 일치하지 않음을 알 수 있었다. 또 인식의 발달이 쓰기 실태의 긍정적인 변화에 영향을 끼치는 것은 분명하지만, 글쓰기 윤리 인식의 제고만으로 실제 윤리적 글쓰기의 실현까지 기대할 수 없음을 밝혔다. 이를 통해 인식과 실제 쓰기 행위 사이의 간극이 분명 존재하므로 어느 한쪽에만 치우쳐서 현상을 바라보는 것은 옳지 않다는 것과, 글쓰기 윤리 인식의 제고가 곧 글쓰기 윤리의 실천으로 이어지지 않는다는 시사점을 얻을 수 있었다.

이러한 측면에서 향후 외국인 유학생의 글쓰기 윤리와 자료 사용의 실태에 초점을 둔 연구에서 외국인 유학생의 '자료 사용의 실태'를 파악하는 일은 결코 간단하지 않음을 감안하고 연구 방법론을 결정해야 한다. 우선 선행 연구에서 취한 대표적인 연구 방법으로는 '설문'과 '쓰기 자료 분석', '인터뷰'가 있는데 연구의 목적에 따라 다른 방법이 선택된다. 다만, 질문지를 통한 설문 방법으로 외국인 유학생의 자료 사용 실태를 알아보는 것은 공시적인 양적 연구가 가능하다는 이점이 있으나 적지 않은 한계점을 안고 있다. 가령, '글쓰기 윤리를 위반한 적이 있는가?', '글쓰기 윤리를 위반하는 이유는 무엇인가'와 같은 문항이 학습자를 대상으로 자주 쓰이고 있는데 이것은 '글쓰기 윤리란 무엇인가'를 묻는 것만큼이나 추상적인 질문이다. 왜냐하면 학습자마다 '글쓰기 윤리'에 대한 상이한 인식을 가지고 있다면 각자의 인식 수준에서 글쓰기 윤리 위반의 경험이나 행위를 설명할 것이므로 그러한 응답을 수집하여 도출한 연구 결과를 일반화하기는 어렵기 때문이다.

따라서 이러한 한계를 보완하고 연구자가 의도한 결론을 도출하기 위해서는 글쓰기 윤리 위반 혹은 준수 여부를 알아볼 수 있다고 판단되는 대표적인 '사례'들을 기반으로 문항을 제시하고 그것에 대한 경험 여부를 묻는 것이 효율적이다. 가령, '글쓰기에 활용한 자료의 출처를 밝히는가?', '필자의 의견과 자료에서 가져온 내용을 명확히 구분하는가?'와 같은 글쓰기 실태 및 행위와 관련된 문항을 제시하는 방법이다. 그러나 이 역시도 학습자의 주관적인 판단에 의존하는 부분이 있으므로 자료 사용의 실태를 알아보는 최선의 방법이라고는 할 수 없다. 결국 이와 같은 한계점을 극복하기 위해 도입하고 있는 것이 본 연구에서 활용한 바와 같은 '쓰기 자료'의 분석 방법이다. 학습자의 쓰기 자료에서 나타난 자료 사용의 실태를 알아보는 것은 자료 사용의 윤리성 여부를 학습자에게 직접 묻는 것이 아니라 학습자의 쓰기 자료를 통해 연구자가 간접적으로 판단하는 방식이다. 연구의 목적과 방향에 맞게 고안된 일관된 기준을 적용한다면 설문 문항을 활용한 방법보다 상대적으로 객관성이 더 확보된 결과를 얻을 수 있다는 장점이 있다.

이에 본 연구에서도 학습자의 쓰기를 주된 분석 자료로 삼아 글쓰기 윤리와 자료 사용의 실태를 살핀 것이다. 참고 자료를 기반으로 자신의 의견을 쓰는 짧은 글쓰기를 동일한 방식으로 두 번 시행하였는데 한 번은 '사전 진단 쓰기' 단계였고 또 한 번은 '사후 점검 쓰기' 단계였다. 모든 학습자의 쓰기 사례는 〈표 11〉, 〈표 13〉과 같은 방법으로 분석하였고 이를 통해 전반적인 자료 사용의 실태 및 특성을 파악하였다. 그 결과, 〈표 27〉에서 종합적인 내용을 정리한 바와 같이 자료의 출처를 밝히지 않고 단순 베끼기가 많았던 사전 진단 쓰기에 비해 사후 점검 쓰기에서는 자료의 출처를 밝히고 내용을 통합하려는 시도와 함께 다양한 과도기적 양상들이 나타난다는 것을 알게 되었다. 이것은 단순히 설문 조사 방식만으로는 도출할 수 없는 결과였다고 본다. 따라서 향후에는 쓰기 자료 분석을 통한 자료 사용의 윤리성에 대한 실태 파악의 방법들이 향후에는 더욱 다각도로 논의될 필요성이 있다. 물론 쓰기 자료의 분석이라는 단일 연구 방법에만 의존하지 않고 설문 방식이나 인터뷰 방법을 절충하는 것도 매우 바람직하다.

끝으로 이 글에서는 글쓰기 윤리에 대한 실태 역시도 글쓰기 윤리 인식과 마찬가지로 학습의 어느 시점에 조사하는가에 따라 결과가 달리 나타난다는 점을 알 수 있었고 향후 연구에서도 이 점을 반드시 고려하여야 함을 확인하였다. 학습의 이전 시점인지 학습 과정 중인지, 학습 이후인지에 따라 글쓰기 윤리에 대한 실태는 역동적으로 변화하므로 이것을 감안하지 않고는 글쓰기 윤리 실태를 면밀히 파악할 수 없기 때문이다. 본 연구의 8~10장에서 자료 사용에 대한 노출 단계, 내재화 단계, 연습 단계, 즉 학습의 시점별 자료 사용의 실태를 통시적으로 살피고자 한 것도 이러한 이유에서였다. 다만 개별 학습자마다의 변화 양상을 더 구체적으로 분석하여 그 원인까지를 살펴보았다면 학습자별 자료 사용 능력의 수준을 파악하고 교육적인 처방을 내리는 데에 더 유용했을 것이나 본 연구에서는 전체 학습자의 전반적인 경향을 파악하는 데에 그쳤다는 아쉬움이 있다. 그럼에도 불구하고 외국인 유학생의 자료 사용의 양상을 학습의 과정별로 살피고 자료 사용 능력의 발달의 모습을 확인함으로써 글쓰기에 있어서 자료 사용의 윤리성이 실현되는 모습은 고정적이지 않다는 사실을 알게 된 것은, 향후 글쓰기 윤리의 실태에 대한 연구 방법론의 구축에 기여하는 바가 있을 것으로 본다.

자료 사용의 교육에 대한 연구

외국인 유학생의 글쓰기 윤리와 자료 사용의 윤리성에 대한 세 번째 쟁점은 '교육'에 초점을 둔 것이다. '교육'에 초점을 둔 논의는 앞서 살핀 '인식' 및 '실태'에 대한 논의와 별개로 이루어지기보다는 글쓰기 윤리에 대한 '인식'과 '실태'의 파악에 기초하여 이루어졌을 때 더욱 유의미한 결과를 얻을 수 있다. 왜냐하면 외국인 유학생의 자료 사용에 대한 '인식' 및 '실태'에 대한 정보가 반영되지 않은 채 단순히 '교육'의 관점에서 진단과 처방을 하는 것이 현실적으로 불가능하고 이상적인 교육의 방향과 원리, 내용을 설계하는 것도 쉽지 않기 때문이다. 뿐만 아니라 글쓰기 윤리에 대한 대학 기관의 제도 및 규정 역시도 현장에서 이루어지는 '교육'에 실질적인 영향을 끼치게 된다. 따라서 글쓰기 윤리와 자료 사용에 대한 '교육'에 초점을 둔 연구는 그 범위 및 내용이 매우 광범위하다고 할 수 있다. '교육'에 초점을 둔 연구에서 다루어져야 할 향후 과제는 다음과 같다.

- 외국인 유학생에게 글쓰기 윤리와 자료 사용의 윤리성과 관련하여 무엇을, 어떻게, 어떤 순서로 가르쳐야 하는가?
- 교수자는 어떤 태도로 외국인 유학생의 글쓰기 윤리와 자료 사용의 윤리성에 대한 문제에 접근해야 하는가? 이것이 실제 쓰기 교수에 어떻게 구현되어야 하는가?
- 글쓰기의 윤리와 자료 사용의 윤리성과 관련된 내용은 글쓰기 교재에 어떻게 반영되어야 하는가? 이것은 학습 윤리 지침서와 어떻게 차별화되는가?
- 자료 사용의 윤리성을 실천하기 위해 글쓰기의 단계별로 따라야 할 글쓰기의 원리와 구체적인 연습 방법은 무엇인가? 특히 자료의 '내용 통합'과 '출처 표시'에 관한 연습을 위한 문항 개발의 방법은

무엇인가? 학습자의 실제 사례를 어떻게 활용할 수 있는가?
- 자료 사용의 윤리성 실현, 즉 자료 사용 능력과 쓰기 능력에는 어떤 상관이 있는가?
- 자료 사용 능력의 발달 양상은 어떠하며 어떤 전략과 특성이 나타나는가?

위와 같은 연구가 본격적으로 전개되기 위해서는 폭넓은 기초 연구가 선행되어야 할 것이다. 이를테면 글쓰기 교육과정에 글쓰기 윤리와 자료 사용의 윤리성과 관련된 내용을 반영하기 위해서 먼저 실제 교수 현장에 대한 파악과 요구조사가 필요하다. 또한 교육 자료의 개발 및 교수 원리에 대한 논의는 학습자의 실제 쓰기에서 나타나는 문제점 및 사례들을 바탕으로 할 때 더욱 실제적일 수 있다. 그러한 측면에서 본 연구에서 제시한 쓰기 학습 과정에서 나타난 자료 사용의 실제 사례들의 유형들은 향후 교수 내용 및 방법의 구축에 다각도로 활용할 수 있는 것이다.

한편 '교육'의 관점에서 글쓰기 윤리에 접근하는 경우의 특징은 외국인 유학생의 자료 사용의 다양한 불완전한 양상들을, 윤리성 위반에 대해 처벌이나 제재를 해야 한다는 부정적인 측면이 아니라 쓰기 발달의 과정에서 나타나는 과도기적 단계(transitional writing phase)로 받아들여야 한다는 긍정적인 측면을 강조한다는 점이다. 이것은 앞서 살핀 자료 사용의 '인식', '실태'와 관련된 쟁점에서 외국인 유학생의 쓰기에서의 문제점을 부정적인 측면에서 바라보고 그 심각성에 대한 문제를 제기하고 있는 것과 큰 차이를 보이는 것이다. 글쓰기 윤리에 대한 연구가 쓰기 발달 연구 방법론을 따라야 한다는 내용에 대해서는 앞서 6장에서 정리한 바와 같다. 이에 본 연구도 8~12장에서 살핀 외국인 유학생의 자료 사용의 양상들이 학습의 과정에서 어떻게 발달하는지에 초점을 두었고 그것이 지속적으로 변화하는 자체를 긍정적인 시각에서 바라보아야 한다는 입장에서 논의를 전개하였다. 그러나 학습의 시점별, 학습자의 변인별 차이에 따라 다양하게 나타나는 자료 사용의 과도기적 양상들을 긍정적으로 수용해야 하는 '범위'와 '시점'을 어떻게 설정해야 할 것인가에 대해서도 향후 심도 있는 논의가 이루어져야 할 것이다.

다음으로는 현재 외국인 유학생 대상의 글쓰기 수업에서 글쓰기 윤리와 자료 사용의 윤리성에 대한 내용이 어떻게 다루어지는지를 먼저 검토한 후 본 연구에서 밝힌 결과를 토대로 향후 글쓰기 수업에 대한 제언을 하도록 하겠다. 최근 글쓰기에 대한 중요성이 부각되면서 대부분의 대학에서는 글쓰기 관련 강좌를 필수 교양 과목에 포함시키고 있는 추세이고 유학생 대상으로 특화된 강좌에 대한 요구도 매우 높다. 그러나 아직은 글쓰기에서의 윤리 문제를 수업에서 중점적으로, 체계적으로 다루고 있는 수준에는 이르지 못한 듯하다. 그 가운데서도 외국인 유학생 대상의 글쓰기 강좌에서 글쓰기의 윤리와 관련된 내용을 어떻게 반영하고 있는가를 중심으로 살펴보았다.[1] 그 결과 전반적인 강의의 흐름으로 보면 '글쓰기 윤리'와 '자료 사용'과 관련된 내용은 학기 초나 학기 말에 1~2주 정도로 짧게 반영되어 있었다. 그리고 글쓰기 윤리 및 자료 사용에 대한 내용이 전체 강의 계획에 명시적으로 반영된 경우와 그렇지 않은 경우로 나뉘었다. 또한 글쓰기의 윤리와 관련된 내용이 교수요목에 반영된 경우는 다음과 같이

---

[1] 서울 소재 일부 대학의 홈페이지에 탑재된 강의계획서를 토대로 살펴본 결과이다. 홈페이지에 '공개'되어 있는 강의계획서를 중심으로 참고하였으므로 실제로 진행되는 강의의 내용까지는 반영하지 못하였음을 밝힌다. 강의계획서에 반영되지 않았다고 해서 해당 강의에서 글쓰기의 윤리와 관련 내용을 다루지 않는 것으로 단정 짓기는 어렵다.

크게 두 가지 유형이 있었다.

- 글쓰기 윤리 인식과 자료 사용 방법의 내용을 **구분하여** 제시
- 글쓰기 윤리 인식과 자료 사용 방법의 내용을 **동시에** 제시

글쓰기 윤리 인식에 대한 내용과 자료 사용 방법을 구분하여 제시하는 유형, 그것을 아울러 함께 제시하는 유형으로 나뉜다. 위와 같은 유형에서 제시하고 있는 글쓰기 윤리 관련 내용이 무엇인지를 개략적으로 살펴보면 다음과 같다.

<표 30> 외국인 유학생 대상의 글쓰기 수업에 반영된 글쓰기 윤리 관련 내용

	글쓰기 윤리 인식	자료 사용 방법
구분하여 제시하는 유형	- 글쓰기 윤리 - 표절의 문제 - 인터넷과 글쓰기 윤리 - 윤리적 글쓰기	- 참고문헌 정리/인용하기와 각주 달기 - 인용하기의 방법 및 표현 - 자료 활용 방법과 논증하기; 각주 달기와 인용하기 - 인용법, 주석과 참고문헌 작성 - 인용 및 주석을 위한 독서노트 작성법 - 도서관 이용 교육
동시에 제시하는 유형	글쓰기의 윤리 및 학술자료의 활용	

먼저 글쓰기 윤리의 인식과 관련된 내용을 살펴보면, '글쓰기 윤리', 혹은 '쓰기의 윤리', '윤리적 글쓰기', '표절의 문제'와 같이 다소 다양한 용어가 혼용되고 있다. 그러나 수업에서 중점적으로 다루고 있는 내용은 크게 다르지 않아 보인다. 두 번째로는 실질적인 자료 사용의 방법과 관련된 내용인데, 이는 참고문헌 정리 혹은 인용하기, 각주를 다는 방법에 대한 것으로 구성되어 있다. 이와 같은 결과를 바탕으로 향후 '교육'에 초점 둔 연구의 세부

과제를 제시해 보면 다음과 같다.

첫째, 외국인 유학생 대상의 글쓰기 윤리와 자료 사용의 윤리성에 대한 교육이 전체 수업에서 차지하는 비중에 대해 우선 논의하여야 한다. 본 연구에서 한 학기 동안의 자료 사용 양상을 분석한 결과를 토대로 보면 1~2주 내에 자료 사용에 익숙해지는 것은 어려운 일임을 알 수 있었다. 따라서 강의 중심이 아닌 연습과 훈련 중심으로 외국인 유학생의 수준에 맞는 합리적인 수업 기간을 설정해야 한다.

둘째, 글쓰기 윤리와 자료 사용의 윤리성을 위한 교육 내용이 체계화, 구체화되어야 한다. 이 때 외국인 유학생의 실제 사례 및 자료가 데이터베이스화되어 그것을 바탕으로 수업 내용을 구성하고 연습문제 등을 개발하여야 한다.

위와 같이 글쓰기 윤리와 자료 사용 교육에 대한 교수·학습의 순서 및 내용을 정하고자 할 때 본 연구의 8~12장의 결과를 기초 자료로 활용할 수 있다. 특히 외국인 유학생이 글쓰기에서 자료 사용을 할 때 자료의 출처 표시에 대한 인식 및 능력이 다음과 같은 몇 단계를 거쳐 발달해 나간다는 본 연구의 결과는 유용한 정보가 될 것이다.

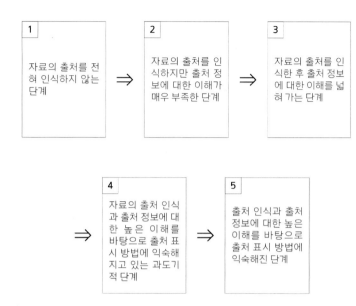

외국인 유학생의 실제 자료 사용의 사례는 '출처 표시'와 관련된 각 시점의 수준을 파악할 수 있는 근거가 된다는 점에서 가치가 있다. 이와 같은 긍정적인 발달의 과정을 거치면서 외국인 유학생의 글쓰기 윤리의 준수 가능성도 높아지는 것으로 볼 수 있었다. 또한 위에 제시한 단계는 교수자가 외국인 유학생의 자료 사용의 자연스러운 발달 단계를 인정하고 다음 단계가 될 때까지의 기간을 인정해 주어야 한다는 시사점도 함께 남기고 있다. 이를테면 (1)의 단계에 있는 학습자에게 (5)의 단계를 요구하면서 엄격한 글쓰기 윤리 기준을 적용하고 처벌하는 것이 어떠한 교육적 효과도 거둘 수 없다는 점을 명심해야 한다. 또 학습자가 현재 어떠한 단계에 있는지를 파악하고 그에 맞는 교육적 처방을 내리는 것도 교수자의 몫이다.

한편 본 연구의 8~12장의 결과를 토대로 볼 때 자료의 '내용 통합'과 관련된 능력은 다음과 같은 세부 단계를 거쳐 발달하는 것으로 나타났다.

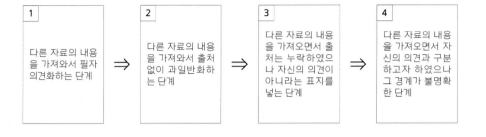

1	2	3	4
다른 자료의 내용을 가져와서 필자 의견화하는 단계	다른 자료의 내용을 가져와서 출처 없이 과일반화하는 단계	다른 자료의 내용을 가져오면서 출처는 누락하였으나 자신의 의견이 아니라는 표지를 넣는 단계	다른 자료의 내용을 가져오면서 자신의 의견과 구분하고자 하였으나 그 경계가 불명확한 단계

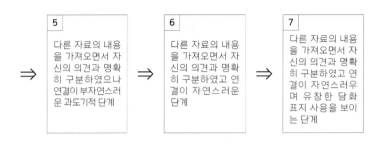

5	6	7
다른 자료의 내용을 가져오면서 자신의 의견과 명확히 구분하였으나 연결이 부자연스러운 과도기적 단계	다른 자료의 내용을 가져오면서 자신의 의견과 명확히 구분하였고 연결이 자연스러운 단계	다른 자료의 내용을 가져오면서 자신의 의견과 명확히 구분하였고 연결이 자연스러우며 유창한 담화 표지 사용을 보이는 단계

위의 단계는 학습자별 개인차도 보여 주고 있는데 자료 사용에 미숙한 학습자는 자료의 내용을 가져오는 것만으로도 어려움을 느끼고 다음 단계로 나아가는 데에 시간이 걸리는 반면, 능숙한 학습자일수록 빌려온 자료의 내용과 자신의 의견을 명확히 구분하고 자연스럽게 연결하며 적절한 담화 표지를 사용할 수 있는 것으로 나타났다. 위의 순서는 글쓰기 윤리와 자료 사용 교육에 대한 구체적인 교수·학습의 내용 순서를 정할 때 유용한 정보가 될 것이다. 향후에는 위에 제시한 단계에 해당하는 연습 문제의 개발뿐만 아니라 각 단계별로 실제적인 사례 제시를 위한 자료의 수집도 체계적으로 이루어져야 할 것이다.

이상으로 글쓰기 윤리와 자료 사용에 대한 세 번째 쟁점인 '교육'에 초점을 둔 논의의 연구 과제를 살펴보았다. '교육'에 초점을 둔 논의는 앞서 살핀 '인식' 및 '실태'에 대한 논의와 적극적으로 연계됨으로써 실제적으로 교육의 효용성을 높이는 방안이 모색되어야 한다. 또한 학습자, 교수자, 기관의 입장을 모두 고려하고 교육 현장의 현실을 그대로 반영할 때 교수·학습을 위한 유용한 정보를 구축할 수 있을 것이다.

자료 사용의 제도에 대한 연구

글쓰기 윤리와 자료 사용에 대한 논점의 네 번째는 '제도 및 규정'에 초점을 둔 것이다. 본 연구에서는 이를 주된 분석 대상으로 삼지 않았으나 '제도 및 규정'에 대한 논의도 향후 글쓰기의 윤리에 관련된 연구에서 또 하나의 큰 축을 이루어야 할 부분이다. 왜냐하면 교육 기관의 글쓰기 윤리에 대한 규정과 정책의 일관성, 적절성은 실제로 학습자들의 글쓰기 윤리 위반을 예방하는 데에 큰 영향을 주고 있으며, 글쓰기 교수 현장의 교사들이 학습자를 관리하는 데에 있어서 있어서도 도움을 주기 때문이다. 반면, 제도 및 규정의 마련 없이는 교수자와 학습자 모두가 어쩔 수 없는 윤리적 갈등과 혼란의 상황에 자주 놓이게 된다.

또한 외국인 유학생들의 경우는 한국의 대학에서 글쓰기 위반에 대한 어떤 규정이 있는지, 그것을 준수하지 못했을 경우 어떤 불이익을 당할 수 있는지를 알고 있어야 한다. 그렇지 않으면 의도하지 않은 처벌이나 징계로 인해 원치 않는 결과를 초래할 수 있다. 이러한 문제는 기관에서 글쓰기 윤리 규정 및 제도에 대한 세부 지침을 외국인 유학생들에게 구체적으로 공지하고 준수할 수 있도록 독려함으로써 상당한 예방 효과를 가져올 수 있다. 그럼에도 불구하고 아직 국내 대학의 경우는 글쓰기 윤리에 대한 제도 및 규정의 기반이 미약한 편이고 그 실행에 있어서도 많은 한계점을 보이고 있는 것이 사실이다.

이에 글쓰기 윤리와 자료 사용의 '제도 및 규정'에 초점을 둔 연구에서 향후 다룰 수 있는 과제를 다음과 같이 정리해 볼 수 있겠다.

- 외국인 유학생을 대상으로 한 글쓰기 윤리와 자료 사용에 관련된 규정은 무엇을 근거로 마련되어야 하는가? 한국인 대학생과 차별화시켜야 하는가? 학습자의 수준별로 차별화된 기준이 적용되어야 하는가?
- 외국인 유학생을 대상으로 한 글쓰기 윤리의 제도 및 규정에 대한 공지는 언제, 어떻게 하는 것이 가장 효율적인가? 입학 후 일회적인 오리엔테이션만으로 효율성이 있는가? 글쓰기 수업에서의 관리는 기관의 제도와 어떻게 조화를 이루어야 하는가?
- 글쓰기 윤리와 자료 사용에 대한 가이드라인을 책자로 개발할 때 어떤 요소가 고려되어야 하는가? 학습자의 언어권을 고려하여 다른 언어로 번역할 것인가? 학습자가 흔히 접할 수 있는 사례를 데이터베이스화해서 반영할 것인가?
- 글쓰기 윤리에 관련된 제도 및 규정의 적용이 외국인 유학생의 글쓰기에 미치는 영향은 무엇인가? 글쓰기 윤리에 대해 기관에서 취하고 있는 엄격함과 관대함의 태도 차이는 외국인 유학생의 쓰기 학습에 어떤 영향을 미치는가?
- 글쓰기 윤리 위반을 탐색하기 위한 프로그램의 개발과 적용은 어떠해야 하는가? 이것이 교육적으로 갖는 함의는 무엇인가?

위에 제시한 세부 연구 과제 중에서 향후 폭넓게 논의될 가능성이 있는 연구 내용으로서, 표절 검색 프로그램의 개발과 그 사용 및 교육적 효용성에 대한 것을 들 수 있다. 아직 국내에서는 표절 검색 프로그램의 사용이 보편화, 일반화되어 있지는 않지만 향후에는 더욱 적극적으로 사용될 것으로 보인다. 또한 이러한 시스템이 개발된다는 사실 자체가 학습자로 하여금 스스로 글쓰기 윤리를 위반하지 않도록 의식하고 주의하는 기능이 있는 것은 분명하다.[2] 그러나 글쓰기 자체를 두렵게 만들어 다양한 시도를 자제하게 만들 우려도 배제할 수 없음을 감안하여야 한다.

그러므로 외국인 유학생의 글쓰기 윤리 준수를 위한 가장 효율적인 제도 및 규정이 무엇인가에 대한 본격적인 논의가 먼저 이루어져야 하고, 그것이 실제 글쓰기 윤리 실천으로 연계될 수 있도록 하는 노력이 뒷받침되어야 한다. 이것이 바로 글쓰기 윤리와 자료 사용에 대한 제도 및 규정에 대한 쟁점이 활발히 전개되어야 하는 까닭이라 할 수 있다.

---

2) 정소연 외(2011: 172~173)에서는 글쓰기 윤리의 문제를 해결하는 효과적인 방안으로서 표절 검사 시스템의 사용에 관하여 논의한 바 있다. 그리고 표절 검사 시스템은 적발 이전에 이런 시스템의 존재를 알리고 표절 검사를 '공지'하는 것만으로도 예방 효과가 크다는 점을 검증하였다.

1. 같은 교실에 있는 학습자들이 글쓰기 윤리에 대한 인식 차이를 가지고 있다면 그것을 어떻게 극복할 수 있습니까? 글쓰기 윤리 인식은 어느 시점을 기준으로 어떻게 변화하며 교육적인 관점에서의 함의는 무엇이라고 생각합니까?

2. 글쓰기 윤리 인식의 발달이 쓰기 실태에 긍정적인 영향을 끼치는 것은 분명하지만 '글쓰기 윤리 인식의 제고만으로 윤리적 글쓰기 실천을 기대할 수 없다'라는 말이 함의하는 바는 무엇입니까?

3. 자료 사용의 윤리성을 실천하기 위해 글쓰기의 단계별로 따라야 할 글쓰기의 원리와 구체적인 연습 방법은 무엇이라고 생각합니까?

4. 신입생을 대상으로 글쓰기 윤리 제도 및 규정에 대한 공지는 언제, 어떻게 하는 것이 가장 효율적이라고 생각합니까? 일회적인 오리엔테이션만으로 효율성이 있다고 생각합니까?

추천논저

가은아(2010), 「국어교사의 쓰기 윤리의식 및 쓰기 윤리교육에 대한 인식 조사」, 『한어문교육』 제22집. 415~444쪽.

윤소정·최용성·최병학·양삼석(2011), 「대학생의 연구윤리교육에서의 표절 실태 및 대안 연구」, 『윤리교육연구』 제24집. 한국윤리교육학회, 315~335쪽.

Deckert, G. D.(1993), "Perspectives on plagiarism from ESL students in Hong Kong", *Journal of Second Language Writing* 2-2. pp. 131~148.

Gullifer, J., & G. A. Tyson(2010), "Exploring university students' perceptions of plagiarism: a focus group study", *Studies in Higher Education* 35-4. pp. 463~481.

Hyland, F.(2001), "Dealing with plagiarism when giving feedback.", *ELT Journal* 55-4. pp. 375~381.

제15장

언어 교육에서의 글쓰기 윤리 문제에 남은 과제

✓ 글쓰기 윤리에 대한 인식, 행위, 제도의 불균형 문제란 무엇인가?
✓ 언어 교육에서 글쓰기 윤리를 어떻게 적용할 수 있는가?

글쓰기 윤리에 대한 '인식', '행위', '제도'의 불균형 문제

국내에서 일반적인 글쓰기 윤리에 대한 논의는 2000년대에 들어서면서 눈에 띄게 활발해졌고 외국인 유학생의 쓰기에 있어서 윤리성의 문제가 언급되기 시작한 것은 2000년대 후반이다. 시기적으로 보면 이미 오래 전부터 글쓰기 윤리에 매우 엄격했던 서구 사회에 비해서 다소 뒤늦은 감이 있기는 하지만 이제 한국 사회도 글쓰기 윤리에 대한 '인식', '행위', '제도' 측면에서 빠른 속도로 변화를 맞고 있다.

그런데 글쓰기 윤리에 대한 우리의 '인식'과 실제 쓰기 '행위', 글쓰기 윤리와 관련된 '제도'의 변화 속도가 일치하지 않는다. 이러한 엇박자 속에서 오는 여러 가지 사회적 논란과 충돌이 끊이지 않고 있다. 그간 관행처럼 암묵적으로 용인되어 오던 크고 작은 글쓰기 윤리 위반의 '행위'들이 어느 순간 매우 심각한 표절 문제로 대두되는 일이 그 대표적인 예이다. 이것은 실제 글쓰기 '행위'가 글쓰기 윤리에 관련된 '제도'의 변화 속도보다 더디기 때문에 나타난 문제라 볼 수 있다. 아래 그림과 같이 '인식', '행위', '제도'가 모두 일치하는 경우(A)가 가장 이상적일 것이고 반대로 세 가지가 모두 불일치한 경우(C)가 가장 심각한 상황이라 할 수 있겠다.[1]

우리의 현실에서 가장 자주 부딪히는 것은 '인식', '행위', '제도' 가운데 한 가지 이상의 요소에서 불일치를 보이는 과도기적 단계인 'B'이다. 동일한 쓰기 '행위' 및 현상을 두고 그것을 판단하는 '인식'의 차이로 인해 혼란이 빚어지는 일이 경우도 여기에 속한다. 이를테면 같은 쓰기 행위에 대하여 심각한 글쓰기 윤리 위반으로 보는 이가 있는가 하면 또 어떤 이는 용인할 수 있는 수준이라 판단하는 것이 바로 인식과 행위가 불일치를 이루는 대표적인 예이다. 이와 같이 글쓰기 윤리에 대한 인식의 차이로 인해 우리는 크고 작은 갈등의 상황에 직면하게 된다. 이것은 언어 교육의 현장에서도 예외가 아니다.

그렇지만 인식, 행위, 제도 사이의 불일치를 거시적인 관점에서 본다면 우리 사회에 글쓰기 윤리가 정착되어 가면서 자연스럽게 나타나는 과도기적 현상(B) 및 단계로 받아들일 수 있다. 다만

---

1) 〈표 31〉, 〈표 32〉에서 표시한 '○'의 의미는 해당 항목의 이상적인 모습을 의미하며 '×'는 그렇지 않음을 뜻한다. 가령, 글쓰기 윤리에 대한 '인식' 항목에서 '○'은 글쓰기 윤리 인식이 높은 상태, '행위' 항목에서는 글쓰기 윤리가 잘 실천되고 있는 상태, '제도'의 항목에서는 제도가 잘 정비되어 있는 상태를 말하는 것이다. 단, 각 항목을 비교할 때는 간단히 '일치'와 '불일치'로 설명하기로 한다.

<표 31> 글쓰기 윤리에 대한 인식, 행위, 제도의 일치 여부에 따른 유형

구분		인식	행위	제도		
일치 여부	A	○	○	○	글쓰기 윤리에 대한 인식, 행위, 제도가 모두 일치하는 가장 이상적인 단계	이상적인 단계
	B	○	○	×	제도는 없으나 글쓰기 윤리에 대한 인식, 행위가 일치하는 단계, 현실적으로 불가능	↑
		×	○	○	인식은 부족하나 글쓰기 윤리가 실천되고 있고 관련 제도도 마련되어 있는 단계	
		×	○	×	글쓰기 윤리 인식과 제도가 모두 미흡하나 글쓰기 윤리가 실천되고 있는 단계	과도기적 단계
		○	×	○	글쓰기 윤리 인식이 높고 제도가 마련되어 있으나 글쓰기 윤리가 실천되지 않는 단계	
		○	×	×	글쓰기 윤리 인식은 있으나 글쓰기 윤리가 실천되지 않으며 제도도 마련되어 있지 않은 단계	
		×	×	○	관련 제도는 마련되어 있으나 인식과 행위가 모두 불일치하는 단계	↓
	C	×	×	×	글쓰기 윤리 인식, 행위, 제도가 모두 불일치하는 가장 심각한 단계	심각한 단계

간과하지 말아야 할 것은 이러한 현상은 그저 방임할 수도 재촉하거나 강압적으로 끼워 맞출 수는 없지만 사회 구성원 전체의 지속적인 노력과 관리, 관심을 바탕으로 능동적으로 극복해 나가야 한다는 점이다. 본 연구에서 외국인 유학생의 글쓰기 윤리의 문제를 쓰기 발달의 과정에서 거쳐 가는 자연스러운 현상으로 보고자 한 것도 이러한 맥락에서였다. 본 연구의 분석 결과, 글쓰기 윤리의 인식과 행위와 관련하여 다음과 같은 단계와 유형으로 나타난다는 점을 확인할 수 있었다.[2]

---

2) 본 연구에서 '제도'적 측면은 주된 분석 대상으로 삼지 않았으므로 글쓰기 윤리

<표 32> 외국인 유학생의 글쓰기 윤리에 대한 인식과 행위의 일치 여부에 따른 유형

	인식	행위	특징
A'	○	○	• 글쓰기 윤리에 대한 인식과 행위가 전반적으로 일치하는 이상적인 단계 • 자료 사용의 윤리성 실현이 가능한 단계 • 자료의 출처 표시 능력(사례 51~53)과 내용 통합 능력(사례 59)에서 모두 유창함을 보임 • 담화 표지 사용 전략 등의 발달이 두드러짐(〈표 21〉)
B'	○	×	• 글쓰기 윤리 인식이 제고되었지만 실제 쓰기 행위는 아직 온전한 글쓰기 윤리를 실천할 수 있는 수준에까지 이르지 못한 단계 • 출처 표시, 내용 통합에 대한 이해 및 인식은 있으나 더욱 충분한 연습과 훈련이 요구되는 단계 • 특히 학습의 초기와 학습 과정 중, 즉 자료 사용의 내재화 단계와 연습 단계에서 글쓰기 윤리 위반으로 보일 수 있는 다양한 과도기적 양상들이 나타남 • 이러한 과도기적 양상들은 학습자의 자료 사용 능력의 발달과 함께 역동적으로 변화해 감(〈표 27〉) • 원문 내용의 과일반화(사례 14), 출처 표시 부적절(사례 28~34), 자료와 필자 의견의 구분 불명확 및 연결 부적절(사례 37~38, 42, 45~46) 등과 같은 다양한 양상들이 이 단계에 포함됨(〈그림 21〉) • 단, 이 모든 단계를 글쓰기 윤리 위반으로 간주하는 것은 적절하지 않으며 긍정적인 입장에서 볼 필요가 있음
C	×	×	• 글쓰기 윤리에 대한 인식도 부족하고 실제 행위에서도 글쓰기 윤리를 준수하지 않는 단계 • 의도하지 않은 글쓰기 윤리 위반이 빈번하게 나타나는 단계 • 그러나 학습 전, 학습 과정 중에 글쓰기 윤리에 대한 인식과 행위가 모두 일정 수준에 이르지 못한 것을 심각하게 받아들일 필요는 없으며 적절한 교육적 조치가 이루어져야 하는 단계 • 단, 학습 후반에 이르러서도 글쓰기 윤리 인식과 행위가 모두 미흡한 수준을 보이는 것은 심각한 것으로 간주하고 그에 맞는 처방이 필요함 • 짜깁기, 단순 베끼기, 원문 내용의 필자 의견화(사례 15~19, 43), 출처 누락(26~27) 등의 사례가 여기에 해당함

위의 〈표 32〉에서 볼 수 있듯이 글쓰기 윤리에 대한 인식 및

에 대한 '인식'과 '행위'를 중심으로 정리하도록 하겠다. 또한 각 유형별 특징을 언급하면서 그것에 해당하는 대표적인 사례는 괄호 속에 함께 표시하였다. 〈표 31〉과 구분하기 위하여 〈표 32〉의 각 단계는 A', B', C로 표시하였음을 밝힌다.

행위의 일치 여부에 따른 유형은 크게 세 가지로 나뉘며 C′ →
B′ → A′의 순서로 발달해 나간다. 가장 광범위하게 나타나는 유형
인 B′의 단계를 극복하고 가장 이상적인 단계(A′)로 나아가기 위
해서 글쓰기의 주체인 필자는 자신이 소속된 사회 혹은 특정 집
단에서 규범화된 글쓰기 윤리를 잘 알고 제대로 지켜야 할 의무
가 있다. 다시 말하면 '글쓴이가 속한 사회에서 쓰기를 수행하는
모든 과정에서 지키도록 요구하는 행위 규범'이라는 글쓰기 윤리
의 개념에서 볼 수 있듯이 외국인 유학생은 한국 사회에서 규범
화된 관습과 약속이 무엇인가를 파악하고 그것을 지킬 수 있는
능력을 갖추어야 한다. 이것이 바로 글쓰기 윤리 및 자료 사용의
윤리성의 준수와 직결되기 때문이다.

언어 교육에서 글쓰기 윤리의 적용

외국인 유학생이 속한 사회는 '학업을 목표로 하는 집단'인가,
'전문적인 연구를 지향하는 집단'인가로 크게 구분될 수 있다. 더
세분화하면, 초등학생이나 중고생, 대학생, 대학원생이 속한 각
각의 사회는 학업 지향인 동시에 그 전문성이나 글쓰기 윤리 요
구의 수준이 차별화되어야 하는 집단으로 나뉜다. 또한 전문 분
야의 연구자는 글쓰기 윤리 준수에 대한 가장 막중한 의무와 책
임을 갖는 집단에 속해 있다. 이와 같이 학습자, 연구자 그리고
더 세분화된 특정 집단 간의 차이는 곧 그들에게 동일한 글쓰기
윤리 규범을 적용하는 것이 타당하지 않음을 입증하는 근거가
된다.

그리고 필자가 속한 집단은 '어떤 언어로' 글쓰기를 하는가를
기준으로도 크게 구분할 수 있다. 즉, 글쓰기의 도구가 되는 언어

가 L1인가 L2인가의 문제인데 이것은 글쓰기 윤리에 대한 '인식', 글쓰기 '행위'의 과정과 결과물, 글쓰기 윤리에 대한 '제도' 등 모든 측면에서 큰 영향을 미친다. 낯선 언어로, 익숙하지 않은 집단의 사회문화적 규범에 자신을 맞추어 갈 필요성을 인식하는 일, 그 규범이 무엇인지를 알아가는 일, 이러한 인식을 실제 쓰기 행위에 제대로 실현시키는 일이 L2필자에게는 결코 간단하지 않다. 결국 목표하는 언어 능력의 신장도 이러한 일련의 과정 속에서 많은 시간과 노력을 들임으로써 가능해지는 것이다.

그럼에도 불구하고 이러한 L2필자의 특수한 글쓰기 상황에 대한 이해와 배려가 배제된 채 그들의 글쓰기 윤리의 문제를 L1필자와 동일시하여 논의를 시작하는 것은 적절하지 않다. 따라서 글쓰기 윤리에 대한 인식, 행위, 그리고 제도 변화의 엇박자 속에서도 '역동적으로 변화해 가는 사회적 현상을 포용하는 태도'와 '특정 사회 집단의 특성을 배려한 글쓰기 윤리 적용의 필요성 인식'을 바탕으로 L2필자를 대해야 한다는 것이 본 연구의 입장이었다.

본 연구는 '학습자' 집단에 속해 있는 대학생, 그 가운데서도 L2필자라는 입장에 선 외국인 유학생을 중심으로 그들의 글쓰기 윤리에 대한 인식, 행위를 살핀 것이었다. 본 연구의 결과를 통해 주장하고자 한 것은 글쓰기 윤리에 대한 인식, 행위, 제도 변화의 혼란 속에서, 외국인 유학생이라는 입장을 이해하고 최선책을 모색하는 '윤리적인 배려(ethical treatment)'(Silva, 1997: 359)가 필요하다는 것이었다. 왜냐하면 최근 글쓰기 윤리에 대한 관심은 고조되고 있지만 이에 대한 명확한 규정과 기준, 즉 제도적 측면의 체계화가 미비한 상황에서, 외국인 유학생의 쓰기 현상만을 가지고 글쓰기 윤리 위반의 문제로 삼는 것은 윤리적 배려가 전제되지 않은 것이기 때문이다.

이에 본 연구의 8~12장에서 살핀 외국인 유학생의 자료 사용 사례들은 향후에도 지속적으로 수집, 분석, 유형화함으로써 글쓰기 윤리에 대한 학습자의 인식, 행위에 대한 이해의 폭을 넓히고 글쓰기 윤리 관련 제도 및 규정을 마련할 때의 기초 자료로 활용되도록 해야 할 것이다. 이와 같이 글쓰기 윤리에 대한 제도 및 규정의 체계화는 글쓰기 윤리에 대한 인식의 정착과 실천에 긍정적인 영향을 미칠 것이 분명하다. 다만 외국인 유학생에 대한 윤리적인 배려가 배제된 엄격한 제도는 오히려 부작용만을 불러올 수 있음을 간과해서는 안 될 것이다.

이상으로 본 장에서는 '글쓰기 윤리에 대한 인식, 실제 쓰기 행위, 글쓰기 윤리에 대한 제도의 불균형에서 오는 여러 가지 문제들'을 비롯하여 '필자가 속한 사회가 학습자 집단 혹은 연구자 집단인가의 문제', '글쓰기의 도구 언어가 L1인가 L2인가의 문제'를 모두 안고 있는 사회 구성원이 바로 '외국인 유학생'임에 주목하였다. 그리고 이러한 사실이 언어 교육에 함의하는 바를 살펴봄으로써 외국인 유학생이 글쓰기 윤리 연구에 있어서 주된 연구 대상이 되어야 하는 까닭을 다시금 확인하였다.

그리고 두 번째로는 향후 글쓰기 윤리에 대한 논의에 있어서 '인식', '행위', '제도'라는 세 가지 요소를 모두 주요하게 다루지 않을 수 없음을 알았다. 이것은 그간 글쓰기 윤리에 대한 논의가 인식 혹은 행위와 같은 단일 요소에만 중점을 두어 살필 때 얼마나 많은 한계점을 가질 수 있는지를 설명해 준다.

이러한 한계점에도 불구하고 글쓰기 윤리에 대한 연구는 '인식', '행위', '제도'를 중심으로, 그리고 교수자, 학습자, 기관의 입장에서 세분화되어 심도 있게 전개될 필요가 있으며 이를 기반으로 한 요소별 통합 연구도 병행되어야 한다. 그리고 이로부터 도출한 결과가 언어 교육에 시사하는 바를 끊임없이 모색해 가야 할 것이다.

1. 글쓰기 윤리에 대한 인식, 행위, 제도의 불균형을 해소하는 방안은 무엇입니까? 이 가운데 가장 시급한 것은 무엇이라고 생각합니까?

2. 다른 학문 분야의 글쓰기 윤리와 언어 교육에서의 글쓰기 윤리는 그 접근 방식에서 어떤 차별점이 있다고 생각합니까?

추천논저

신중섭 외(2007), 『연구윤리 확립을 위한 정부 정책 방안 연구』, 한국학술진흥재단.

정소연 외(2011), 「대학생의 글쓰기 과제물의 표절 실태와 표절 검사 시스템의 표절 예방 및 적발 효과 연구」, 『사고와표현』제4집 1호, 한국사고와표현학회, 157~182쪽.

Abasi, A. R.(2008), *Writing under the gaze: Plagiarism policies and international ESL students patchwriting in graduate school*, University of Ottawa(Canada) Ph. D.

Amsberry, D.(2009), "Deconstructing plagiarism: International students and textual borrowing practices", *The Reference Librarian* 51-1, pp. 31~44.

제**16**장

요약

✓ 글쓰기 윤리의 준수 의무, 그리고 언어 학습자로서의 권리는 어떻게 상충되는가?
✓ 연구 결과를 간략하게 종합한다면 어떻게 설명할 수 있는가?
✓ 연구의 주요 의의로 꼽을 수 있는 것은 무엇인가?
✓ 연구 결과의 사회적 함축을 어떻게 설명할 수 있는가?

글쓰기 윤리의 준수 의무, 그리고 언어 학습자로서의 권리

'글쓰기 윤리는 준수해야 하는 것'이고 '언어는 학습하는 것'이다. 그렇다면 글쓰기 윤리를 준수해야 하는 '필자'인 동시에 '한국어 L2학습자'의 입장에 놓여 있는 외국인 유학생에게 있어서 글쓰기 윤리란 '지켜야 하는 것인가, 학습해야 하는 것인가'라는 물음이 본 연구의 출발점이었다. 그리고 본 연구는 글쓰기 윤리의 실천 여부가 곧 '자료 사용(Source use)'의 문제와 직결된다는 점에 주목하고 외국인 유학생의 자료 사용의 윤리성에 관해 고찰하였다.

최근 학문 목적 쓰기 연구의 성과를 검토한 결과, 외국인 유학생의 글쓰기에서 가장 심각한 문제는 '글쓰기 윤리 위반' 혹은

'표절'이라는 지적이 많았다. 자료의 내용을 그대로 '베끼기' 혹은 '짜깁기' 하거나 '기계적인 인용' 및 '출처 누락' 등의 현상을 그 예로 들고 있으며 외국인 유학생 개인의 글쓰기 윤리 인식의 부재를 주된 원인으로 언급하고 있다. 그러나 이러한 현상의 이면을 들여다보고 'L2학습자'로서 외국인 유학생의 입장을 이해하려는 구체적인 노력은 미흡했다. 이에 본 연구는 표면적으로 드러나는 글쓰기 결과물 자체가 아닌, 쓰기 학습의 전반적인 과정에 주목함으로써 자료 사용의 윤리성의 문제를 조망해 보고 향후 외국인 유학생을 위한 쓰기 교수·학습을 위한 시사점 모색이 절실하다고 판단하였다.

낯선 언어로 새로운 학문 공동체의 관습에 맞는 '글쓰기의 방법'을 배우는 것, 그 학문 공동체에서의 전반적인 글쓰기 과정에서 지켜야 하는 '글쓰기 윤리 규범'을 익히는 것은 사실 별개의 문제로 다루어질 수 없다. 다시 말하면 지금까지 외국인 유학생의 쓰기에서 글쓰기 윤리 위반으로 간주되어 왔던 현상들이 실제로는 쓰기 학습 과정에서 자연스럽게 거쳐 가는 발달의 다양한 모습이었을 가능성을 열어 두어야 하는 것이다.

뿐만 아니라 외국인 유학생이 한국어로 글쓰기를 배우는 과정에서 부딪히는 크고 작은 글쓰기 윤리의 문제를 앞으로 어떤 방향에서 어떻게 접근해야 할 것인가에 대한 방안도 새로이 마련되어야 한다. 이를 통해 지금까지 글쓰기 윤리의 문제에 있어서 학습자의 입장에서는 쓰기 학습 과정에서 자연스럽게 거쳐 가는 과도기적 단계로 인정받지 못한 것, 교수자의 입장에서는 학습자의 긍정적인 발달의 양상들을 놓침으로써 학습자의 현재 수준을 진단하고 그 다음 단계를 위한 처방이 어려웠던 두 가지 문제를 해결할 수 있을 것이기 때문이다.

이러한 배경에서 이 글은 언어 교육에서 '글쓰기 윤리는 준수해야 하는 것'과 '언어는 학습하는 것'이라는 두 가지 명제의 조화로움을, '자료 사용의 윤리성'을 중심으로 '쓰기 발달'이라는 측면에서 살펴본 것이다. 다음으로 이 글의 연구 결과를 종합적으로 정리한 후 연구의 의의와 함축에 대해 논하기로 한다.

연구 결과의 종합

본 연구의 전반적인 논의의 흐름과 연구 결과를 정리하면 다음과 같다.

주요 개념과 이론적 토대

먼저 본 연구의 이론적 토대가 되는 주요 개념들을 4~6장에서 살펴보았다. 글쓰기 윤리에 대한 일반적인 개념을 알아본 후 본 연구에서의 글쓰기 윤리의 개념을 정의하였다. 그리고 본 연구의 전개에 있어서 근간이 될 이론으로서 자료 사용과 글쓰기 윤리의 연관성을 고찰하였다.

'자료 사용'을 단어의 뜻 그대로 해석하여 단순히 자료에서 '내용을 빌려오는 행위' 정도로 미시적 관점에서 보는 것이 아니라, '학문적 쓰기를 통한 소통을 가능하게 하는 모든 행위와 이와 관련된 인식까지를 망라하는 개념'으로 폭넓게 봄으로써 글쓰기 윤리와 자료 사용의 문제에 대한 이해를 넓힐 수 있었다.

이어서 학문 목적 글쓰기에서 글쓰기 윤리가 더 가치 있게 다루어져야 하는 배경을 설명하였고 글쓰기 윤리의 문제를 L2 쓰기 발달 연구의 하나로 접근하게 된 근거를 마련하였다.

연구 방법의 설계

7장에서는 본 연구에서 취한 연구 방법을 구체적으로 소개하였다. 먼저 본 연구의 전반적인 분석 절차를 정리한 다음 자료 수집 및 분석의 방법을 설명하였다. 그리고 외국인 유학생의 자료 사용의 윤리성에 대한 논의가 종적, 질적 연구 방법을 따르게 된 배경을 언급하였다. 이에 따라 본 연구에서는 '동일한 기간에' '같은 수업에' 참여하는 학습자를 주된 분석 대상으로, 일정한 학습 기간 동안 산출한 쓰기 자료를 주된 분석 자료로 삼았음을 밝혔다. 학습자의 실제 쓰기 분석 사례도 함께 제시하였다.

학습 과정에서의 자료 사용 양상과 전략

8~10장에서는 학습 과정에서의 자료 사용 양상과 전략을 다루었다. 자료 사용의 사례들을 분석하고 학습의 시점에 따른 자료 사용 양상 및 전략을 유형화하였다. 이를 통해 자료 사용의 '학습 전-학습 중-학습 후'의 단계에 기초해서 살펴볼 때 학습의 후반 시점이 될수록 글쓰기 윤리에 대한 인식이 높아지면서 적절한 방법으로 자료를 사용하려는 적극적인 시도가 늘어난다는 것을 알았다.

그러나 그것은 일정한 기간 동안 지속적으로 발달해 나가는 모습을 보이며 이상적인 수준에 도달하기 위해 오랜 시간이 걸린다는 점을 더불어 확인하였다. 특히 글쓰기 윤리 준수를 위한 자료 사용에 대한 이해가 불충분한 시점에서는 '자료의 출처 표시', '자료의 내용 통합'에 대한 시도가 전혀 드러나지 않았으나 자료 사용에 대한 학습 후 단계를 거치면서 '출처 표시', '내용 통합'에서의 과도기적 양상들이 점차 증가하였다.

또한 '출처 표시' 보다 '내용 통합'과 관련된 양상과 전략들은 상대적으로 늦게 나타나기 시작해서 후반으로 갈수록 더 다양화되는 경향을 보였다. 이와 같이 외국인 유학생의 자료 사용에서 나타난 불완전한 과도기적 현상들은, 결과 중심적으로 글쓰기 윤리 준수에 대한 판단을 하는 것이 적절하지 않음을 입증하는 근거가 되었다.

자료 사용 능력의 발달과 윤리성

11~12장은 외국인 유학생의 자료 사용 능력의 전반적인 발달과 윤리성에 대하여 논의하였다. 이를 위해 쓰기 학습의 이전과 실시한 사전 진단 쓰기(diagnostic writing)와 사후 점검 쓰기(post-diagnostic writing)의 결과를 비교함으로써 외국인 유학생의 자료 사용에 있어서 발달 양상의 특징을 파악하고자 하였다.

앞서 8~10장이 학습 과정에서의 자료 사용의 양상 및 전략을 학습의 시점별로 구분하여 살핀 것이라면 11~12장은 쓰기 학습이 시작되기 이전과 이후의 쓰기 결과를 종적으로 비교하여 발달의 정도를 알아본다는 점에서 차별화된 것이었다. 그리고 외국인 유학생의 자료 사용 능력의 발달을 살펴보기 위한 방법으로, '자료 사용에 대한 필요성 인식, 자료의 출처에 대한 인식, 자료 선별에 대한 능력, 자료의 출처 표시 능력, 자료의 내용 통합 능력'으로 구분하여 분석하였다. 그 결과 다음과 같은 순서로 전자를 더 쉽고 빨리, 후자를 더 어렵고 천천히 학습하는 것으로 밝혀졌다.

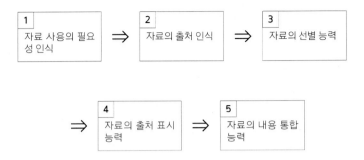

또한 사전 진단 쓰기보다 사후 점검 쓰기에서의 자료 사용에서 과도기적 양상이 감소한 것은 전반적으로 글쓰기 윤리 준수의 가능성이 제고되었음을 시사하는 것이었다. 이와 같이 외국인 유학생의 자료 사용 능력 발달의 특성을 포착함으로써 이것이 글쓰기 윤리의 실천과 어떤 연관성이 있는지를 밝힐 수 있었다. 더불어 자료 사용의 윤리성과 관련한 교수·학습 시에 무엇을 더 강조하고 무엇을 더 오랜 기간 연습해야 하는지, 어떤 부분에서 외국인 학습자가 어려움을 더 느끼는가에 대한 시사점을 도출할 수 있었다.

글쓰기 윤리의 사회적 함축 및 제언

13~15장에서는 지금까지 살핀 앞선 연구의 이론과 본 연구에서 도출한 결과를 토대로 외국인 유학생의 글쓰기 윤리에 대한 종합적인 고찰을 하였다. 그 첫 번째로 본 연구에서 주된 분석 대상으로 삼은 '외국인 유학생'에게 있어서 글쓰기 윤리가 갖는 사회적 함축을 살펴보았고 두 번째는 '학문 목적 쓰기' 분야에서 향후 글쓰기 윤리 연구가 나아가야 할 방향에 대해 논의하였다. 세 번째로 외국인 유학생의 '자료 사용의 윤리성'에 관한 향후

논의에서 다루어야 할 연구 과제를 알아보고 제언을 하였다.

끝으로 최근 우리 사회 전반적으로 논란이 되고 있는 글쓰기 윤리의 문제가 거시적으로는 '인식', '행위', '제도'의 불균형에서 비롯된 것이라는 입장에서, 이러한 현상이 '언어 교육'에 함의하는 바를 논하였다.

연구의 주요 의의

학문 분야와 계열을 막론하고 연구와 학습의 결과물은 '글쓰기'를 통해 나타나는 만큼 최근 사회 전반적으로 글쓰기의 중요성 부각과 더불어 글쓰기 윤리에 대한 요구도 매우 높아지고 있다. 또 글쓰기 윤리에 대한 사회적 기준과 규범이 점차 엄격해짐에 따라 우리는 글쓰기 윤리 위반의 전형을 '표절'이라 부르며 표절을 하지 않기 위해 많은 주의를 기울인다. 그러나 실제로 '표절'의 개념은 매우 광범위하고 비표준적이라는 특성을 지녔기 때문에 그것이 함축하는 바가 불명확할 수밖에 없는 한계를 지니고 있다. 또한 어감 자체가 매우 부정적이며 특정 규범에의 이탈을 의미하는 측면이 부각되기 때문에 학습 과정에서 나타나는 양상을 긍정적인 입장에서 설명하기가 어렵다. 이에 이 글에서는 쓰기 학습의 과정에서 나타나는 다양한 현상을 폭넓게 해석함에 있어서 중립적인 의미를 내포하는 '글쓰기 윤리'라는 용어를 사용하는 것이 본 연구의 취지에 더 적합하다고 판단하였다.

그리고 본 연구에서는, 앞선 논의의 검토 결과 글쓰기 윤리 문제의 대부분이 '자료 사용(Source use)'과 직결되어 있음을 알았다. 여기서의 '자료'란 외국인 유학생이 글쓰기에 활용하는 모든 유형의 읽기 텍스트 혹은 참고 자료를 뜻하는 것이며, 본 연구는 글쓰기의 전반적인 과정에 있어서 '자료 사용'을 얼마나 적절히 그리고 능숙하게 하는가가 결국 글쓰기 윤리의 준수는 물론 학문적 쓰기 능력의 신장을 좌우한다는 점에 주목하였다.

오래 전부터 국외 L2연구자들이 L2학습자의 글쓰기 윤리의 문제를 '자료 사용'과 '쓰기 능력 발달'이라는 측면에서 종합적으로 다루어 오고 있는 것에 비해 아직 국내에서는 이 분야의 연구가 본격적으로 전개되지 못했다. 하지만 외국인 유학생이 글쓰기를 통한 진정한 학문적 의사소통 능력을 신장에 이르기 위해서는 '자료 사용의 윤리성'에 대한 논의가 매우 절실한 시점이다. 이러한 배경에서 외국인 유학생의 자료 사용의 윤리성을, 쓰기 발달이라는 측면에서 살핀 본 연구의 의의 및 함축은 다음과 같이 정리해 볼 수 있다.

글쓰기 윤리 연구의 내용 및 방향의 구체화

첫째, 글쓰기 윤리의 개념만큼이나 추상적인 수준에 머물러 있었던 외국인 유학생의 글쓰기 윤리에 대한 논의를 구체화함으로써 향후 이와 관련된 연구의 지평을 넓혔다는 것이 바로 본 연구의 첫 번째 의의이다.

현재 외국인 유학생의 글쓰기에서 글쓰기 윤리 위반이나 표절이 매우 심각한 수준이라는 문제 제기는 있었지만 이와 관련하여 어떤 방향에서 어떻게 논의를 전개해야 할 것인가에 대해서는 참고할 만한 성과가 불충분했다. 그런 점에서 외국인 유학생에게 글쓰기 윤리의 문제는 결과 자체보다 학습 과정에 더욱 관심을 가지고 살펴보아야 한다는 교육적 관점을 적용하였다는 점이 본 연구와 선행 연구와 차별점이다.

이를 통해 글쓰기 윤리의 문제는 단지 '처벌해야' 할 것이 아닌

'배우고 가르쳐야' 할 것이라는 측면이 부각되었고 지금까지 부정적인 입장에서 보아 왔던 많은 현상들을 과정 중심적으로, 긍정적인 입장에서 새로이 재조명할 필요가 있음을 주장할 수 있었다. 이러한 연구 방향의 제시는 향후 외국인 유학생의 글쓰기 윤리에 대한 논의의 방향과 내용을 결정하는 데에 유용할 것으로 판단된다.

'자료 사용'을 근간으로 하는 글쓰기 윤리 연구

본 연구가 갖는 두 번째 의의는 글쓰기 윤리에 대한 연구가 '자료 사용'의 문제를 근간으로 시작되어야 한다는 주장에 대한 설득력 있는 근거 마련과 함께 '자료 사용 능력'이라는 개념을 새로이 정의하고 이것을 외국인 유학생의 자료 사용의 윤리성에 대한 연구에 적용할 필요성을 입증한 것이다.

지금까지 앞선 연구에서 글쓰기 윤리의 문제를 언급할 때 주로 학습자의 글쓰기 윤리 인식의 부재와 같은 윤리적, 도덕적 측면이 강조되어 왔다. 그러나 본 연구에서 밝힌 바와 같이 글쓰기 윤리 인식이 높아진 이후의 시점에서도 외국인 유학생의 실제 쓰기 행위에서는 글쓰기 윤리를 실천하지 못하는 일이 자주 나타난다. 다시 말하면 글쓰기 윤리 인식의 불충분함은 글쓰기 윤리를 위반하는 주된 요인이기도 하지만 글쓰기 윤리 인식의 제고가 글쓰기 윤리의 실천을 전적으로 담보할 수 없다는 사실에 주목할 필요가 있다. 이와 같이 글쓰기 윤리에 대한 인식과 행위 사이에 얽혀 있는 복합적인 문제를 쓰기 능력의 영역 안에서 효율적으로 설명하기 위하여 본 연구는 '자료 사용 능력'이라는 개념을 새로이 정의하였다.

자료 사용 능력이란 학습자가 자료 사용의 필요성을 인식하고 수많은 자료 가운데 학술적 가치 유무를 가려 적절한 것을 선정하며, 자료의 내용을 자신의 글에 바르게 통합하면서 그 출처를 형식에 맞게 남기는 능력이다. 이러한 자료 사용 능력의 정의 속에는 글쓰기 윤리 인식은 물론 글쓰기 윤리를 준수할 수 있는 능력이 모두 전제되어 있다. 즉, 자료 사용 능력의 배양은 학문적 쓰기 능력을 위한 근간이 되고 이것은 글쓰기 윤리 실천을 가능하게 한다는 측면에서 그 가치가 매우 크다. 따라서 글쓰기 윤리에 대한 논의에 있어서 자료 사용 능력의 개념을 도입하고 기존에 거론되었던 외국인 유학생의 글쓰기 윤리의 문제를 좀 더 구체적이고 세밀하게 기술할 수 있게 되었다는 것이 본 연구의 또다른 의의라 할 수 있다.

더 나아가 향후에는 자료 사용 능력이 학문 목적 쓰기 능력에서 필수적으로 갖추어져야 하는 능력으로 더욱 강조되어야 할 것으로 보며, 자료 사용 능력의 층위 및 세부 구성 요소에 대해서도 구체적인 연구가 진행되어야 할 것이다. 이와 같이 학문 목적 쓰기 능력에서 자료 사용 능력의 가치와 중요성을 밝힌 것은 학문 목적 쓰기 능력에 대해 더 포괄적인 관점에서 접근할 수 있게 되었다는 측면에서 의의를 지닌다.

글쓰기 윤리 연구 방법론의 제시

세 번째로, 본 연구는 유학생 대상의 글쓰기 윤리 연구 방법의 틀을 제공한다는 측면에서 그 의의가 있다. 본 연구는 결과 중심이 아닌 과정 중심으로, 공시적인 현상만이 아닌 통시적인 현상까지 두루 살핌으로서 글쓰기 윤리의 문제를 쓰기 발달이라는 관점에서 고찰하였다. 이를 통해 외국인 유학생의 학습의 과정에서 글쓰기 윤리를 위반한 것처럼 보이는 양상들이 실제로는 학습자의 의도성과 무관함을 밝혔다. 또한 지금까지 외국인 유학생의 자료 사용에 대한 능력은 일회적인 학습으로, 혹은 단기간에 길러지는 것이 아님에도 불구하고 그들의 산출물에서 나타나는 자료 사용의 부적절함이, 공시적인 현상 자체로만 글쓰기 윤리의 위반으로 비추어지는 것이 타당하지 않다는 점을 알았다.

본 연구의 결과는 향후 외국인 유학생 대상의 글쓰기 윤리 연구 방법론의 설계에 있어서 유용한 정보를 제공한다. 본 연구에서는 향후 외국인 유학생 대상의 글쓰기 윤리 교수·학습의 방향을 설정하는 데에 있어서도 외국인 유학생의 쓰기 학습 과정에서 나타나는 자료 사용과 글쓰기 윤리의 문제를 '학습의 과정에서 나타나는 과도기적 현상'이라는 점을 인정하는 데에서 출발해야 함을 입증하였다. 이를 통해 외국인 유학생의 글쓰기 윤리의 문제에 대한 시야를 한층 넓혔다. 다만 일정 기간에 동일한 수업에 참여하는 학습자의 자료를 수집하여 분석한 종적 연구의 특성상 본 연구에서는 양적으로 더욱 풍부한 사례를 다루지 못했다는 아쉬움이 있다.

본 연구를 시작점으로 해서 향후에는 질적 연구와 양적 연구를 효율적으로 절충할 수 있는 가능성을 모색하고 활발한 논의를 전개한다면 외국인 유학생의 자료 사용 윤리성에 있어서 일반적인 특성과 전략을 더욱 체계화할 수 있을 것이다.

글쓰기 윤리 교수·학습의 구체화와 체계화를 위한 기초 자료 구축

본 연구의 네 번째 의의는 글쓰기 윤리의 교수·학습의 구체적인 방법, 내용, 순서를 정하기 위한 기초 자료를 구축하였다는 것이다. 8~12장에서 분석한 외국인 유학생의 자료 사용에 대한 학습의 시점, 특징, 유형 및 학습 전략에 따른 사례는 향후 연구 목적에 따라 다양하게 쓰일 수 있다. 이를테면 자료 사용의 교수·학습 시에 실제 학습자의 오용 사례를 기반으로 효율성을 높일 수 있을 것이다.

한편 고빈도의 오용 사례 및 유형은 교수 시에 더욱 강조해야 할 내용으로, 학습 시에 더 주의를 기울여야 할 것으로 목록화할 수 있다. 즉, 학습자들이 공통적으로 어려워하는 부분을 파악함으로써 자료 사용에 대한 내용의 순서를 체계적으로 배열하는 것이 가능하다. 외국인 유학생의 수준에 맞게 풍부하고 다양한 자료 사용의 연습 및 훈련을 위한 문항의 개발에 있어서도 실제 자료 사용 사례가 활용될 여지가 많다. 잘못된 자료 사용 사례를 바르게 고쳐 보는 연습 또는 간단한 퀴즈 및 평가, 자료 사용의 윤리성 준수를 위한 교재 개발 등에 반영할 수 있다.

이와 같은 실제 사례를 기반으로 하는 자료 사용의 교수·학습은 단순히 자료 사용의 기술적인 측면만을 강조하는 데에 유용한 것이 아니라 글쓰기 윤리와 자료 사용의 윤리성에 대한 인식을 고취하는 것에도 긍정적인 영향을 미친다. 다시 말하면 글쓰기 윤리에 대한 인식과 기술적인 측면을 별개로 다루는 것이 아니라 이 두 가지 측면을 조화롭게 제시하고 부각시키는 데에 학습자의 실제 자료 사용 사례를 다각도로 활용할 수 있다는 사실이다.

따라서 글쓰기 윤리를 추상적인 개념으로 보고 인식 제고만을 강조하는 것이 가르치는 것이 아니라 글쓰기 윤리 및 자료 사용의 윤리성의 교수·학습을 더욱 구체화, 체계화함으로써 쓰기 교육 현장에서의 실제성과 실용성을 실현하는 작업의 중요성을 부각시켰다는 측면에서도 본 연구의 의의가 있다.

연구 결과의 사회적 함축

사회적 현상 이해와 윤리적 배려의 필요성

글쓰기 윤리는 '외국인 유학생'에게 있어서 '학습자 개인'의 성공적인 유학생활을 위해서, '학문 목적 쓰기 분야'의 질적 도약을 위해서, 대학 기관의 바람직한 외국인 유학생 관리 및 건전한 학문 풍토 조성을 위해서, 국가적 차원에서는 유수한 외국인 인재 양성을 위해서 반드시 가치 있게 다루어져야 한다.

이를 위하여 학문 목적 쓰기 분야에서 글쓰기 윤리의 연구는 과정 중심의 쓰기 발달 연구 방법론을 적용하여, 넓은 의미의 자료 사용을 중심으로 한 연구를 지향할 때 궁극적인 문제에 보다 가까이 접근할 수 있다. 그리고 글쓰기 윤리와 자료 사용에 대한 체계적이고 종합적인 성과를 거두기 위하여 '인식', '실태', '교육', '제도 및 규정'의 네 가지 측면을 중심으로 다각도의 논의를 전개하여야 한다. 또한 최근 우리 사회 전반적으로 논란이 되고 있는 글쓰기 윤리의 문제가 거시적으로는 '인식', '행위', '제도'의 불균형에서 비롯된 것이라는 입장에서, 이러한 현상이 '언어 교육'에 함의하는 바를 지속적으로 모색해 나갈 필요가 있다.

글쓰기 윤리에 대한 외국인 유학생의 '인식', '행위', '제도'가 완전하기 일치하지 않는 한 글쓰기 윤리의 문제는 지속적으로 나타날 수밖에 없을 것이다. 그러므로 글쓰기 윤리에 대한 인식, 행위, 제도 변화의 혼란 속에서 외국인 유학생이라는 입장을 이해하는 최선책이 무엇인가에 대한 '윤리적인 배려'가 전제되어야 한다. 특히 최근 글쓰기 윤리에 대한 높은 관심에 비해 이에 대한 명확한 규정과 기준, 즉 제도적 측면의 체계화가 미비한 현재의 상황에서는 더더욱 외국인 유학생의 입장에 대한 배려가 필수적이다.

　이러한 측면에서 본 연구는 글쓰기 윤리에 대한 인식, 행위, 그리고 제도 변화의 엇박자 속에서도 '역동적으로 변화해 가는 사회적 현상을 포용하는 태도', 더 나아가 '특정 사회 집단의 특성을 배려한 글쓰기 윤리 적용의 필요성 인식'을 바탕으로 L2필자를 바라보아야 한다는 것을 새로이 밝혔다.

향후 학문 목적 쓰기에서 광범위하게 논의되어야 할 '윤리' 문제

　외국인 유학생을 대상으로 한 글쓰기 윤리와 자료 사용의 문제에 대하여 쟁점이 될 수 있는 많은 논의거리들이 남아 있다.

　글쓰기 윤리와 자료 사용에 대한 인식 조사, 글쓰기 윤리의 준수 실태, 글쓰기 윤리 및 자료 사용을 반영한 교육과정 개발, 글쓰기 윤리 준수와 올바른 자료 사용을 위한 효율적인 교수·학습의 전략, 글쓰기 윤리와 자료 사용에 기반을 둔 쓰기 평가의 문제 등 앞으로 쓰기 교육에 있어서 '윤리' 문제에 대한 논의는 더욱 적극적으로 이루어져야 한다.

　특히 최근의 학문 목적 쓰기 분야에서 자료를 기반으로 하는 글쓰기 능력이 점차 강조되고 있으며 그것을 쓰기 평가에까지 적극적으로 도입하고 있는 시점임을 감안할 때, 글쓰기 윤리와 자료 사용의 윤리성에 대한 논의는 향후 학문 목적 한국어 연구에서 더욱 폭넓게 그리고 다양한 세부 영역으로 발전할 여지가 많다. 이를테면 '자료 사용'을 쓰기 영역에서 다루는 데에 그치지 않고 쓰기가 읽기, 말하기와 같은 다른 언어 기능과의 통합에 있어서, 둘 이상의 언어 기능이 서로 전환되면서 나타나는 '자료 사용의 윤리성'의 실현 양상을 살펴보는 일도 흥미롭고 유의미한 작업이 될 것이다.

이와 같이 외국인 유학생 대상의 쓰기 영역 더 나아가 외국인 유학생 대상의 한국어 교육 영역에서 '윤리'의 문제를 심도 있게 다루어야 할 필요성과 계기를 마련했다는 점에서도 본 연구의 의의를 찾을 수 있다.

1. 언어 학습자의 입장에서 볼 때, 글쓰기 윤리의 준수 '의무'와 학습자로서의 '권리' 중 어떤 것이 우선되어야 한다고 생각합니까? 그 까닭은 무엇입니까?

2. 쓰기 학습 과정에서 자료 사용 양상과 전략이 끊임없이 발달해 간다고 볼 때 교수자의 역할과 책임이 매우 크다고 할 수 있습니다. 그 중 가장 중요하게 꼽을 수 있는 것은 무엇입니까?

3. 글쓰기 윤리 교수·학습의 구체화와 체계화를 위해 반드시 구축되어야 할 기초 자료로 어떤 것이 있다고 생각합니까?

4. 글쓰기 윤리 문제에 있어서 학습자에 대한 '윤리적 배려가 필요하다'라는 말을 어떻게 해석할 수 있습니까?

추천논저

남형두(2009), 『표절 문제 해결방안에 관한 연구』, 한국저작권위원회.
이인재(2008), 「대학에서의 글쓰기 윤리교육」, 『작문연구』 제6권, 한국
    작문학회. 129~159쪽.
Silva, T.(1997), "On the ethical treatment of ESL writers". *TESOL* 31-2.
    pp. 359~363.
Walker, J.(2010). "Measuring plagiarism: researching what students do,
    not what they say they do". *Studies in Higher Education* 35-1.
    pp. 41~59.

가은아(2009), 「중·고등학생을 위한 쓰기 윤리 교육의 방향과 지도 방안」, 『작문연구』 제8권, 한국작문학회, 231~250쪽.

_____(2010), 「국어교사의 쓰기 윤리의식 및 쓰기 윤리교육에 대한 인식 조사」, 『한어문교육』 제22집, 한국언어문학교육학회, 415~444쪽.

_____(2011), 「쓰기 발달의 양상과 특성 연구」, 한국교원대학교 박사논문.

가톨릭대(2010), 『대학생 학습윤리 가이드북』, 가톨릭대학교 교양교육원.

강민경(2011), 「설명적 텍스트 쓰기 양상 분석을 통한 쓰기 윤리 교육 내용 탐색」, 『국어교육학연구』 제42집, 국어교육학회, 175~214쪽.

강승혜(1999), 「외국어 교수법 이론의 비판적 검토」, 『연세 교육연구』 12-1, 연세대학교 교육연구소, 131~153쪽.

_____(2003), 「한국어교육의 학문적 정체성 정립을 위한 한국어교육 연구 동향분석」, 『외국어로서의 한국어교육』 28, 1~27쪽.

강현자(2009), 「학문적 글쓰기를 위한 교수학습 모형」, 『언어와 문화』 제5권 1호, 한국언어문화교육학회, 1~22쪽.

강현화(2004), 「한국어 회화 교재에 나타난 어휘 분석」, 『비교문화연구』 8, 경희대학교 비교문화연구소, 131~156쪽.

_____(2010), 「한국어교육학 연구의 최신 동향 및 전망: 연구사를 중심 으로」, 『국어국문학』 155, 국어국문학회, 39~78쪽.

강현화·민재훈(2007), 『경영한국어』, 다락원.

곽동철(2007), 「학술논문에서 표절의 유형과 올바른 인용 방식에 관한 고찰」, 『한국문헌정보학회지』 제41권 3호, 한국문헌정보학회, 103~126쪽.

김병성(1996), 『교육연구방법』, 학지사.

김성수(2008), 「미국 대학의 '학문적 정직성' 정책에 대한 연구: 대학 글쓰기에서 '표절' 문제를 중심으로」, 『작문연구』 제6권, 한국 작문학회, 193~226쪽.

김성숙(2011), 「학문 목적 기초 한국어 쓰기 능력 평가 척도 개발과 타당성 검증」, 연세대학교 박사논문.

김유미·강현화(2008), 「학문 목적 학습자를 위한 학술 전문 어휘 선정 연구: 한국어, 문학, 경영학, 컴퓨터공학 전공을 대상으로」, 『한국어교육』 제19권 3호, 국제한국어교육학회, 1~14쪽.

김인규(2003), 「학문 목적을 위한 한국어 요구 분석 및 교수요목 개발」, 『한국어교육』 제14권 3호, 국제한국어교육학회, 81~113쪽.

김정숙(1999), 「담화 능력 배양을 위한 외국어로서의 한국어 쓰기 교육 방안 담화 능력 배양을 위한 외국어로서의 한국어 쓰기 교육 방안」, 『한국어 교육』 제10권 2호, 국제한국어교육학회, 195~213쪽.

_____(2000), 「학문적 목적의 한국어 교육과정 설계를 위한 기초 연구: 학부 유학생을 위한 교양 과목 개설 요구 조사」, 『한국어교육』 제11권 2호, 국제한국어교육학회, 1~19쪽.

_____(2007), 「읽기·쓰기 활동을 통합한 학술 보고서 쓰기 지도 방안」, 『이중언어학』 제33권, 이중언어학회, 35~54쪽.

_____(2009), 「내용 지식 구성을 위한 학문 목적 한국어 쓰기 교육 방안」, 『한국어 교육』 제20권 1호, 국제한국어교육학회, 23~44쪽.

김지학(2010), 「고급 단계 학습자의 쓰기 능력 향상을 위한 교수 방안 연구」, 상명대학교 석사논문.

김지혜(2009), 「'바꿔 쓰기(Paraphrase)'를 통한 학문 목적 한국어 학습자의 쓰기 능력 향상 방안 연구」, 경희대학교 석사논문.

김태자·민지은·이상호(2008), 「외국인 유학생을 위한 도서관 이용자교육 프로그램에 관한 연구」, 『학생생활연구』 제33집, 서원대학교 학생생활연구소, 1~17쪽.

김하수(2008), 『문제로서의 언어』 1, 커뮤니케이션북스.

_____(2008), 『문제로서의 언어』 2, 커뮤니케이션북스.

_____(2010), 「언어사회학이 지나온 길과 나아갈 길」, 『사회언어학』 제18권 2호, 한국사회언어학회, 79~102쪽.

김현강(2009), 『매체인터뷰의 담화 전략』, 한국문화사.

김현강·손희연(2011), 「외국인 유학생의 텍스트 기반 구두 발표 연구: 문어 텍스트 재구성 양상을 중심으로」, 『이중언어학』 제47권,

이중언어학회, 23~48쪽.

이효녕 외(2009), 「공학 계열 글쓰기 교육에 대한 인식 조사」, 『중등교육연구』 57, 경북대학교 사범대학부속 중등교육연구소, 167~186쪽.

남형두(2009), 『표절 문제 해결방안에 관한 연구』, 한국저작권위원회.

_____(2011), 「인문 자료의 정보화 과정에서 발생하는 저작권 등 법률 문제」, 제2회 연세대학교 언어정보연구원 HK사업단 워크숍 자료집, 1~8쪽.

박기영(2008), 「외국인 유학생의 학문 목적 글쓰기에 대한 일고찰」, 『언어와 문화』 제4권 3호, 한국언어문화교육학회, 103~126쪽.

박나리(2009), 「학술논문의 텍스트성(textuality) 분석」, 이화여자대학교 박사논문.

박나리·조선경(2003), 「학문 목적의 외국어로서의 한국어 교재 개발」, 『외국어교육』 제10권 1호, 한국외국어교육학회, 245~265쪽.

박민혜·이호(2010), 「영어 논술시험에서 표절방지교육의 효과와 표절유형에 대한 연구」, 『영어학』 제10권 4호, 한국영어학회, 759~985쪽.

박석준(2008), 「국내 대학의 학문 목적 한국어 교육 현황 분석」, 『한국어교육』 제10권 1호, 국제한국어교육학회, 1~32쪽.

박영민(2009), 「중학생의 쓰기 윤리 인식 분석」, 『작문연구』 제8권, 한국작문학회, 165~196쪽.

박은영(2009), 「쓰기 윤리 의식 함양 활동이 중학생의 쓰기 윤리 의식에 미치는 효과」, 한국교원대학교 석사논문.

박지순(2006), 「학술 논문 텍스트의 표지 분석」, 연세대학교 석사논문.

배윤경·우진아·정지은·강승혜(2011), 「학문 목적 한국어 학습자를 위한 쓰기 교육 프로그램 개발: 중국인 학습자를 대상으로」, 『한국어교육』 제22권 4호, 국제한국어교육학회, 163~191쪽.

성화은(2011), 「대학생 영어 쓰기에서 표절 예방을 위한 인용과 환언하기 훈련 효과 분석」, 이화여자대학교 석사논문.

손화철(2007), 「한국 대학의 연구윤리교육 실태 분석」, 『철학사상』 제24호, 철학사상회, 243~183쪽.

신중섭 외(2007), 『연구윤리 확립을 위한 정부 정책 방안 연구』, 한국학술진흥재단.

안동근(2009), 「연구자의 글쓰기 윤리와 사회적 책임」, 한양대학교 전 문직윤리연구소 워크숍 자료집.

안정오(2007), 「상호텍스트성의 관점에서 본 표절텍스트」, 『텍스트언 어학』 제22권, 한국텍스트언어학회, 121~142쪽.

유승금(2005), 「학문 목적 한국어의 교육과정 개발 연구: 학점이수 과 정을 중심으로」, 국제한국어교육학회 제24차 학술대회 자료 집, 국제한국어교육학회, 61~82쪽.

유한구 외(2007), 『초·중등 연구 윤리 교육 프로그램 개발』, 한국학술진 흥재단.

유한아(2010), 「한국어 학문 목적 쓰기 교육 방안 연구: 통합적 독서 토의 전략을 활용한 논술 형식 글쓰기를 중심으로」, 고려대학 교 석사논문.

윤소정·최용성·최병학·양삼석(2011), 「대학생의 연구윤리교육에서의 표절 실태 및 대안 연구」, 『윤리교육연구』 제24집, 한국윤리교 육학회, 315~335쪽.

이상혁(2009), 『외국인을 위한 대학 글쓰기』, 글누림.

이수상(1999), 「학술적 글쓰기에서 인용, 표절 그리고 저작권법의 문제」, 『도서관』 54-3, 28~51쪽.

이윤진(2010), 「학문 목적 한국어 쓰기 교육에서 '윤리'의 문제」, 한국언 어문화교육학회 제13차 학술대회 발표집.

_____(2011a), 「학문 목적 한국어 학습자를 위한 윤리적 글쓰기 교육의 방향」, 『이중언어학』 제45권, 이중언어학회, 167~188쪽.

_____(2011b), 「외국인 유학생 대상의 윤리적 글쓰기 지침서 개발 방 안」, 『작문연구』 제12권, 한국작문학회, 301~331쪽.

_____(2012), 「외국인 유학생을 위한 학문 목적 한국어 쓰기 교수 원 리: 쓰기에서의 정직성을 중심으로」, 『이중언어학』 제48권, 이 중언어학회, 371~394쪽.

이인영(2011a), 「외국인 대학생의 학술적 글쓰기에 나타난 오류 양상 연 구」, 『현대문학의 연구』 제44권, 한국문학연구학회, 493~526쪽.

_____(2011b), 「대학생의 학술적 글쓰기에 나타난 자료 이용 실태 분 석」, 『비평문학』 제41호, 한국비평문학회, 279~320쪽.

이인재(2008), 「대학에서의 글쓰기 윤리교육」, 『작문연구』 제6권, 한국
　　　작문학회, 129~159쪽.

_____(2010), 「연구진실성과 연구윤리 연구진실성과 연구윤리」, 『윤
　　　리교육연구』 21집, 한국윤리교육학회, 269~290쪽.

이재승(2010), 「글쓰기 윤리 교육의 내용 체계화 방안」, 『한국초등교육』
　　　제20권 2호, 서울교대 초등교육연구소, 25~45쪽.

이정민·강현화(2009), 「학문목적 한국어 학습자를 위한 보고서 담화
　　　표지 연구: 작품분석, 비평하기 과제를 중심으로」, 『외국어로
　　　서의 한국어교육』 제34권, 연세대학교 언어연구교육원 한국어
　　　학당, 347~373쪽.

이정희·장미라·서진숙·봉원덕(2007a), 『유학생을 위한 한국어 글쓰기
　　　의 기초』, 하우.

_____(2007b), 『유학생을 위한 한국어 글쓰기
　　　의 실제』, 하우.

이주희(2012), 「유학생의 한국어 학위논문 쓰기 교육을 위한 학위논문
　　　결론 부분의 장르 분석 연구」, 이화여자대학교 석사논문.

이준호(2005), 「대학 수학 목적의 쓰기 교육을 위한 교수요목 설계:
　　　보고서 쓰기 교육을 중심으로」, 고려대학교 석사논문.

_____(2010), 「자기주도적 쓰기 기술 및 전략 연구: 한국어 학문 목적
　　　학습자를 대상으로」, 『한국어학』 제48권, 한국어학회, 269~297쪽.

이해영(2001), 「대학의 외국인 유학생을 위한 한국어 교육」, 『이중언어학』
　　　제18권 1호, 이중언어학회, 279~301쪽.

_____(2003), 「학문 연구를 위한 한국어 교육」, 국제한국어교육학회
　　　국제학술대회 발표자료집, 117~131쪽.

_____(2004), 「학문 목적 한국어 교과과정 설계 연구」, 『한국어 교육』
　　　제15권 1호, 국제한국어교육학회, 137~164쪽.

_____(2010), 「고등학생 쓰기 윤리 실태 연구」, 한국교원대학교 석사논문.

장은경(2009), 「한국어 학문 목적 쓰기 교육 방안 연구: 참고 텍스트의
　　　내용 통합과 재구성을 중심으로」, 고려대학교 석사논문.

전방욱(2007), 『학습연구윤리』, 한국학술진흥재단.

정병기(2008), 「대학생 글쓰기의 부정행위와 윤리 교육 방안」, 『사고와

표현』제1권 1호, 한국사고와표현학회, 267~294쪽.

정소연 외(2011), 「대학생의 글쓰기 과제물의 표절 실태와 표절 검사 시스템의 표절 예방 및 적발 효과 연구」, 『사고와표현』제4집 1호, 한국사고와표현학회, 157~182쪽.

정희모 외(2008), 『대학 글쓰기』, 삼인.

조은영(2012), 「유학생의 한국어 학위논문 쓰기 교육을 위한 학위논문 국문 초록 부분의 장르 분석 연구」, 이화여자대학교 석사논문.

조제희(2009), 「글쓰기 부정행위에 관한 처벌 규정과 사례」, 『사고와표현』제2권 2호, 한국사고와표현학회, 7~39쪽.

주지현(2010), 「과정 중심 한국어 쓰기 교육 방안 연구」, 부산대학교 석사논문.

지혜성·조준희·임희석(2010), 「한국어 문장 표절 유형을 고려한 유사 문장 판별」, 『컴퓨터교육학회 논문지』제13권 6호, 한국컴퓨터교육학회, 79~89쪽.

진대연(2006), 「한국어 학습자의 쓰기 능력 발달에 대한 연구: 발달 특성 및 수준 기술을 중심으로」, 서울대학교 박사논문.

최보미(2011), 「자기 조정 전략이 한국어 고급 학습자의 자기 주도적 쓰기에 미치는 효과 연구: 과정-장르 통합 교육을 중심으로」, 고려대학교 석사논문.

최선경(2009a), 「대학생 글쓰기에 나타난 오류 분석: 인용방식의 오류를 중심으로」, 『새국어교육』제81권, 한국국어교육학회, 299~324쪽.

_____(2009b), 「대학생 글쓰기윤리 의식 고취를 위한 실천적 교육방안」, 『수사학』제10호, 한국수사학회, 299~321쪽.

최용성·최병학·윤소정·양삼석(2009), 「연구윤리에서의 표절 문제와 표절 예방교육에 관한 연구」, 『한국시민윤리학회보』제22권 2호, 한국시민윤리학회, 25~50쪽.

최윤곤(2003), 「유학생을 위한 한국어 교육 과정 설계」, 『한국어문학연구』제41권, 한국어문학연구학회, 115~138쪽.

최은규(2009), 「국내 학문 목적 한국어 교육의 현황과 과제」, 『어문연구』제37권 1호, 한국어문교육연구회, 333~358쪽.

최은지(2009), 「사회적 구성주의에 기반한 학문 목적 한국어 작문 교육

연구」, 고려대학교 박사논문.

최정순(2006), 「학문 목적 한국어 교육의 교육과정과 평가」, 『이중언어학』 제31권, 이중언어학회, 277~313쪽.

포스너(2009), 정해룡 역, 『표절의 문화와 글쓰기의 윤리(*The Little Book of Plagiarism*)』, 산지니.

한국텍스트언어학회(2004), 『텍스트언어학의 이해』, 박이정.

한동대(2009), 『한동인을 위한 학습윤리 가이드북』, 한동대학교 교육개 발센터.

한송화(2010), 「학문목적 한국어 교육과정 설계의 실제: 대학 입학 전 한국어 교육과정을 중심으로」, 『한국어 교육』 제21권 1호, 국 제한국어교육학회, 225~248쪽.

한양대학교 국어교육위원회(2009), 『외국인을 위한 글쓰기』, 한양대학 교출판부.

황성근(2008), 「대학생의 글쓰기윤리와 표절 문제」, 『사고와표현』 제1 권 1호, 한국사고와표현학회, 231~265쪽.

황은성 외(2007), 『연구윤리: 서울시립대학교 이공계 및 사회과학 대학 원 연구윤리강의 교재』, 서울시립대학교.

_____(2011), 『연구윤리의 이해와 실천』, 한국연구재단 교육과학기 술부 공편.

황재웅(2009), 「쓰기 워크숍을 통한 작문 교육 방안 연구: 통합적 관점 을 중심으로」, 고려대학교 박사논문.

허 용(2007), 『외국인 유학생을 위한 인문한국어』, 다락원.

허재희(2010), 「한국어 학습자의 학문 목적 글쓰기 능력 변화 양상에 관한 질적 연구」, 신라대학교 석사논문.

Abasi, A. R.(2008), *Writing under the gaze: Plagiarism policies and international ESL students patchwriting in graduate school*, University of Ottawa(Canada), Ph. D.

Abasi, A. R., Akbari, N., & B. Graves(2006), "Discourse appropriation, construction of identities, and the complex issue of plagiarism: ESL students writing in graduate school", *Journal of Second*

Language Writing 15-2, pp. 102~117.

Abasi, A. R., & B. Graves(2008), "Academic literacy and plagiarism: Conversations with international graduate students and disciplinary professors", *Journal of English for Academic Purposes* 7-4, pp. 221~233.

Abasi, A. R., & N. Akbari(2008), "Are we encouraging patchwriting? Reconsidering the role of the pedagogical context in ESL student writers' transgressive intertextuality", *English for Specific Purposes* 27-3, pp. 267~284.

Adeva, J. J., G. Carroll, N. L., & R. A. Calvo(2006), *Applying plagiarism detection to engineering education*, Sydney, NSW.

Akbari, N., & B. Graves(2006), "Discourse appropriation, construction of identities, and the complex issue of plagiarism: ESL students writing in graduate school", *Journal of Second Language Writing* 15, pp. 102~117.

Amsberry, D.(2009), "Deconstructing plagiarism: International students and textual borrowing practices", *The Reference Librarian* 51-1, pp. 31~44.

Anyanwu, R.(2004), "Lessons on Plagiarism: Issues for Teachers and Learners", *International Education Journal* 4-4, pp. 178~187.

Barks, D., & Watts, P. (2001). "Textual borrowing strategies for graduate-level ESL writers", *Linking literacies: Perspectives on L2 reading-writing connections*, pp. 246~267.

Batane, T.(2010), "Turning to Fight Plagiarism among University Students", *Educational Technology & Society* 13-2, pp. 1~12.

Bink, M. L., Marsh, R. L., Hicks, J. L., & Howard, J. D.(1999), "The credibility of a source influences the rate of unconscious plagiarism", *Memory* 7(3), pp. 293~308.

Bloch, J.(2001), "Plagiarism and the ESL student: From printed to electronic texts", *Linking literacies: Perspectives on L2*, pp. 209~228.

Borg, E.(2000), "Citation practices in academic writing", In P. Thompson(Ed.),

Patterns and perspectives: Insights for EAP writing practice, pp. 14~25.

Bretag, T.(2005), *Implementing plagiarism policy in the internationalised university*, University of Newcastle, Ph. D.

Burney, C. L.(2010), *Developing Conceptions of Authorship: A Study of Textual Practices Among Students in a First-year Writing Program*, The University of Alabama TUSCALOOSA(USA), Ph. D.

Campbell, C.(1990), "Writing with others' words: Using background reading text in academic compositions", *Second language writing: Research insights for the classroom*, pp. 211~230.

Chandrasoma, R., Thompson, C., & A. Pennycook(2004), "Beyond plagiarism: transgressive and nontransgressive intertextuality", *Journal of Language, Identity, and Education* 33, pp. 171~193.

Chen, Y. H., & Mary K. Van Ullen(2011), "Helping international students succeed academically through research process and plagiarism Workshops", *College and Research Libraries* 72-3, pp. 209~235.

Connor, & Kramer(1995), "Writing from Sources: Case Studies of Graduate Students in Business Management", In D. Belcher, & G. Irvena(Eds.), *Academic Writing in a Second Language: Essays on Research and Pedagogy*, Norwood: Ablex Publishing Group, pp. 155~182.

Corbeil, G.(2000), "Exploring the effects of first-and second-language proficiency on summarizing in French as a second language", *Canadian Journal of Applied Linguistics* 3-1, 2, pp. 35~62.

Currie, P.(1998), "Staying out of trouble: Apparent plagiarism and academic survival", *Journal of Second Language Writing* 7-1, pp. 1~18.

Deckert, G. D.(1993), "Perspectives on plagiarism from ESL students in Hong Kong", *Journal of Second Language Writing* 2-2, pp. 131~148.

Dey, S. K., & Sobhan, M. A.(2006). "Impact of unethical practices of plagiarism on learning, teaching and research in higher education: Some combating strategies", In *Information Technology Based Higher*

Education and Training, 2006. ITHET'06, 7th International Conference on, IEEE, pp. 388~393.

Dong, Y. R.(1996), "Learning how to use citations for knowledge transformation: Non-native doctoral students' dissertation writing in science", *Research in the Teaching of English* 30, pp. 428~457.

East, J.(2010), "Judging plagiarism: a problem of morality and convention", *Higher Education* 59-1, pp. 69~83.

Ellery, K.(2008), "Undergraduate plagiarism: a pedagogical perspective", *Assessment & Evaluation in Higher Education* 33-5, pp. 507~516.

Fernsten, L. A., & Mary Reda(2011), "Helping students meet the challenges of academic writing", *Teaching in Higher Education* 16-2, pp. 171~182.

Flint, A. Clegg, S., & Ranald Macdonald(2006), "Exploring staff perceptions of student plagiarism", *Journal of Further and Higher Education* 30-2, pp. 145~156.

Flowerdew, J., & Yongyan Li(2007), "Language re-use among Chinese apprentice scientists writing for publication", *Applied Linguists* 28-3, pp. 440~465.

Gullifer, J., & G. A. Tyson(2010), "Exploring university students' perceptions of plagiarism: a focus group study", *Studies in Higher Education* 35-4. pp. 463~481.

Girard, N. J.(2004), "Plagiarism: An ethical problem in the writing world", *AORN Journal* 80-1, pp. 13~15.

Gu, Q., & Jane Brooks(2008), "Beyond the accusation of plagiarism", *System: An International Journal of Educational Technology and Applied Linguistics* 36-3, pp. 337~352.

Harris, R. A.(2002/2011), *Using sources effectively*, Pyrczak Pub.

Hayes, N., & Lucas D. Introna(2005), "Cultural values, plagiarism, and fairness: When plagiarism gets in the way of learning", *Ethics & Behavior* 15-3, pp. 213~231.

Howard, R.(1995), "Plagiarisms, authorships and the academic death penalty", *College English* 57-7, pp. 788~806.

Howard, R.(2002), "Don't police plagiarism: just teach!", *Education Digest* 67-5, pp. 46~49.

Hsu, A. Y.(2003). "Patterns of plagiarism behavior in the ESL classroom and the effectiveness of instruction in appropriate use of sources", University of Illinois at Urbana-Champaign, Ph. D.

Hyland, F.(2001), "Dealing with plagiarism when giving feedback", *ELT Journal* 55-4, pp. 375~381.

Jackson, P. A.(2006), "Plagiarism instruction online: Assessing undergraduate students' ability to avoid Plagiarism", *College & Research Libraries* 67-5, pp. 418~428.

Johns, A. M., & P. Mayes(1990), "An analysis of summary protocols of university ESL students", *Applied Linguistics* 11-3, pp. 253~271.

Julliard, K.(1994), "Perceptions of plagiarism in the use of other author's language", *Family Medicine* 26-6, pp. 356~360.

Keck, C.(2006), "The use of paraphrase in summary writing; A comparison of L1 and L2 writers", *Journal of Second Language Writing* 15, pp. 261~278.

Keck, C.(2007), "University student textual borrowing strategies", Northern Arizona University. Ph. D.

Kroll, B.(1990), "What does time buy? ESL Student Performance on Home Versus Class Compositions", *Second Language Writing: Research Insights for the Classroom*, Barbara Kroll(Ed.), New York: Cambridge UP, pp. 140~154.

Le Ha, P.(2006), "Plagiarism and overseas students: stereotypes again?", *ELT Journal* 60-1, pp. 76~78.

Leask, B.(2006), "Plagiarism, cultural diversity and metaphor-implications for academic staff development", *Assessment & Evaluation in Higher Education* 31-2, pp. 183~199.

Linneman, T.(2010), *Understanding patchwriting and unintentional plagiarism by English language learners*, Truman State University.

Li, Y.(2013), "Text-based plagiarism in scientific writing: What Chinese supervisors think about copying and how to reduce it in students' writing", *Science and engineering ethics* 19(2), pp. 569~583.

Liu, X., S. Liu, et al.(2010), "Cultural Differences in Online Learning: International Student Perceptions", *Educational Technology & Society* 13-3, pp. 177~188.

Mahmood, S. T.(2010), "Intellectual property right and patent: Conceptual awareness of Ph. D. students about plagiarism", In *Education and Management Technology*(ICEMT), 2010 International Conference on, IEEE, pp. 694~700.

Marshall, S. J., & M. Garry(2005), "NESB and ESB students. attitudes and perceptions of plagiarism", Paper submitted to the 2005 Asia Pacific Educational Integrity Conference, Newcastle, Australia.

McGregor, J. H., & K. Williamson(2005), "Appropriate use of information at the secondary school level: Understanding and avoiding plagiarism", *Library & Information Science Research* 27-4, pp. 496~512.

Mohanna, K.(2008), "Supporting learners who are studying or training using a second language: preventing problems and maximising potential", *Annals of the Academy of Medicine Singapore* 37-12, pp. 1034~1037.

Moore, T.(1997), "From test to note: Cultural variation in summarization practices", *Prospect* 12, pp. 54~63.

Mundava, M., & Jayati Chaudhuri(2007), "Understanding plagiarism", *College & Research Libraries News* 68, pp. 170~173.

Neville, C.(2010), *The complete guide to referencing and avoiding plagiarism*(2nd Edition), Maidenhead, Open UP, pp. 28~43.

Ouellette, M.(2004), "Voices on the landscape: Reconceptualizing plagiarism, voice appropriation, and academic competence in ESL freshman composition", The University of Pennsylvania.

Park, C.(2003), "In Other (People's) Words: plagiarism by university students-literature and lessons", *Assessment & Evaluation in Higher Education* 28-5, pp. 471-488.

Pecorari, D.(2001), "Plagiarism and international students: How the English-speaking university responds", *Linking literacies: Perspectives on L2*, pp. 229~245.

Pecorari, D.(2003), "Good and original: Plagiarism and patchwriting in academic second-language writing", *Journal of Second Language Writing* 12, pp. 317~345.

Pecorari, D.(2008), *Plagiarism, patchwriting and source use: Best practice in the composition classroom*, London: Continuum, pp. 222~241.

Pennycook, A.(1996), "Borrowing others' words: text, ownership, memory and plagiarism", *Teaching of English to Speakers of Other Languages(TESOL) Quarterly* 30-2, pp. 201~230.

Pickard, J.(2006), "Staff and student attitudes to plagiarism at University College Northampton", *Assessment & Evaluation in Higher Education* 31-2, pp. 215~232.

Power, L. G.(2009), "University students' perceptions of Plagiarism", *Journal of Higher Education* 80-6, pp. 643~662.

Qin, Y.(2008), *Challenges in source use for Chinese graduate students in the United States*, Syracuse University Ph. D.

Sara, C. W., & Parker, K.(2012), "Source text borrowing in an integrated reading/writing assesment", *Journal of Second Language Writing* 21, pp. 118~133.

Scanlon, P. M.(2003), "Student online plagiarism: How do we respond?", *College Teaching* 51, pp. 161~165.

Schmitt, Diane(2005), "Writing in the international classroom. In Teaching international students: Improving learning for all", *Jude Carroll and Janette Ryan*, New York: Routledge, pp. 63~74.

Shi, L.(2004), "Textual borrowing in second-language writing", *Written Communication* 21-2, pp. 171~200.

Silva, T.(1997), "On the ethical treatment of ESL writers", *TESOL* 31-2,

pp. 359~363.

Sikes, P.(2009), "Will the real author come forward? Questions of ethics, plagiarism, theft and collusion in academic research writing", *International Journal of Research & Method in Education* 32-1, pp. 13~24.

Sowden, C.(2005), "Plagiarism and the culture of multilingual students in higher education abroad", *ELT Journal* 59-3, pp. 226~233.

Spack, R.(1997), "The acquisition of academic literacy in a second language: A longitudinal case study", *Written Communication* 14, pp. 3~62.

Stephen B.(2003/2011), *Academic Writing, A Handbook for International Students*, Routledge.

Suh, S. J.(2008), "Plagiarism, textual borrowing, or something else?: An L2 student's writing-from-sources tasks", University of Maryland, College Park, Ph. D.

Sutherland-Smith, W.(2005), "The tangled web: Internet plagiarism and international students' academic writing", *Journal of Asian Pacific Communication* 15-1, pp. 15~29.

Tomas, Z.(2011), "Textual borrowing across academic assignments: Examining undergraduate second language writers' implementation of writing instruction", The University of Utah, Ph. D.

Voelker, T. A., Love, L. G., & Iryna Pentina(2012), "Plagiarism: What Don't They Know?", *Journal of Education for Business* 87-1, pp. 36~41.

Walker, J.(1998), "Student plagiarism in universities: What are we doing about it?", *Higher Education Research & Development* 17-1, pp. 89~106.

Walker, J.(2010), "Measuring plagiarism: researching what students do, not what they say they do", *Studies in Higher Education* 35-1, pp. 41~59.

Wheeler, G.(2006), "A survey of Hokkaido University students'attitudes toward plagiarism", *Media, Language and Culture* 51, pp. 227~242.

Wheeler, G.(2009), "Plagiarism in the Japanese universities: Truly a cultural matter?", *Journal of Second Language Writing* 18-1, pp. 17~29.

Whitaker, E.(1993), "A pedagogy to address plagiarism," *College Composition and Communication* 44-4, pp. 509~514.

Williams, H.(2008), "Plagiarism", Greenhaven press.

Yamada, K.(2003), "What prevents ESL/EFL writers from avoiding plagiarism: Analysis of 10 North-American college Web sites" *System* 31, pp. 247~258.

Yeo, S.(2007), "First-year university science and engineering students' understanding of plagiarism", *Higher Education Research & Development* 26-2, pp. 199~216.

[ㄱ]

가이드라인   57, 58
각주 번호   221, 310
간접 인용   153, 235, 276
개인의 도덕성   25
결과 중심   49, 300
계열   61
계열별   143
고빈도의 오용 사례   355
고의성   140
고학년   48
공신력   268, 270
공신력 여부   268
공정한 관행   84
과도기적 단계   27, 324, 337, 345
과도기적 양상   27, 212, 213, 278, 349
과도기적 현상   336
과일반화 전략   182
과정 중심   299, 300, 304
과정 중심의 쓰기 발달 연구   300
관습   42
관행   33
광범위성   48
광범위한 전략   117, 302
교과과정   107
교수자   48, 65, 296
교육   315
교육과정   58
교육과정 개발   357
교육적 관점   26, 44
교육적 접근법   50, 51

국가적 차원   298
국어 교육과정   28
규범   35
글쓰기 결과물   345
글쓰기 교수자   57
글쓰기 교육과정   62
글쓰기 윤리   33, 44, 94, 109, 299
글쓰기 윤리 교육   115
글쓰기 윤리 교육의 내용   55
글쓰기 윤리 실천   62
글쓰기 윤리 연구   59, 68
글쓰기 윤리 연구 방법론   353
글쓰기 윤리 연구의 내용   351
글쓰기 윤리 연구의 하위 영역   68
글쓰기 윤리 위반   23, 25, 43, 51, 102,
　　114, 305, 310, 336
글쓰기 윤리 위반 경험   88
글쓰기 윤리 위반 현상   27, 305
글쓰기 윤리 인식   66, 122, 326, 352
글쓰기 윤리 인식의 조사   57
글쓰기 윤리 준수   61, 259, 262
글쓰기 윤리 준수 여부   109
글쓰기 윤리성의 부재   25
글쓰기 윤리에 대한 이해 부족   26
글쓰기 윤리의 준수 가능성   94
글쓰기의 도구   339
긍정적 모방   105
긍정적인 발달   199, 328
긍정적인 발달 과정   199
긍정적인 발달 양상   207
긍정적인 배움의 과정   118

긍정적인 변화　250
긍정적인 쓰기 발달　220
기계적인 인용　24, 79

[ㄴ]

낯선 언어　345
내각주　166, 276
내용 통합　29, 77, 96, 155, 156, 212,
　　224, 312, 328
내용 통합 능력　92
내용 통합 전략　238
내용주　169
내재화 단계　322
넓은 의미의 자료 사용　306
능숙한 학습자　92, 273

[ㄷ]

다양한 표절 양상　48
단순 복사　164
단순 짜깁기　227, 231, 249
단행본　141
담화 공동체　103
담화 표지　103, 105, 181, 311, 329
담화 표지 전략　181
대학 기관　296
대학생　41, 48, 49, 57, 95
대학원생　41, 49, 57, 61, 64, 312
도덕성　52
도덕성 부재　25
도덕적 덕목　34
도서관 이용 교육　326
도입　129
독자 인지도　102
동일 출처의 반복 제시　200
디지털시대　39
따옴표　48

[ㄹ]

리포트　106

[ㅁ]

말의 재사용　82
말하기　357
모방　101, 102
모방 전략　103
목차 구성　303
무의식적으로 베끼기　249
문식성　85
문장부호　166, 199
문화적 요인　64
문화적 차이　64
미숙성　117, 300
미숙한 필자　117
미숙한 학습자　92

[ㅂ]

바른 자료 사용　194
박사과정생　76
배경지식　80
배려하며 쓰기　35
베껴 쓰기　24
베끼기　29, 75, 76, 115, 119
보고서　44, 65, 79, 88, 94, 106, 129,
　　206
보고서 쓰기　107, 109, 302
보고서 쓰기 진행 상황 점검표　304
보조교사　65
부적절한 존대 표현　203
부적절한 출처 제시　174
부정적 전략　24
부정행위　47
부호 사용　219
비윤리적 쓰기 유형　35

비윤리적인 판단 34
비의도적인 표절 268
비표준성 46
비학술자료 306

[ㅅ]

사실대로 쓰기 35
사이버 표절 61
사적인 대화 61
사전 진단 249, 255, 265
사전 진단 쓰기 126, 128, 132, 256,
　　266, 273, 321, 348
사회 구성원 35, 337
사후 점검 249, 255, 265
사후 점검 쓰기 126, 131, 147, 253,
　　258, 269, 274, 321, 348
상호작용 사례 303
상호텍스트성 101
서구 사회 33
서지정보 161, 214, 219
서지정보 누락 156, 215
선택형 문항 143, 175, 192
선텍스트 102
선행 연구 42, 87, 140, 190
설문 320
설문 형식 51
성공적인 유학 생활 294
성실한 학습자 305
소논문 143
시험 답안 쓰기 106
신입생 64, 115
실태 60, 315
심층 인터뷰 67
쓰기 결과물 51
쓰기 교수요목 122
쓰기 교재 개발 122
쓰기 단계별 319

쓰기 발달 119, 120, 299
쓰기 발달 연구 346
쓰기 발달의 과정 337
쓰기 산출물 87
쓰기 윤리 준수 129
쓰기 자료 321
쓰기 자료 분석 68, 320
쓰기 평가의 준거 80
쓰기 학습 과정 126, 129, 140
쓰기 학습 단계에서의 발달 28
쓰기 학습의 시점 49
쓰기 행위 336

[ㅇ]

아시아권 학습자 115
아이디어 45
약식 주석 169
양적 연구 67
양적·질적 주종 관계 85
언어 교육 339, 345, 356
언어 교육 분야 33
언어 기능 357
언어 학습자 344
언어권 61
언어권별 318
에세이 77, 88
연구 내용 59
연구 대상 59
연구 방법 59, 66
연구 윤리 37, 40, 299
연구 윤리 교육 프로그램 58
연구윤리정보센터 39, 131, 189
연구자 41, 48, 93, 312
연속간행물 141
연습 97, 129
연습 단계 322
연습 부족 49

영어 교육 58
오류 양상 31
오용 사례 355
온라인 표절 61
올바른 출처표시와 인용 95
완전 모사 78
완전 주석 168
완전모사 24
외각주 166, 276
외국어 23
외국어 저널 64
외국인 대학원생 59
외국인 연구자 59
외국인 유학생 21, 22, 23, 26, 58, 64,
　114, 293, 294
외국인 학부생 59
우수한 전략 211
워크숍 개발 65
원 저자에 대한 기여 183
원문 77, 114
원문 내용의 필자 의견화 233
원문 응용 전략 182
원문 응용하기 전략 187
유사도 254
유학 생활 294
유학생 77
윤리성 348
윤리적 갈등 330
윤리적 글쓰기 58, 96
윤리적 글쓰기 교육 31
윤리적 배려 113, 116, 340, 356
윤리적 접근법 50
윤리적 태도 64
윤리적인 규범 34
의도된 표절 118
의도성 114, 300
의도하지 않은 글쓰기 윤리 위반 115

의도하지 않은 표절 114
이문화 간 표절 319
인간존중 36
인식 60, 86, 315, 337
인식 변화 60
인식 부족 49
인식 제고 50
인용 77, 79, 83, 95, 120, 167, 169
인용 교육 235
인용 부호 89
인용 사례 142
인용 여부에 대한 결정 190
인용 오류 155, 156
인용 표시구 누락 237
인용 표시의 누락 156
인용 행위 82
인용부호 102
인용의 방법 57
인용표지 235, 236
인용표지 사용의 부적절 235
인터넷 39, 61, 90, 326
인터넷 표절 61
인터뷰 320
인터뷰 형식 66
일반 대학생 114
1학년 130
읽기 357
잉여적 서지정보 222

[ㅈ]
자가 점검 206
자가 점검 단계 198
자가 점검 사례 192
자료 81, 83
자료 기반 글쓰기 82
자료 기반 짧은 문장 쓰기 177, 180,
　194

자료 기반 짧은 문장 쓰기 문항   144
자료 기반 표절   75
자료 내용 통합 능력   280
자료 내용과 필자 의견 구분   174
자료 내용의 통합 능력   92
자료 목록 정리   140, 162
자료 사용   28, 75, 81, 83, 97, 154,
   306
자료 사용 교육   93, 131
자료 사용 교육 이후 변화   196
자료 사용 능력   29, 81, 85, 140, 155,
   171, 352
자료 사용 능력 발달   349
자료 사용 방법   326
자료 사용 사례   170
자료 사용 사례 구분   142
자료 사용 양상   188, 347
자료 사용 양상의 특징   188
자료 사용 연습   276
자료 사용 학습   131
자료 사용에 대한 노출 단계   322
자료 사용에 대한 이해도   175
자료 사용에 대한 필요성 인식   139
자료 사용의 과도기적 양상   213
자료 사용의 교육   323
자료 사용의 교육에 대한 연구   323
자료 사용의 내재화   174, 191
자료 사용의 실세   132
자료 사용의 실태   319
자료 사용의 실태에 대한 연구   319
자료 사용의 윤리성   301, 315, 321,
   322, 339, 351, 357
자료 사용의 윤리성 위반   301
자료 사용의 인식   316
자료 사용의 인식에 대한 연구   316
자료 사용의 적절성   175, 177, 208
자료 사용의 적절성 이해   143, 192,

194, 207
자료 사용의 제도에 대한 연구   330
자료 사용의 필요성 인식   249
자료 사용의 형식   211
자료 선별   154
자료 선별 능력   79, 90, 265
자료 선정   266
자료 읽기   90
자료 찾기   90
자료 출처 표시 능력   272
자료 출처에 대한 인식   88
자료 활용 능력   79
자료의 내용 통합 능력   139
자료의 선별 능력   139
자료의 출처 인식   139
자료의 출처 표시 능력   139
자료의 출처에 대한 인식   256
자율 과제   302
자의적 부호 사용   200
자의적인 부호 사용   200
잘못된 인용 방식   156
잘못된 자료 사용   176, 194
재산권   43
저작권   56
저작권 침해   43
저작권법   84
저학년   48, 312
전공 진입   312
전공 진입 전 단계   312
전공별   143
전략 발달   282
전문 연구자   49
전문연구원   41
절대유사도   255
접근법 절충   52
정당한 방법   312
정당한 범위   84

정보 제공 126
정직성 36, 37
정직하게 쓰기 35
정직한 글쓰기 214
정형화된 표현 105
제1언어 49
제2언어 23, 49, 115, 117
제2언어 쓰기 교육 52
제2언어 쓰기 발달 186
제도 315, 337
제도 및 규정 62, 331
제시 129
종적 비교 127
종적 연구 157
주석 169, 326
주석번호 221
주제 선정 108
주제 탐색 및 선정 303
준수 의지 50
중·고생 56
증거 탐색용 63
지속적인 연습과 훈련 97
지식의 확장 84
지적 정직성 58
직접 인용 153, 194, 276
진단 자료 143
진실성 36
진실하게 쓰기 35
질적 연구 67
징계 27
짜깁기 24, 29, 64, 75, 114, 118, 187,
260

[ㅊ]

참고 문헌 누락 49
참고 자료 85, 87, 92, 108
참고 자료 검색 및 선정 303

참고 자료의 활용 능력 29
참고도서 141
참고문헌 62, 326
참고문헌 작성 방법 62
참고텍스트 82, 216
참고한 자료의 목록 정리하기 162
창의성 87
창조적 모방 102
채점표 80
처벌 27
처벌의 대상 49
초고 작성 303
초등생 56
초·중·고생 41
최종 보고서 109, 110
출처 77, 84, 88, 161
출처 누락 182
출처 누락 유형 182, 195
출처 불명 90
출처 제시 57, 165
출처 제시 양상 167
출처 제시 여부 29
출처 제시 유형 195
출처 표시 77, 89, 95, 155, 156, 212,
213
출처 표시 능력 275
출처 표시 방법의 적절성 213
출처 표시 여부 137
출처 활용 133
출처의 반복 제시 204
친숙한 내용 144

[ㅋ]

케임브리지 대학 89

[ㅌ]

텍스트 빌려오기 98
텍스트 활용 82
텍스트성 103
통제된 공간 109

[ㅍ]

패러프레이징 98
포트폴리오 126
표절 23, 42, 44, 45, 84, 89, 101, 102,
    109, 130, 350
표절 검색 프로그램 62, 331
표절 검색 프로그램의 개발 62
표절 경험 및 인식 130
표절 문제 방지 96
표절 방지 교육 120
표절 여부 130
표절 예방 57, 94
표절 유형 89
표절 인식에 대한 문화 차이 61
표절 정도 48
표절 정책 66
표절 행위 90
표절에 대한 표준적인 이해 46
표절의 비표준성 46
표절의 양상 80
표절텍스트 101
피드백 44
필수 서지정보 161, 162
필자 41
필자 의견 미반영 234
필자 의견화 233
필자 의견화 전략 183

[ㅎ]

학과장 65

학기말 평가 107
학년별 61
학문 공동체 312, 316, 345
학문 공동체의 관습 312
학문 목적 쓰기 87, 307, 357
학문 목적 쓰기 능력 81
학문 목적 한국어 21, 22
학문 목적 한국어 교육 22
학문 목적 한국어 쓰기 23, 50, 102
학문 목적 한국어 쓰기 교육 98, 295
학문 목적 한국어 쓰기 교재 96
학문 목적 한국어 쓰기 능력 81, 85
학문 목적 한국어 학습자 177
학문 사회 107, 293
학문윤리 101
학문적 글쓰기 103, 181
학문적 부정직성 46
학문적 생존 76
학문적 성과 87
학문적 쓰기 능력 351
학문적 의사소통 107
학문적 의사소통 능력 307
학문적 정직성 31
학문적 표준 117
학부생 312
학술 담화 103
학술논문 84, 107
학술사료 83, 95, 141, 217, 265
학술적 가치 267, 353
학술적 글쓰기 84, 87, 170
학술정보 65, 129, 140
학술정보 검색 232
학술정보 이용 141
학술정보 이용 교육 65, 130
학습 과정 49
학습 윤리 37, 40, 57, 299
학습 윤리 가이드북 95

학습 윤리 지침서 57, 323
학습 초기 49
학습 후기 49
학습윤리 가이드북 71
학습자 41, 296
학습자가 찾은 내각주 사례 167
학습자가 찾은 외각주 사례 169
학업 수행 능력 24
학업의 성패 107
학위과정별 316
학위논문 77, 141
학점 실패 115
한국어 교육 22, 52
한국어 능력 44, 125
한국어 수준별 316
한국어 쓰기 능력 23
한국연구재단 298
행위 규범 39
환언하기 120
활용 129
횡적 연구 157
후텍스트 102
훈련 97

[영문]

DBPIA 141
KAP학습자 103
KINDS 141
KISS 141
L1필자 41, 42
L1학습자 45, 56, 59, 64, 77
L1화자 42
L2 쓰기 발달 117
L2 쓰기 발달 연구 32
L2필자 41, 42, 340
L2학습자 28, 45, 61, 65, 76, 97, 113, 120

L2학습자의 쓰기 발달 117
L2학습자의 특수성 115
L2화자 42